EMIGRANTS FROM ENGLAND

1773-1776

[Reprinted from THE NEW ENGLAND HISTORICAL AND GENEALOGICAL REGISTER,
Vols. 62, 63, 64, 65]

Transcribed by
GERALD FOTHERGILL, Esq.

Janaway Publishing, Inc.
2010

Notice

In many older books, foxing (or discoloration) occurs and, in some instances, print lightens with wear and age. Reprinted books, such as this, often duplicate these flaws, notwithstanding efforts to reduce or eliminate them. The pages of this reprint have been digitally enhanced and, where possible, the flaws eliminated in order to provide clarity of content and a pleasant reading experience.

Emigrants from England 1773-1776

Originally published
Boston
1913

Reprinted by:

Janaway Publishing, Inc.
732 Kelsey Ct.
Santa Maria, California 93454
(805) 925-1038
www.janawaygenealogy.com

2010

ISBN 10: 1-59641-216-X
ISBN 13: 978-1-59641-216-3

Made in the United States of America

EMIGRANTS FROM ENGLAND

EMIGRANTS FROM ENGLAND.

Transcribed by GERALD FOTHERGILL, Esq., of New Wandsworth, London, England, and communicated by the Committee on English Research.

THE following lists of emigrants were discovered by Gerald Fothergill, Esq., of London, England, among Treasury Records in the Public Record Office, Chancery Lane, London, and were secured for REGISTER publication by the Society's Committee on English Research. The lists comprise about six thousand names.

PORT OF LONDON, 11 TO 18 DEC. 1773.

Name	Age	Occupation	From	Ship	To	As a
Thos Ramsey	17	Gentleman	Edingboro	Eagle	Jamiaca	Planter
John Harlow	30	"	London	Aiadne	Dominica	"
Willm Thomas Esqr	—	refused to give any answer				
W. H. Ricketts	19	Gentleman	Southampton	Esther	Jamiaca	Planter
H. Ferguson	20	"	Aberdeen	"	"	"
Will Clark	22	Baker	Surrey	"	"	for Employment
Will Shillingford	18	Gentleman	Hertfordshire	"	"	going to his Father
M. A. Warwall	32	Bookkeeper	London	La Soy Plant	Dominica	for Employment
John Hill	24	Baker	"	Elizabeth	Virginia	Indented Servt for four years
Willm Smith	42	Taylor	Surry	"	"	" " " " "
Willm Morgan	31	Husbandman	Dublin	"	"	" " " " "
Thos Weatherley	21	Edge tool Maker	Kent	"	"	" " " " "
S. Wetherell	31	Bricklayer	Lincolnshire	"	"	" " " " "
Thos Hanham	21	Phaisterer	London	"	"	" " " " "
John Turner	25	Cordwainer	"	"	"	" " " " "
Edwd Deneau	45	Schoolmaster	Eaton	"	"	" " " " "
John Howard	25	Smith	Surry	"	"	" " " " "
Aaron Palpernan	29	Bookkeeper	Bucks	"	"	" " " " "
John Carry	24	Stone Mason	Fifeshire	"	"	" " " " "
Willm Emmins	27	Husbandman	Lincoln	"	"	" " " " "
Thos Sewell	22	Bookkeeper	Westminster	"	"	" " " " "
Tho's Draper	22	Silk Dyer	London	"	"	" " " " "

Name	Age	Occupation	Place		Indented Ser.t for four years
Sam.l Young	21	Cordwainer	Westminster		"
Will.m Wingfield	30	Husbandman	Berks	Virginia	"
Will.m Howard	26	Schoolmaster	Worcester	"	"
Rob.t Hoggart	21	Brazier	London	"	"
Rob.t Dellemore	22	Bricklayer	"	"	"
Chas Taylor	41	Schoolmaster	Ireland	"	"
Thos German	26	Plaisterer	Bath	"	"
Lewis Bryant	22	Schoolmaster	Westminster	"	"
Rob.t Bagwell	23	Husbandman	Essex	"	"
Will.m Rice	26	Perukemaker	London	Virginia	"
John Saunders	42	Husbandman	London	"	"
James Demsay	21	Blacksmith	Herts	"	"
John Low	23	Labourer	London	"	"
Tho.s Williams	30	Stocking Weaver	Gloucestershire	"	"
Geo Clark	18	Blacksmith	Stafford	"	"
Edw.d Pemberton	30	Husbandman	Ireland	"	"
Pat.k Reiley	25	Butcher	"	"	"
James Major	27	Woolcomber	Somerset	"	"
Tho.s Stape	21	Husbandman	Suffolk	"	"
Isaac How	24	Carpenter	Reading	"	"
Jn.o Sangster	21	Gardener	Aberdeen	"	"
Jn.o Patterson	22	Gardener	Middlesex	"	"
Jas Lambert	21	"	Edingboro	"	"
John Asher	28	"	"	"	"
Jns Whitehead	27	Cordwainer	London	"	"
Thos McKoin	28	Schoolmaster	Bucks	"	"
Will.m Merssey	23	Husbandman	Sunderland	"	"
Will.m Gunn	32	Husbandman	Bucks	"	"
Bar.w Walker	28	Sawyer	Westminster	"	"
Geo Lambert	25	Cordwainer	Deptford	"	"
Benj.m Richards	35	Mast Maker	Oxford	"	"
John Orpwood	25	Joyner	London	"	"
Rich.d Miller	21	Necklace Maker	"	"	"
Thos Thairjmes	21	Bookkeeper	"	"	"
Peter Westphal	24	Husbandman	"	"	"
Terence McDonald	30	Painter	"	"	"
John Thornber	35	Peruke Maker	Surry	"	"
Cha.s Watson	23	Baker	"	"	"

Name	Age	Occupation	From	Ship	To	As a
Bemn Edwards	22	Broad Cloth Weaver	Somersetshire	Elizabeth	Virginia	Indented Sert for four years
Thos Borden	21	Husbandman	Nottingham	"	"	"
Willm Allison	18	Labourer	London	"	"	"
Tho's Turtle	21	Husbandman	Cambridge	"	"	"
Willm Boyle	26	Husbandman	Ireland	Virginia	"	"
Jno McCloud	28	Labourer	London	"	"	"
Alexd Nuir	21	Weaver	Scotland	"	"	"
Robt Ogelvie	19	Husbandman	London	"	"	"
Robt Tudor	18	Leather dresser	"	"	"	"
John Oakeley	19	Peruke Maker	"	"	"	"
Jno Weatherfield	20	Blacksmith	"	"	"	"
Jno Leek	17	Whitesmith	Worcester	"	"	"
Jno Onwin	17	Baker	Greenwich	"	"	"
Thos Pemberton	20	Bricklayer	Chester	"	"	"
John Welch	31	Malster	Surry	"	"	"
Thos Wood	23	Schoolmaster	"	"	"	"
Josh Stevenson	25	Carpenter & Joyner	Westminster	"	"	"
Benjm Smith	24	Bricklayer	"	"	"	"
John Yeates	24	Weaver	"	"	"	"
Archd Obrian	24	Butcher	Dublin	"	"	"
Benjn Parrott	32	Carpenter	London	"	"	"
John Garth	39	Sawyer	"	"	"	"
Willm Parker	22	Edge tool Maker	Deptford	"	"	"
Richd Thomas	36	Haberdasher	London	"	"	"
John Dawson	22	Ostler	Surry	"	"	"
Thos Howard	28	Surgeon	London	"	"	"
Elizabeth his Wife	23		"	"	"	"
Willm Fogg	23	Blacksmith	Warwickshire	"	"	"
Willm Kilman	23	Blacksmith	Scotland	"	"	"
Richd Harris	35	Gardener	London	"	"	"
Jno Ockershanson	25	Baker	"	"	"	"
Jas Jameson	21	Husbandman	"	"	"	"
Jno Carl Ketler	21	Taylor	"	"	"	"
Peter Cagaux	26	Cooper	"	"	"	"
Alex Chesailler	21	Hatter & Painter	"	"	"	"

Name	Age	Occupation	Origin	Destination	Purpose
John Young	21	Blacksmith	"	"	"
George Dane	33	Cabinet Maker	"	"	"
Jos Cheauvant	20	Gilder	"	"	"
Peter Auber	26	Dyer	"	"	"
Peter Challe	23	Blacksmith	"	"	"
Chas Disbonne	30	Taylor	"	"	"
Peter Macquet	34	Locksmith	"	"	"
Beate Lowis Pack	28	Farmer	"	"	"
Willm Ashburne	28	Cutler	Essex	"	"
Thos Hill	35	Schoolmaster	Westminster	"	"
Ano Chevaillier	21	Brickmaker.	London	"	"
Willm Burgess	34	Weaver	"	"	"
Sarah Harris	21	Sempstress	"	"	"
Henry Brandes	33	Cordwainer	"	"	"
Jos Isaac	19	Perukmaker	"	"	"
Antho Lawrence	36	Cabinet Maker	"	"	"
Jas Flemming	26	Husbandman	Cornwall	"	"
Jas Campbell		Attorney	London	Grenades	Lawyer

PORT OF LIVERPOOL, 11 TO 18 DEC. 1773.

Name	Age	Occupation	Origin	Destination	Purpose
James Chaffers	33	Gentleman, Merchant	Wales	St. Peter	To Trade
John Smith	20	Gentleman Merchant	London	"	"
Elizabeth White	28	Lady	Jamaica	"	going to her husband
Two black Girls	25	Slaves		"	Servt to Mrs White

PILL A CREEK TO THE PORT OF BRISTOL, 11 TO 18 DEC. 1773.

Name	Age	Occupation	Origin	Destination	Purpose
Willm Jones	50	Merchant	Bristol	Indian King	to Merchandise

PORT OF LONDON, 18 TO 25 DEC. 1773.

Name	Age	Occupation	Origin	Destination	Purpose
Frederick Faber	23	Merchant	London	Simond	to settle at the Grenades
James Dowling	43	Sadler	Jamaica	Mary	going back to his home
George Johnson	15	Gentleman	Edingbourg	Augustus	to settle in Kingston
John Fairar	16	Clerk	London	London Merchant	going as a Clerk
Sarah Crooke	25	Lady	"	Dorsetshire	going to her husband
Samuel Hunter	20	Merchant	"	"	to settle as a planter

8

Name	Age	Occupation	From	Ship	To	As a
Edmd Elsegood	24	Merchant	London	Dorsetshire	St. Kitts	to settle as a planter
George Ewang	19	Carpenter	Edingbourg	Greyhound	Dominica	to get employment
Robt Young	32	Carpenter	"	"	"	" " "
Peter Donaldson	33	Mason	"	"	"	" " "
Thos Mitchell	23	Blacksmith	"	"	"	" " "
Thos Gordon	17	Bookkeeper	Aberdeen	Charming Nelly	Jamaica	to a planter
Peter Spath	29	Sugar Baker	London	London	"	for employment
Thos Leming	27	Gardner	Yorkshire	Britannia	"	" "
Philpot Frusilla	26	Bricklayer	London		"	" "
James Bell	24	Stone Cutter	Scotland		"	" "
Willoughby Smith	19	Carpenter	Norfolk	Carolina	Virginia	Indentured Servant
William Durred	15	Husbandman	Isle Ely	"	"	"
Josa Fish	19	Bricklayer	Bristol	"	"	"
John Cole	21	Carpenter	London	"	"	"
John Webb	23	Husbandman	Gloucestershire	"	"	"
James Smith	23	Bookerkeeper	London	"	"	"
John Holmes	32	Carpenter	"	"	"	"
German Campion	29	Sawyer	Derby	"	"	"
William Fulcher	21	Carpenter	Norwich	"	"	"
John Goodley	23	Perukemaker	Surrey	"	"	"
George Cruig	27	Gardener	Middlesex	"	"	"
Henry Coats	27	Taylor	Yorkshire	"	"	"
Daniel Wellett	27	Schoolmaster	London	"	"	"
Thomas Burget	26	Taylor	Dublin	"	"	"
Arthur Raynells	23	Husbandman	London	"	"	"
John Wright			"	"	"	"
William Cartis	25	Carpenter		"	"	"
Henry Spence	25	Tallow Chandler	Hants	Susanna	"	"
John Fry	18	Husbandman	Warwickshire	"	"	"
Edward Price	33	Husbandman	Surry	"	"	"
William Bowen	20	Bricklayer	London	"	"	"
William Baldwin	22	Carpenter & Ca	Worcester	"	"	"
Richard Dennis	24	Husbandman	Surry	"	"	"
William Parker	25	Butcher	London	"	"	"
John Grimes	25	Bricklayer		"	"	"

Robert Alfred	22	Husbandman	Devonshire	"	"
John Wigham	23	Gardner	Lancashire	"	"
John Wastenays	20	Bricklayer	London	"	"
Rob⟨t⟩ Mayo	23	Carver	"	"	"
Page Marsh	28	Weaver	"	"	"
John Palrim	21	Cabinet Maker	"	"	"

PORT OF PLYMOUTH, 18 TO 25 DEC. 1773.

Rich⟨d⟩ Hobbs	33	——	Plymouth	——	St. Christophers	to reside as a planter
Ann Hobbs his sister			"		"	to reside there

PORT OF LONDON, 25 DEC. 1773, TO 2 JANUARY 1774.

James Irwin	22	Physician	London	Nancy	Antigua	to Practise abroad
Charles Hamilton	16	Servant to M⟨r⟩ Irwin	"	"	"	going with his master
William Lewis	27	Attorney at Law	"	West Indian	Jamaica	for pleasure
John Gray	25	Gentleman	"	"	"	on Business
Sarah Gray	25	His Wife	"	"	"	"
Elizabeth Soley	14	——	"	"	"	to see her friends
Richard Battey	25	Gentleman	"	Gibbons	Barbadoes	on Business
John Tomlinson	16	No trade	"	Fanny	Jamaica	to see his father
Diana Sinclair	21	——	"	"	"	for Health
Elizabeth Achenhed	13	——	Wolverhampton	"	"	her native Country
Ann Perry	19	No trade	London	"	"	to see her Relations
Alexand⟨r⟩ English	20	" "	"	"	"	to reside there
Robert J⟨ns⟩ Cleaton	20	a Negro Child	"	"	"	" "
Ann Duff	10	" "	"	"	"	" "
Samuel Charmichael	20	Clerk	"	Reward	Fortold	to a Merchant
Charles Aberdeen	20	"	"	"	"	ns a planter
Alexander Forfor	32	"	"	"	"	" "
John Giles	20	——	"	"	"	" "
Florence Frett	21	——	"	"	"	" "
John Cooper	16	——	"	"	"	to see her friends
Jane Moir	15	Lady	"	"	"	" " "
Phœbe Bentley	51	"	"	"	"	going with her husband
Ann Frett	22	——	"	"	"	to a planter
Plunkett	18	Clerk	"	"	"	

Name	Age	Occupation	From	Ship	To	As a
Robt Gibbs	19	Clerk	London	Reward	Portold	to a planter
Jno Rennie	25	Clergyman	Middlesex	Unanimity	Georgia	to settle there
John Lane	28	Councellor	Middlesex	Harrott	Barbadoes	to settle there
Thos Barwick	26	Clerk	"	Dominica	Dominica	"
J Greme	30	Gentleman	Surry	Fortune	Boston	"
D Greme	26	Servant	Middlesex	"	"	to see his friends
Peter Eglington	24	Mathematical Inst Maker	London	Etty	Maryland	"
Jas Roddick	26	Groom	Oxford	"	"	Intented servt for four years
Patrick Redmond	21	Labourer	Ireland	"	"	" " " "
James Renning	25	Baker	London	"	"	" " " "
John Morien	23	Plasterer	"	"	"	" " " "
Mathw Holfredshaw	22	Sadler	"	"	"	" " " "
Edwd Coursey	28	Husbandman	Essex	"	"	" " " "
Willm Mitchell	28	"	Scotland	"	"	" " " "
Patrick Allen	25	Bricklayer	London	"	"	" " " "
George Craggs	25	Husbandman	"	"	"	" " " "
William Roy	39	White smith	Gloucester	"	"	" " " "
Edward Wilkins	39	Stone mason	Warwick	"	"	" " " "
John Ware	23	Labourer	Ireland	"	"	" " " "
James Sims	35	Bookkeeper	London	"	"	" " " "
Willm George Stevens	37	Plumber	London	"	"	Indentered servt for years
Wm Armatage	30	Plasterer	Surry	"	"	" " "
Willm Shepherd	21	Husbandman	Wilts	"	"	" " "
Walter Simpson	21	Cooper	London	"	"	" " "
Geo Lorrimore	21	"	"	"	"	" " "
Andrew Malm	23	Labourer	"	"	"	" " "
James Stokes	14	"	"	"	"	" " "
William Webster	23	Hatter	"	"	"	" " "
Tho's Rule	27	Gardener	Somerset	"	"	" " "
James Brookes	27	Painter	Surry	"	"	" " "
Willm Jenkins	39	Carpenter	London	"	"	" " "
Richd Bolton	36	Cordwainer	Cumberland	"	"	" " "
James Stuard	22	.	London	"	"	" " "
Alexr Stevenson	28	Weaver	Middlesex	"	"	" " "
Thos Smith	22	Ostler	London	"	"	" " "
John Beardmore	23	Painter		"	"	" " "

Name	Age	Occupation	Origin						
Thomas Harrison	21	Hair Dresser	Licestershire	"	"	"	"	"	"
Richard Gervan	18	Labourer	London	"	"	"	"	"	"
Thomas Heates	16	Picture frame Maker	"	"	"	"	"	"	"
Elizabeth Mosley	20	Labourer	Shewsbury	"	"	"	"	"	"
William Luscombe	16	Husbandman	Somerset	"	"	"	"	"	"
Thomas Clarke	18	Baker	Essex	"	"	"	"	"	"
Charles Hill	16	Gardener	London	"	"	"	"	"	"
Thomas Uzzell	17	Groom	Kent	"	"	"	"	"	"
Benjamin Beale	21		London	"	"	"	"	"	"
Lucy Lloyd	20		"	"	"	"	"	"	"
Susanna Clark	17	Blacksmith	Southwark	"	"	"	"	"	"
Mary Wilkinson	19	Weaver	Monmouth	"	"	"	"	"	"
Thomas Williams	22	Painter	Scotland	"	"	"	"	"	"
David Raid	19	Labourer	London	"	"	"	"	"	"
Robert Hewes	31	Gardener	"	"	"	"	"	"	"
William Chadwick	24	Turner	Somerset	"	"	"	"	"	"
Edw'd Kirkham	22	Sailmaker	Surrey	"	"	"	Indentured Serv't for four years	"	"
John Fox	26	Groom	London	"	"	"	"	"	"
Lawrance Bergh	21	"	London	"	"	"	"	"	"
Joseph Jennings	24	Clerk	Worcester	"	"	"	"	"	"
John Farrell	25		London	"	"	"	"	"	"
Evan Guynne	22	Weaver	Surry	"	"	"	"	"	"
Grace Fox	23	Taylor	London	"	"	"	"	"	"
Sarah Baldock	23	Husbandman	"	"	"	"	"	"	"
Geo Preston	21	Schoolmaster	Ireland	"	"	"	"	"	"
John Collins	39	Husbandman	Essex	"	"	"	"	"	"
Tho's Kenneday	23	Shoemaker	London	"	"	"	"	"	"
Henry Clayton	36		Kent	"	"	"	"	"	"
Geo Young	25		London	"	"	"	"	"	"
Joseph Powell			Ireland	"	"	"	"	"	"
Thom's Carrol	10								

PORT OF PLYMOUTH, 25 DEC. 1773 TO 2nd JAN. 1774.

Name	Age	Occupation	London	Greyhound	Dominica
Cap't Geo Bruce	35	Engineer I H M Serv'ce	London		
Mrs Bruce	30		"	"	"
George ——	16	Mulatto	"	"	"
Ann Took	21	Servant	"	"	"

12

PORT OF PORTSMOUTH, 25 DEC. 1773 TO 2ND JAN. 1774.

Name	Age	Occupation	From	Ship	To	As a
Chas Sharpe Esq	36	Gentleman	St Kitts	Charles Shayse	St Kitts	to superentend his plantations
Mr Horne	26	Surgeon	London	"	"	to practise his profession
Mr Frayer	20	Gentleman	Scotland	"	"	to Visit his brother at St Vincent

PORT OF NEWCASTLE, 25 DEC. 1773 TO 2ND JAN. 1774.

| Robt Brown | 32 | Watchmaker | London | Squirrell | Grenades | In expectation of better business |
| John Dutton | 15 | No Employment | Berkshire | Nancy | " | to live with a relation as Clerk |

PORT OF WHITEHAVEN, 25 DEC. 1773 TO 2ND JAN. 1774.

| Thos Campble | 26 | Stationer | Penrith | Prince George | Jamaica | to sell Books |

PORT OF LONDON, 2ND TO 9TH JAN. 1774.

Geo Webb	—	Planter	Nevis	Clytus	Nervis	to settle there
Mrs Webb	—	his Wife	"	"	"	" " "
John Bevell	45	Merchant	Barbadoes	Richmond	Barbadoes	going home
William Bennett	20	Farmer	Worcester	Britannia	St Vincent	to settle there
Joseph Israel	20	Planter	Jamaica	Parnasus	Jamaica	to his plantation
Peter Israel	18	"	"	"	"	" " "
William Israel	17	"	"	"	"	" " "
John Mackay	15	Husbandman	Inveness	Amelia	Philadelphia	Indented Servant
Thos Cannum	17	Weaver	Norfolk	"	"	" "
John Bird	16	Sawyer	London	"	"	" "
Willm Collup	15	Labourer	"	"	"	" "
John Garrett	15	"	Yorkshire	"	"	" "
Joseph Clark	18	Baker	Westminster	"	"	" "
Nathl Banister	15	Bargeman	London	"	"	" "
John Price	18	Weaver	Cornwall	"	"	" "
Richd Ham	16	Husbandman	Kent	"	"	" "
Richd Kenny	16	"	Southwark	"	"	" "
John Cook	15	Labourer	"	"	"	" "

William Cole	16	"	Ipswich	"	"	"
Danl Donovan	16	Husbandman	Ireland	"	"	"
John King	17	Weaver	London	"	"	"
Joseph Harvey	18	"	"	"	"	"
Willm Bonner	15	Labourer	"	"	"	"
James King	21	Husbandman	Greenwich	"	"	"
Edwd Dawkins	29	Printer	London	"	"	"
Henry Webber	25	Cordwainer	"	"	"	"
John Chapple	16	Brickmaker	"	"	"	"
Saml Robinson	16	"	"	"	"	"
Willm Page	15	Labourer	Middlesex	"	"	"
Richd Griffin	15	Nailer	Worcestershire	"	"	"
Tho's Hazlewood	16	Labourer	Norwich	"	"	"
Willm Foster	17	"	"	"	"	"
John Finch	15	"	"	"	"	"
John Jenkins	17	Gardner	London	"	"	"
Peter Dominica	17	Joyner	Norwich	"	"	"
Joseph Webster	19	Labourer	Ireland	"	"	"
James Donovan	27	Husbandman	"	"	"	"
Tho's O'Brian	27	"	"	"	"	"
John Hayes	26	"	"	"	"	"
Patrick O'Brian	25	"	"	"	"	"
Willm Skirrey	27	Bricklayer	Middlesex	"	"	"
John Berner	24	Taylor	"	"	"	"
Willm Spencer	16	Labourer	"	"	"	"
Thos Lusby	21	Weaver	Lincoln	"	"	"
Tho's Aldin	22	Cooper	Norfolk	"	"	"
Willm Gyles	24	Weaver	Southwark	"	"	"
John Dradge	27	Heelmaker	London	"	"	"
Henry Soley	26	Husbandman	"	"	"	"
Willm Sworder	15	Labourer	"	"	"	"
Joseph Roe	27	Watchmaker	"	"	"	"
Thos Fred Norton	26	Husbandman	Lamberth	Chance	Maryland	"
Chas Cox	25	Labourer	Middlesex	"	"	"
James Norton	30	Sailmaker	Rotherhith	"	"	"
Willm Clark	21	File Maker	London	"	"	"
John Fox	22	Bricklayer	Portsmouth	"	"	"
Willm Barker	22	Husbandman	London	"	"	"
Willm Lyons						

Name	Age	Occupation	From	Ship	To	As a
Rich'd Jones	17	Sawyer	Sussex	Chance	Maryland	Indented Servant
James Dixon	25	Stone Mason	Lambeth	"	"	"
Samuel Johnson	21	Tavern Waiter	London	"	"	"
Rob't Gunnick	21	Labourer	Bristol	"	"	"
Philip McDonald	31	Perukemaker	London	"	"	"
Tho's Foster	29	Bricklayer	Epsom	"	"	"
Edw'd Stone	20	Plaisterer	Surry	"	"	"
Thos Clark	33	Stone Mason	London	"	"	"
Margaret Moore	21	Spinster	Somerset	"	"	"
Sarah Cripps	25	"	London	"	"	"
Mary Vidler	23	"	"	"	"	"
Thos McKenzie	19	Perukemaker	Edingbourg	"	"	"
Joseph Jones	35	Printer	London	"	"	"
Charles Gray	25	Working Goldsmith	"	"	"	"
Jeremiah Bryant	32	Husbandman	Dublin	"	"	"
Will'm Hopkins	33	White Smith	London	"	"	"
Ann His Wife			"	"	"	"
Peter Mair	35	Gardener	Essex	"	"	"
Edw'd Broffee	23	Husbandman	London	"	"	"
James Fenning	21	Brick & Tile maker	Kent	"	"	"
Tho's Tucker	26	"	Islington	"	"	"
Thos King	28	Bricklayer	London	"	"	"
Will'm French	46	Sailmaker	Cornwall	"	"	"
John Wright	22	Silk Weaver	London	"	"	"
Jas Ansley	21	Gardner	"	"	"	"
Henry Dodson	23	Paper stainer	Devon	"	"	"
Edw'l Kelly	36	Husbandman	London	"	"	"
John Brown	20	Servant	"	"	"	"
Betty Hughes	21	Spinster	Essex	"	"	"
Patrick Manyor	27	Gardner	Middlesex	"	"	"
Ann Wilmott	27	Cookmaid	Essex	"	"	"
Michael Burn	17	Husbandman	"	"	"	"
Luke Burn	40		London	"	"	"
Will'm Johnson		Cornwainer	"	"	"	"
Alex'r Daniel	15	Husbandman	"	"	"	"

Name	Age	Occupation	Place			
James Skroger	16	"	"	"	"	"
Robt Bennett	24	Harness Maker	Gloucester	"	"	"
Adam Richardson	21	Skinner	Rotherhithe	"	"	"
Geo Todd	16	Labourer	London	"	"	"
James Taylor	32	Husbandman	"	"	"	"
John Robinson	30	Perukemaker	Surry	"	"	"
Richd Broadfield	34	Husbandman	Oxford	"	"	"
Francis Francis	27	Felmonger	Bath	"	"	"
John Lowell	24	Butcher	Buckingham	"	"	"
John Haner	24	"	Pool	"	"	"
Francis Sim	33	Husbandman	St James's	"	"	"
Lewis Vesar	23	Hairdresser	London	"	"	"
Joseph Reeves	17	Labourer	"	"	"	"
Willm Green	15	"	Ireland	"	"	"
Hugh Jones	25	Nailer	London	"	"	"
James Townsend	24	Copper plate printer	"	"	"	"
Giles Hodges	28	Glover	Wiltshire	"	"	"
Caleb Hayes	25	Sawyer	Newcastle	"	"	"
Thomas Stephenson	22	"	Surry	"	"	"
Richd Hancock	21	Biscuit Baker	Dorsetshire	"	"	"
James Coward	21	Gardener	London	"	"	"
Fergus Newton	24	Fish Hook Maker	"	"	"	"
Mary McCullock	17	Spinster	Ireland	"	"	"
Dennis Burn	17	Labourer	Surry	"	"	"
John White	35	Cooper	London	"	"	"
Willm Lovell	34	Coachman	"	"	"	"
Geo Holton	21	Weaver	Southwark	"	"	"
James Bell	24	Stone Mason	London	"	"	"
Mathias Keys	23	Plaisterer	"	"	"	"
Jemima Keys	22	Nett hook Maker	Somerset	"	"	"
Mary Pether	21	Dairy Maid	Middlesex	"	"	"
James Lytham	19	Weaver		"	"	"

15

Port of Plymouth, 2nd to 9th January 1774.

Name	Age	Occupation	From	Ship	To	As a
Fredk Corsar Esqe	35	Planter	London	Westerhall	Grenades	to reside there
Mrs Corsar	30		"	"	"	" " "
A Child	2		"	"	"	" " "
Mary Latham	20	Servant	"	"	"	" " "
Charles OConnor	28	Planter	"	Le Soy planter	Dominica	" " "
Moses Rogers	28	Merchant	"	Lawrent	"	" " "
Alexr Cockburn	30	Planter	"	"	Grenades	" " "
Mrs Cockburn	26		"	"	"	" " "

Port of Portsmouth, 2nd to 9 January 1774.

Major Russell	35	Gentleman	London	Willm & Elizabeth	Antigua	to settle on his Estate at Virginia
Bertie Antwizle	40	"	Antigua	"	"	to supd his plantation
Robert Jefferson	20	"	"	"	"	" " "
Mr Kensley	35		"	"	"	" " "
Mrs Scott	28		"	"	"	" " "
Mr Hotson	25	Gentleman	London	"	"	to survey his Estate
Mr Wilson	24	"	"	"	"	to settle his account

Pill a Port of Bristol, 2nd to 9 January 1774.

| Alex Lunningham | 41 | Factor | Bristol | Dominica a Packet | Dominica | on Business |

Port of London, 9th to 16 January 1774.

John Bevell	45	Merchant	Barbadoes	Richmond	Barbadoes	going home
William Bennett	20	Farmer	Worcester	Britannia	St Vincent	to settle
Joseph Isreal	20	Planter	Jamaica	Parnassus	Jamaica	going to his plantation
Peter Isreal	18	"	"	"	"	These three were inserted in a
William Isreal	17	"	"	"	"	former weeks account

Geo Perry	23	Blacksmith	Staffordshire	Nancy	Musquette shore
John Smith	17	A Clerk	London	"	"
William Marshall	50	Mariner Wife & 10 Children	"	"	Maryland
Rev Dan Bervel	40	Clergyman	Essex	"	"
Rachael his Wife	30	& three Children	"	"	"
Elizabeth Shenirn	50	Mother to Rach^l Batvell	"	"	"
Joseph Hubbart	40	Merchant	London	"	"
No. dropped					
Robt Norton	23	Labourer	Shopshire	Trecothick	Grenades
Willm Hart	22	"	London	William & Mary	Jamaica
John Valantine	23	Watchmaker	Derby	"	"
George Mayo	35	Merchant	Birmingham	Emerald	Teneriffe
Richd Powell	21	Carpenter	London	Nancy	Maryland
Willm Westley	22	"	Surry	"	"
John Knight	26	Blacksmith	Oxfordshire	"	"
Geo Gingley	28	Biscuit Baker	Surry	"	"
Thos McCarty	22	Schoolmaster	Southwark	"	"
James Bailey	31	Bricklayer	"	"	"
William Vaughan	32	Woolcomber	Barnstable	"	"
James Southward	24	Ship Carpenter	Rotherhithe	"	"
Simon Nicholson	41	Husbundman	Middlesex	"	"
Thos Clark	40	"	NewingtonSurry	Friendship	Virginia
Peter Ansley	36	"	Westminster	"	"
John Reed	32	Schoolmaster	Middlesex	"	"
Nathaniel Welch	32	Gardner	Lincolnshire	"	"
Benj^m Chapman	21	Labourer	Middlesex	"	"
Isaac Reed	30	Husbandman	Essex	"	"
Fred^k Hilliar	27	Carpenter	Brentford	"	"

to settle
as a clerk
Refused further account
"
"
"
"

for employment
"
"
on Business
Indented Servant
"
"
"
"
"
"
"
"
"
"
"
"
"
"

PORT OF LONDON, 15th TO 23 JANUARY 1774.

James Lawrence Esqre	35	Gentleman	London	Henry	Jamaica
H.Y.Scrymgerim Esqre	18	"	Scotland	"	"
David Sirright	20	"	"	"	"
John Chambers	22	"	London	"	"
Saml Lightfoot	25	Surgeon	"	"	"
Nathl Lambden	21	Bricklayer	Berkshire	"	"
Nathl Webster	20	Gentleman	London	"	"

on Pleasure
to Merchandize
on Business
"
"
"
"

Name	Age	Occupation	From	Ship	To	As a
Daniel Elder	21	Bookkeeper	Scotland	Assistance	Barbadoes	to see his friends
Alex^r Miller	19	"	"	"	"	" " "
Willm Elder	21	"	"	"	"	" " "
Willm Wilson	38	Planter	London	Carolina	Carolina	as a planter
Benj^m Blackburn	28	Clergyman	"	"	"	to settle there
Robt Rose	20	Planter	"	"	"	as a planter
George Ogier	15	"	"	"	"	" " "
Robt Knight	26	"	"	"	"	" " "
Henry Chipman	30	Jeweller	"	"	"	to work at his business
Henry Maskal	19	Clerk	"	"	"	as a Clerk
John Williams	30	Cabinet	"	"	"	for Employment
Thos Vernan	22	Silk Throwster	"	"	"	" "
Peter Milne	28	Talyor	"	Charming Sally	Jamaica	to follow his business
Alex^r Perry	25	"	"	"	"	" " "
Charles Smith	27	Gardner	"	"	"	" " "
Nathanel Price	22	Woolen Weaver	Norwich	Peggy	Maryland	Indented Servant
Abraham Angel	27	" "	"	"	"	" "
John Stevens	26	Husbandman	Kent	"	"	" "
Jane Griffiths	23	Housemaid	Middlesex	"	"	" "
Richd Amott	26	Carpenter	"	"	"	" "
James Rassey	24	"	"	"	"	" "
John Lavender	27	Blacksmith	Essex	"	"	" "
John Bay	24	Silk Weaver	Middlesex	"	"	" "
Charles Bay	26	" "	"	"	"	" "
Edward Hatfield	31	Labourer	Kent	"	"	" "
Henry Harrod	30	Husbandman	London	"	"	" "
Joseph Nutall	36	Silversmith	"	"	"	" "
James Banning	21	Labourer	"	"	"	" "
Lawrence Thompson	25	Weaver	Norfolk	"	"	" "
Abraham Blouse	20	Husbandman	Essex	"	"	" "
Stephen Hughes	33	Labourer	London	"	"	" "
William Harrison	18	Husbandman	Lincolnshire	"	"	" "
Benj^m Taylor	21	Painter	Cambridge	"	"	" "
Barnaby Scully	22	Weaver	London	"	"	" "
Richd Humphry	40	Husbandman	Kent	"	"	" "

Charles White	21	Gardner					London
Martha White	21	His Wife	"	"	"	"	"
Thos Wilson	18	Labourer	"	"	"	"	"
John Hudson	20	"	"	"	"	"	"
Daniel Smith	30	"	"	"	"	"	Berkshire
James Best	22		"	"	"	"	London
Stephen Cooper	31	Bricklayer	"	"	"	"	"
William Head	23	Cardmaker	"	"	"	"	Sunderland
Thomas Hudson	22	Baker	"	"	"	"	Kingston on Thames
Thomas Halyer	36	Paper Maker	"	"	"	"	London
John Harding	23	Stone Mason	"	"	"	"	"
Thos Hare	21	Weaver	"	"	"	"	"
Thos Hoskins	25	Husbandman	"	"	"	"	Waterford
Saml Stanton	33	Cabinet Maker	"	"	"	"	Nottingham
Edwd Smith	34	Labourer	"	"	"	"	Southwark
John Streat	23	Breeches maker	"	"	"	"	London
Willm Evans	35	Perukemaker	"	"	"	"	"
Robt Whittle	38		"	"	"	"	"
James Silver	32	Baker	"	"	"	"	Hampshire
John Wall	35	Labourer	"	"	"	"	Southwark
Willm Traylor	21	Groom	"	"	"	"	Dorchester
Saml Batt	22	Labourer	"	"	"	"	Bristol
Peter Notley	27	Tavern Waiter	"	"	"	"	Cambridge
John Norton	30	Malster	"	"	"	"	Devonshire
James Harman	20	Taylor	"	"	"	"	Cheshire
John Gaeling	33	Rope Maker	"	"	"	"	London
George Baker	29	Carpenter	"	"	"	"	"
John Nichols	23	Shoemaker	"	"	"	"	Ireland
Robt Jones	22	Tobacconist	"	"	"	"	London
Richd Thompson	22	Sawyer	"	"	"	"	"
David Helley	21	Labourer	"	"	"	"	Yorkshire
Thomas Holmes	29	Servant	"	"	"	"	London
Philip Nevil	24	Husbandman	"	"	"	"	"
Thos Onsman	19	Butcher	"	"	"	"	
John Williamson	18	Labourer	"	"	"	"	
Maurice Higgins	22	Dyer	"	"	"	"	
Willm Price	19	Carver & Gilder					

20

Name	Age	Occupation	From	Ship	To	As a
Alex^r Bain	27	Sawyer	Scotland	Peggy	Maryland	Indented Servant
James Baker	27	Tallow Chandler	Yorkshire	"	"	" "
Willm Steward	24	Flax dresser	London	"	"	" "
Francis Musgrave	27	Linen Weaver	"	"	"	" "
Lancelot Taylor	26	Carpenter	Norwich	"	"	" "
George Colton	30	Butcher	Kent	"	"	" "
John Smith	21	Groom	London	"	"	" "
John Summers	24	Blacksmith	"	"	"	" "
Willm Falkner	21	"	Lambeth	"	"	" "
Joshua Andrews	23	Cabinet Founder	London	"	"	" "
Geo Jennings	33	Groom	"	"	"	" "
John Mathews	25	Perukemaker	"	"	"	" "
Elizabeth Smith	25	Servant	"	"	"	" "
John Edwards	16	Cordwainer	Plymouth	"	"	" "
John Parkhurst	26	Weaver	London	"	"	" "
Benj^m Spencer	21	Labourer	Surry	"	"	" "
Henry Bateson	23	Carpenter	"	"	"	" "
Lawrence Gaskell	24	Stone mason	Yorkshire	"	"	" "
Joseph Scott	18	Plaisterer	London	"	"	" "

PORT OF PLYMOUTH, 15 TO 23 JANUARY 1774.

| Sarah Williams S^r | 42 | | London | Rachael | Grenade | to reside at Grenade |
| Sarah Williams J^r | 18 | | " | " | " | " " |

PILL PORT OF BRISTOL, 15 TO 23^d JANUARY 1774.

| John Bird | 29 | Merchant | Bristol | Neptune | Grenade | on Business |
| John Williams | 22 | Clerk | " | " | " | " |

PORT OF FALMOUTH, 15 TO 23^d JANUARY 1774.

Colin Cambell	36		London	Packet Boats Le De Spencer Grenville	Carolina	No further Account
Fran^s J. Pickurd	30		"		Antigua	" "
Anthony Calvert	50		"		"	" "

Port of London, 24 to 30th January 1774.

Name	Age	Occupation	Origin	Ship	Destination	Purpose
Thos Stephenson	30	Merchant	London	Susanna	Jamaica	on business
Peter McKenzie	20	Planter	"	"	"	to his plantation
Sarah Blyth	30	Spinster	"	"	"	to see her friends
Thos Mills	28	Carpenter	"	Northside Planter	"	to settle there
Catharine Wilson	23	Spinster	Sussex	Hope	"	going to her Mother
Rich⁴ Grievely	47	Planter	Jamaica	St. James	"	to his Plantation
Charles Holdsworth	31	"	London	Ashley	"	"
Willm Weston	21	Gentleman	"	"	"	For pleasure
Henry Cook	17	"	"	"	"	"
Adam Obryne	25	"	"	"	"	"
Sam¹ Mabletuft	21	Farmer	Duninton Lincoln	Jenny & Polly	Maryland	Indented Servant
George Wild	24	Shoemaker	London	"	"	"
Thos Harpman	21	Whitesmith	Warwickshire	"	"	"
Geo Blackham	21	Husbandman	"	"	"	"
Thos Bowen	23	Brass Founder	London	"	"	"
John Dogherty	21	Surgeon	Ireland	"	"	"
Morgan Sweeny	30	Husbandman	London	"	"	"
Barnaby Baxter	30	"	"	"	"	"
John Witherson	39	Sawyer	"	"	"	"
Rich⁴ Aston	21	Footman	"	"	"	"
James Owen	21	Butcher	"	"	"	"
William Stroud	21	Cooper	Berks	"	"	"
John Vowells	22	Schoolmaster	London	"	"	"
Adam Argent	22	Cordwainer	Essex	"	"	"
John Hewlett	21	"	London	"	"	"
Willm Smith	34	Clerk	Salisbury	"	"	"
Peter Chapman	35	Husbandman	Lincoln	"	"	"
Willm Savage	18	Footman	Northampton	"	"	"
Moses Jones	18	Post Chais Driver	Essex	"	"	"
Thos Payne	28	Husbandman	Herts	"	"	"
John Burton	21	Gardner	Bedford	"	"	"
Thos Jones	22	Groom	Salap	"	"	"
Willm Emerton	28	"	London	"	"	"
John Lee	35	Cordwainer	"	"	"	"
James Place	22	Bookkeeper	"	"	"	"

Name	Age	Occupation	From	Ship	To	As a
John Wier	22	Brass Founder	London	Jenny & Polly	Maryland	Indented Servant
Willm Rolph	22	Cordwainer	Hertfordshire	"	"	"
Abraham Berthand	21	Schoolmaster	London	"	"	"
John Bluckmore	27	Carpenter	Stepney	"	"	"
Willm Ayrres	25	"	London	"	"	"
Geo Ferrer	19	Coopersmith	Deptford	"	"	"
Thos Bishop	21	Poulterer	London	"	"	"
James Canan	20	Braizier	Lincoln	"	"	"
Willm Parker	19	Cordwainer	"	"	"	"
James Collins	19	Footman	London	"	"	"
John Blaney	29	Cordwainer	Oxford	"	"	"
David Cuthbert	19	Bruzier	Scotland	"	"	"
John Ellison	19	Hatter	Liecester	"	"	"
Willm Kumber	18	Painter	Middlesex	"	"	"
John Bradford	18	Labourer	London	"	"	"
Edmund Carthew	18	Husbandman	Cornwall	"	"	"
Geo Hewitt	22	Weaver	London	"	"	"
Saml Menkins	29	Cabinet Maker	"	"	"	"
John Evans	24	"	"	"	"	"
Thos Smith	29	Husbandman	Stafford	"	"	"
Henry Simmonds	22	Weaver	London	"	"	"
Geo Field	23	Perukemaker	"	"	"	"
Anthony Tapp	27	Smith	Southwark	"	"	"
Benj^m Paris	37	Weaver	London	"	"	"
Joseph Howard	21	Boxmaker	"	"	"	"
Willm Arnold	21	Groom	York	"	"	"
Richard Payne	27	Footman	Kent	"	"	"
Richd Dixon	24	Husbandman	London	"	"	"
James Farrell	21	"	"	"	"	"
Daniel Goodshalk	22	Ropemaker	Gloucester	"	"	"
Jeremiah Hooper	39	Husbandman	Hoxton	"	"	"
James Robertson	21	Wheeler	Surry	"	"	"
John Smith	42	Skinner	London	"	"	"
John Thomas	28	Coachman	"	"	"	"
Patrick Coffee	30	Husbandman	Meath	"	"	"

23

Name	Age	Occupation	Origin	Minerva	Philadelphia	Indented Servant
Joseph Botheley	22	Taylor	Durham	"	"	"
Willm Deacon	22	Husbandman	London	"	"	"
James Belliason	25	Taylor	Middlesex	"	"	"
Richd Green	35	Wool comber	Coventry	Minerva	"	"
John Hall	22	Taylor	Enfield	"	Philadelphia	"
Andrew Smith	24	Baker	Stepney	"	"	"
Robert Stevens	26	"	Kent	"	"	"
Thomas Brown	22	Weaver	London	"	"	"
John Sinagreen	35	Brass founder	"	"	"	"
John Moody	18	Husbandman	"	"	"	"
Henry Ray	16	Labourer	"	"	"	"
John Hall	15	"	Kent	"	"	"
Edwd Griffis	25	Husbandman	Southwark	"	"	"
Peter Tiebant	30	Turner	London	"	"	"
John Freeman	21	Weaver	"	"	"	"
Ann Tiebant	21	Wife of Peter Tiebant	"	"	"	"
Margaret Smith	22	Housemaid	Essex	"	"	"
Dropped						
Christopher Xelander	22	Farmer	London	"	"	"
Ann Maria Xelander	28	His Wife	"	"	"	"
Sarah Yoxall	21	Servant	Middlesex	"	"	"
Elizabeth Addis	24	"	London	"	"	"
Samuel Hix	16	Cabinet Maker	"	"	"	"
John Pinsent	16	Cooper	"	"	"	"
Thos Camp	17	Perukemaker	Surry	"	"	"
Richd Walton	19	Chimney Sweep	Oxford	"	"	"
Willm Wade	19	Sawyer	London	"	"	"
Charles Smith	15	Labourer	"	"	"	"
John Cannon	18	Tallow Chandler	"	"	"	"
Thos Harris	19	Labourer	Southwark	"	"	"
Elizabeth Burdett	18	Servant	London	"	"	"
Elizabeth Hopkins	18	"	"	"	"	"
Catharine Reynolds	21	"	"	"	"	"
Elizabeth Rawlins	19	"	"	"	"	"
Lionel White	22	Taylor	Suffolk	"	"	"
Jacob Carter	27	Sawyer	London	"	"	"
John Hen^y Hartwig	22	Baker	"	"	"	"
John Galloway	22	Cooper	"	"	"	"

Name	Age	Occupation	From	Ship	To	As a
Gullia Galloway	21	His Wife	London	Minerva	Philadelphia	Indented Servant
Mary Lyons	16	Spinster	"	"	"	"
Daniel Vautier	22	Silk Throwster	"	"	"	"
Patience York	18	Spinster	"	"	"	"
Jane Vaughan	19	"	"	"	"	"
Catherine Hart	21	"	"	"	"	"
Thomas Cook	23	Shoemaker	Worcester	"	"	"
Thomas Beard	28	Carpenter	"	"	"	"
Alice Beard	27	Wife of the above	"	"	"	"
Willm Powell	15	Labourer	Westminster	"	"	"
Willm Jefferys	15	"	Southwark	"	"	"
Geo Pringle	28	Copper Smith	London	"	"	"
Pat^k Reilly	22	Husbandman	"	"	"	"
Thos Neale	18	Labourer	"	"	"	"
Stephen Sanger	40	Gent^s Steward	Wiltshire	"	"	"
Lydia Powell	21	Housemaid	London	"	"	"
John Short	33	Painter	"	"	"	"
Richard Willoughby	24	Gent^s Servant	Kent	"	"	"
Elizabeth Jones	23	Servant	London	"	"	"
John Brown	23	Labourer	Ireland	"	"	"
John Shepherd	22	"	London	"	"	"
Letitia Waters	23	Servant	Coventry	"	"	"
Thos Bussey	22	Labourer	London	"	"	"
Thos Gray	23	Painter	"	"	"	"
Ann Young	24	Servant	Westminster	"	"	"
John Hind	40	Cooper	"	"	"	"
Richd Whaling	20	Husbandman	Essex	"	"	"
James Fellgate	24	Groom	Suffolk	"	"	"
Richd Lewis	15	Labourer	Kent	"	"	"
Geo Summony	16	"	Herford	"	"	"
James Croix	15	Servant	Essex	"	"	"
John Naile	16	Labourer	London	"	"	"
Charles Hazletine	16	"	Norwich	"	"	"
Joseph Sereech	15	"	Devonshire	"	"	"
Archilas Parker	15	Silk Weaver	York	"	"	"

				Minerva	Philadelphia	Indented Servant
Catherine Veasl	19	Spinster	London	"	"	"
Elizabeth Bond	20	"	Southwark	"	"	"
Chloe Levingstone	27	"	London	"	"	"
James Gillie	21	Joyner	"	"	"	"
Thos Hardie	34	Harpsichord Maker	"	"	"	"
Lewis Martin	18	Clerk & Bookkeeper	"	"	"	"
Thos Stewart	22	Wire Drawer	Bristol	"	"	"
Thos Hudd	18	Smith	Oxford	"	"	"
Joseph Hieatt	26	Baker	Middlesex	"	"	"
John Thoresby	40	Carpenter	"	"	"	"
Willm Evans	22	Gardner	Portsmouth	"	"	"
James Bailey	26	Butcher	London	"	"	"
Robert Taylor	20	Cooper	Essex	"	"	"
Willm Rodd	15	Labourer	London	"	"	"
Charles Lozum	15	Husbandman	Worcester	"	"	"
James Harper	16	Labourer	London	"	"	"
Thos Morpeth	24	Husbandman	Southwark	"	"	"
James Bryant	24	Clerk & Bookkeeper	London	"	"	"
John Fitzpatrick	21	Anchor Smith	"	"	"	"
Abraham Andrade	36	Cook	"	"	"	"
Robert Davidson	22	Distiller	Westminster	"	"	"
George Fisher	16	Tallow Chandler	London	"	"	"
John Raguet	32	Skinner	"	"	"	"
Thos Wade	18	Servant	"	"	"	"
Powell Charbonmir	16	Labourer	Birmingham	"	"	"
Ann Edwards	40	Furrier	Southwark	"	"	"
Willm Barrett	23	Taylor	"	"	"	"
Tobias Danss	28	Gunsmith	London	"	"	"
John Wiederkum	18	Skinner	Worcester	"	"	"
Henry Bennett	35	Stone Sawyer	Kent	"	"	"
Willm Pollard	23	Upholsterer	London	"	"	"
Michael McKnally	21	Cordwainer	Southwark	"	"	"
Willm Reilly	30	Frame Sawyer		"	"	"
Lawrance Gorman	19	Footman				
John Moor	16	Cordwainer				
Joseph Griffiths		Labourer				
Thos Caraghen						
John George						

Name	Age	Occupation	From	Ship	To	As a
Alexr Drisdale	19	Smith & Farrier	London	Minerva	Philadelphia	Indented Servant
Willm Bateman	23	Seal Engraver	Westminster	"	"	"
Mary Parsons	23	Ladys Maid	"	"	"	"
John Ryland	16	Labourer	Middlesex	"	"	"
John Penny	28	Clerk & Bookkeeper	Plymouth	"	"	"
Henry Jones	21	Labourer	Westminster	"	"	"
Ann Turner	21	Servant	"	"	"	"
Thos Curtis	24	Silk Dyer	London	"	"	"
Willm Haslop	22	Painter	London	"	"	"

PORT OF HULL, 24 TO 30 JANUARY 1774.

Name	Age	Occupation	From	Ship	To	As a
Mark Cooke	18	Clerk	Hull	Jamaica Packet	Kingston	Merchants Clerk

PORT OF LONDON, 30 JANUARY TO 7th FEB. 1774.

Name	Age	Occupation	From	Ship	To	As a
John Robertson	24	Gardner	Scotland	Jenny	Maryland	Indented Servant
Willm Little	20	Servant	Surry	Pemberton	St. Kitts	to Service
Hugh Duncason	18	Carpenter	Scotland	Friendship	St. Vincents	to settle there
P. W. Birlock	18	Gentleman	London	Pemberton	St. Kitts	"
P Folkard	28	Ironmonger	"	"	"	"
J. Padmore	15	Gentleman	"	"	"	"
John P. Schott	30	Gentleman	"	"	"	"
Charles Monro	18	Bookkeeper	"	Capel	Jamaica	for Employment
George McKenzie	17	Bookkeeper	"	"	"	"
Robt Ware	15	Bookkeeper	"	"	"	to his Uncle
Richard Miller	21	Cooper	"	"	"	to follow his trade

PORT OF PLYMOUTH, 30 JAN. TO 7 OF FEB. 1774.

Name	Age	Occupation	From	Ship	To	As a
Sir Fras Laurent Knt.	40		London	Mary	Grenada	to reside at Grenada
Mr Foukett	30	Planter	"	"	"	"
Thos Frith	20	Gentleman	"	"	"	"
Andn Whitmore	15	Clerk	"	"	"	"
— Lambert	30	Servant	"	"	"	"
— Vanderdy	28	"	"	"	"	"

PILL A CREEK PORT OF BRISTOL, 30 JAN. TO 7th FEB. 1774

John Smith	29	Clerk	Gloucestershire	Pensacola	Secretary to Chief Justice at Pensacola
John Williams	27	Seaman	Bristol	Jamaica	on Business
Oliver Besley	26	Merchant	Barnstaple	"	" "
Joseph Besley	23	"	"	"	" "
George Blackmore	35	"	"	"	" "
Thos Colston	29	Blacksmith	Shipton Mallett	Philadelphia	for want of Employmt
Lewis Wilson	23	Gentleman		"	to return home
Thos Stephens	26	Clerk	Willington	"	for want of Employmt
John Stephens	24	Sadler	"	"	" " " "
John Hew	24	Clothier	"	"	" " " "
Twenty three Convicts			No Particulars Place of Residence	Maryland	
Js Webb	24	Mason	Willington	"	Indented Servant
Wm Sully	21	Labourer	"	"	" "
Jas Skinner	22	"	"	"	" "
Thos Bemison	32	Painter	"	"	" "
Francis How	30	Labourer	"	"	" "
John Roberts	22	Painter	"	"	" "
Thos Gillard	21	Labourer	"	"	" "
John Pope	21	Labourer	"	"	" "
Michael Kenneday	33	"	"	"	" "
Wm Proom	21	"	"	"	" "
John Holding	26	Brickmake	"	"	" "
John Sanders	21	Sawyer	"	"	" "
John Garsford	22	Carpenter	"	"	" "
John Came	21	"	"	"	" "
Thomas Bryant	22	Blacksmith	"	"	" "
Thos Neill	22	"	"	"	" "
Hewill Lucas	23	Labourer	"	"	" "
John Williams	25	Sawyer	"	"	" "
John Fullerm	29	Taylor	"	"	" "
Francis Wilson	21	Baker	"	"	" "
Willm Hall	21	Labourer	"	"	" "

Name	Age	Occupation	From	Ship	To	As a
John Wills	30	Labourer	Willington	—	Maryland	Indented Servant
Roger Gayton	26	"	Trowbridge	—	"	"
Robt Crawford	22	Rope Maker	Bristol	—	"	"
Benj^m Gutling	32	Baker	"	—	"	"
John Mark	22	"	"	—	"	"
John Griffiths	22	Labourer	Milford	—	"	"
Duncan ONeil	24	"	Cork	—	"	"
Willm Paintin	17	"	Bristol	—	"	"
Robert Ellenas	25	Maltmaker	Plymouth	—	"	"
Philip Sullevan	19	Labourer	Cork	—	"	"
Thos Whittington	16	"	Bristol	—	"	"
Thos Bourn	18	Baker	Bath	—	"	"
John Pressett	20	Coachman	Salisbury	—	Philadelphia	"
Thos Dunkarn	20	Clothier	"	—	"	"
Willm Blackmore	16	Labourer	Caumarthen	—	"	"
John Edwards	20	"	Bath	—	"	"
Samuel Newman	24	Servant	Eaton	—	"	"
Jacob Cock	20	Labourer	Bridgewater	—	"	"
Samuel Taton	15	"	"	—	"	"
Richd Stone	16	"	Bristol	—	"	"
Levi Deutch	15	"	Bath	—	"	"
Thos Kite	15	"	Gloucester	—	"	"
Samuel Pearse	12	Wire Drawer	Wells	—	"	"
Owen Robins	18	Labourer	Berkeley	—	"	"
John Williams	19	Servant	Oxford	—	"	"
John McGill	29	Carpenter	Barnstable	—	"	"
John Feling	26	Labourer	Wells	—	"	"
Henry Stedell	26	"	Gloster	—	"	"
Willm Witherley	27					

Port of Falmouth, 30 to 7 Feb. 1774.

			London St Vincents	Ann Teresa Packet	Grenado		on his business
Robt Bogle	50	—					on his business
Robt Henston		—		"	"		on his return home from a Visit to his friends in England

Port of London, 7 to 13 Feb. 1774.

				Montague James	Jamaica		
George James	14	from School	Jamaica				going home
Charles James	12	"	"	"	"		"
Willm McNeader	17	Clerk	Scotland				As a Clerk
Francis Simpson	22	Glass Blower	Surry	Agnes	Cadiz		Indentered Servant
John Broomfield	36	Stocking Weaver	Hereford	Planter	Virginia		"
George Wild	21	Groom	York	"	"		"
Benjm Badger	22	Husbandman	"	"	"		"
Willm Payne	21	Clerk & Bookkeeper	London	"	"		"
James Sutherland	18	Cordwainer	"	"	"		"
Edwd Fitzpatrick	31	Surgeon	"	"	"		"
George Adams	25	Husbandman	Derby	"	"		"
Willm Coventry	27	Ropemaker	Southwark	"	"		"
John Connery	40	Perukemaker	"	"	"		"
Alexr Burnett	25	Clerk & Bookkeeper	Westminster	"	"		"
John Tran	20	Carpenter & Joiner	Southwark	"	"		"
James Packer	20	Founder	London	"	"		"
Edwd Dougharty	20	Gardner	"	"	"		"
George Boorer	24	Clerk & Bookkeeper	"	"	"		"
Fredk Pampe	22	Watch & Clock Maker	"	"	"		"
Mark Mitchell	19	Perukemaker	"	"	"		"
James Owen	21	Bricklayer	"	"	"		"
Robt Cowdell	17	Stocking Weaver	Leicester	"	"		"
Law Bagnall	28	Bucklemaker	Birmingham	"	"		"
John Turner	27	Cordwainer	London	"	"		"
John Kennelly	21	Bricklayer	"	"	"		"
Willm Dunn	36	"	Durham	"	"		"
Roger Nichols	40	Breeches maker	Wilts	"	"		"
Joseph Ormond	24	Hat Maker	Middlesex	"	"		"

Name	Age	Occupation	From	Ship	To	As a
Thomas Rand	22	Butcher	Ireland	Planter	Virginia	Indented Servant
William Sibery	17	Weaver	London	"	"	"
Peter Cooley	38	"	"	"	"	"
Peter Cooley Jur	18	"	"	"	"	"
John Cooley	16	"	"	"	"	"
Joseph Cooley	12	"	"	"	"	"
Robert Innis	23	Groom	Bristol	"	"	"
Benjamin Ogle	23	Pipe Maker	Newcastle	"	"	"
James Freeman	20	Blacksmith	Northampton	"	"	"
Benjm Thompson	27	Clock & Watch maker	London	"	"	"
Richd Harris	29	Husbandman	Worcester	"	"	"
Daniel Lakeman	22	Cabinet Maker	London	"	"	"
Willm Wood	29	Husbandman	Northampton	"	"	"
John Harrower	40	Clerk & Bookkeeper	Shetland	"	"	"
Thos Ford	32	Carver & Gilder	London	"	"	"
John Williams	27	Husbandman	"	"	"	"
Joseph Clark	21	Cordwainer	"	"	"	"
Charles Avery	38	White Smith	"	"	"	"
Thomas Richards	22	Perukemaker	"	"	"	"
Edward Lawrance	41	Gardner	Middlesex	"	"	"
Thomas Low	17	Cabinet Maker	Chester	"	"	"
Mathew Fright	33	Husbandman	Kent	"	"	"
Peter Collins	40	Cordwainer	London	"	"	"
Alexr Kennedy	38	Cooper	Southwark	"	"	"
John Burton	22	Bricklayer	Ireland	"	"	"
Henry Newland	22	Silk Weaver	London	"	"	"
Thos Rackstrow	38	Taylor	"	"	"	"
James Nowland	38	Bricklayer	"	"	"	"
Alexr Steward	21	Footman	"	"	"	"
Charles Leslie	37	Taylor	"	"	"	"
Willm Bradley	34	Tile Maker & Burner	Suffolk	"	"	"
Peter Woillidge	24	Painter & Glazier	London	"	"	"
Willm Phillips	41	Baker	Essex	"	"	"
John Sanders	15	Husbandman	London	"	"	"
Jeremiah Stacey	19	Linen Weaver	"	"	"	"

31

Name	Age	Occupation	Origin					
Richard Green	35	Farmer	Lincoln	"	"	"	"	"
Daniel Turner	22	Groom	London	"	"	"	"	"
John Bateman	23	Clerk & Bookkeeper	Westmoreland	"	"	"	"	"
John Goldin	25	Weaver	Wilts	"	"	"	"	"
Roger Wren	17	Cooper	London	"	"	"	"	"
James Downes	29	Husbandman	"	"	"	"	"	"
John Mitchel	23	Smith & Farrier	Bristol	"	"	"	"	"
Thomas Davis	40	Husbandman	London	"	"	"	"	"
Henry Featson	22	Bricklayer	Southwark	"	"	"	"	"
John Powell	36	Boat Builder	"	"	"	"	"	"
William Hudson	20	Linen Weaver	London	"	"	"	"	"
Samuel Mitchel	24	Cooper	York	"	"	"	"	"
Thomas Progers	23	Cordwainer	London	"	"	"	"	"
Willm Salton	42	Gardner	Middlesex	"	"	"	"	"
Harman Ileston	44	"	London	Letitia	"	"	"	"
Owen Roberts	18	Labourer	"	"	"	"	"	"
Willm Laird	17	"	Middlesex	"	"	"	"	"
James Betts	15	Husbandman	Essex	"	"	"	"	"
Willm Rock	15	Labourer	London	"	"	"	"	"
John Hubbard	20	Potter	Norfolk	"	"	"	"	"
Solomon Baker	21	Bricklayer	Salop	"	"	"	"	"
Hugh Walworth	45	Cook & Baker	London	"	"	"	"	"
Lawrance Brook	21	Husbandman	Lancaster	"	"	"	"	"
Robert Williams	22	Slater	Surry	"	"	Maryland	"	"
Henry Kent	25	Cordwainer	Essex	"	"	"	"	"
John Bailey	23	Perukemaker	London	"	"	"	"	"
Richd Browing	21	Sawyer	Southwark	"	"	"	"	"
John Hughes	45	Millwright	London	"	"	"	"	"
John Bale	25	Husbandman	"	"	"	"	"	"
Robt Temple	33	Taylor	"	"	"	"	"	"
Robt Hazlewood	25	Hatter	York	"	"	"	"	"
Alex^r Ritchie	21	Miller	London	"	"	"	"	"
Edwd Harvey	32	Footman	"	"	"	"	"	"
Edwd Pound	32	Cordwainer	"	"	"	"	"	"
James Lynch	24	Weaver	"	"	"	"	"	"
Charles Lester	21	File Cutter	"	"	"	"	"	"
Thos Shipton	21	"	"	"	"	"	"	"
James Needs	21	Brickmaker	Middlesex	"	"	"	"	"

Name	Age	Occupation	From	Ship	To	As a
Parker Baker	29	Weaver	Middlesex	Letitia	Maryland	Indentered Servant
Thomas Nichols	25	Plaisterer	Herts	"	"	"
Richard Brown	27	Footman	London	"	"	"
Thomas Crouch	25	Coach Joiner	"	"	"	"
William Kerton	21	Hair dresser	Worcester	"	"	"
John Hackett	41	Husbandman	Leicester	"	"	"
Thomas Howard	28	Dyer	Southwark	"	"	"
William Paterson	21	Rope Maker	Northumberland	"	"	"
Thomas Arnold	27	Gardner	Herts	"	"	"
Samuel Cooper	22	White smith	Middlesex	"	"	"
Thomas Fletcher	29	Hair Dresser	"	"	"	"
Sarah Crosley	21	Mantua Maker & Milliner	London	"	"	"
Mary Williams	23	Spinster	Surry	"	"	"
Bridget Nash	25	Mantua Maker	London	"	"	"
John Jones	31	Husbandman	Surry	"	"	"
Samuel Pheasant	22	Taylor	London	"	"	"
William Child	23	Hemp and Flax dresser	"	"	"	"
George Long	22	Groom	"	"	"	"
James Muttery	23	Coachman	"	"	"	"
John Savatier	21	Labourer	"	"	"	"
Lewis Cameron	28	Hair Dresser	"	"	"	"
Henry Brown	36	Gardner	Kent	"	"	"
John Lasey	27	Butcher	London	"	"	"
Thomas Aldridge	24	Carpenter	Middlesex	"	"	"
William Dancer	21	Cordwainer	London	"	"	"
Abraham Vandosme	21	Weaver	"	"	"	"
Mary Cooper	29	Girt Maker	"	"	"	"
Jane Williams	26	Ladys Maid	"	"	"	"
Isabella Haslop	21	Spinster	"	"	"	"
James Davis	21	Groom	"	"	"	"
David Henderson	21	Husbandman	Lancaster	"	"	"
Mathew Ling	21	Groom	London	"	"	"
William Tappey	26	Cabinet Maker	Hampshire	"	"	"
Henry Ward	36	Cooper	London	"	"	"
John Deacon	15	Labourer	Coventry	Mary	Georgia	"

Michael Herring	37	Husbandman	London	"	"
Samuel Roberts	15	Groom	Surry	"	"
John Norton	21	Watch Engraver	London	"	"
John Harkett	32	Carpenter	Surry	"	"
Richard Owen	40	Taylor	Salop	"	"
John Barrow	33	Husbandman	Chester	"	"
Daniel Dodd	18	"	Suffolk	"	"
Edward Grenville	29	Peruke maker	London	"	"
John Grant	37	Labourer	Scotland	"	"
Richd Argors	16	Weaver	Coventry	"	"
Sarah Finis	22	Spinster	London	"	"
Mary Brooks	21	Mantua Maker	Southwark	"	"
Flora Anderson	25	Singlewoman	Scotland	"	"
Edward Newman	19	Labourer	London	"	"
Stephen Fenn	22	Cabinet Maker	"	"	"
John Humphries	21	Husbandman	"	"	"
John Carver	26	Carpenter	Kent	"	"
Robert Ellis	29	Cabinet Maker	London	"	"
William Wilshire	28	Cooper	"	"	"
John Box	26	Sawyer	Hampshire	"	"
Adam Bennett	30	Husbandman	London	"	"
Robert Cock	25	Turner	"	"	"
James Elmes	18	Husbandman	Northumberland	"	"
Alex^r Robinson	25	"	Southwark	"	"
Thos Hughes	21	Lath Render	Middlesex	"	"
Thos Driver	26	Cabinet Maker	Kent	"	"
Joseph Walter	17	Labourer	Scotland	"	"
Donald Steward	18	Husbandman	"	"	"
Robert Lefsley	17	"	London	"	"
Jane Pudeford	21	Spinster	"	"	"
Lydia Wise	21	"	"	"	"
Chesheave Barber	24	Perukemaker	Westminster	"	"
John Sayer	27	Husbandman	London	"	"
James Tawney	37	Labourer	London	"	"

PORT OF LONDON, 13 TO 20 FEB. 1774.

Mark Brady	25	Mariner	London	Rosamond	New York	on Business
Robert Sterling	27	Gentleman	"	Lovely Betsey	Dominica	on Pleasure

PORT OF LONDON, 20 TO 27 FEB. 1774.

Name	Age	Occupation	From	Ship	To	As a
Roman Schomberg	21	Seaman	London	London	Boston	for better Employment
Thomas Cuckerson	17	Gentleman	"	"	"	for pleasure
Deaphilas Hangmeyer	26	Merchant	"	"	"	going home
William Burgets	40	Gentleman	"	"	"	on Business
Elizabeth Ferguson	17	Spinster	"	Royal Charlotte	Jamaica	going to her friends
Elizabeth Carmicart	19	"	"	"	"	" " " "
Euphemier Ferguson	16	"	"	"	"	" " " "
Willm Bentley	15	Gentleman	Surry	"	"	For Improvement
Willm Willis	17	"	"	"	"	" "
Richd Nugent	20	"	"	"	"	" "
John Henderson	25	"	"	"	"	going home
Willm Wood	60	"	"	"	"	going to settle
Mary Ann Morgan	9	Spinster	"	"	"	" " "
Harman Gades	25	Sugar Baker	London	"	"	" " "
Math^w Williamson	22	Carpenter	Surry	"	"	" " "
Samuel Crowden	22	Grocer	London	"	"	" " "
George Trupe	19	Carpenter	Scotland	"	"	" " "
George William	40	Perukemaker	Surry	"	"	" " "
Alex^r Fife	24	Husbandman	Scotland	"	"	" " "
Willm Forsyth	17	"	"	Margaret & Mary	North Carolina	for Employment
Margaret Scott	21	Malster		"	"	" "
Will<sup>m</sim Sim	16	Spinster		"	"	" "
Jane Sim	24	Husbandman		"	"	" "
David Marshal	24	Wife of Willm Sim		"	"	As a Clerk
James Blakswik	21	Clerk		"	"	" "
Ann Pake	40	"	London	Charlotte	Rhode Island	going to her husband
William Brown	22	Tanner	"	Mary & Elizabeth	Philadelphia	to follow his business
Willm Cropley	33	Husbandman	Norfolk	"	"	" "
John Cropley	6	Son to the above		"	"	" "

35

Name	Age	Occupation	From	Ship	To	Purpose
Thomas Bowen	27	Cabinet Maker	London	"	"	"
Penelope Bowen	26	Wife to the above	"	"	"	with her husband
George Bowen	5	Child to do	"	"	"	with their parents
William Bowen	1	" " "	"	"	"	" " "
John Low	24	Ironmonger	Warwick	Earl Dunmore	"	to follow his business
John Glover	28	Merchant	Yorkshire	"	"	to settle
Charles McCloud	19	Gentleman	America	"	"	" "
Capt" McCeun	30	Mariner	Scotland	"	"	" "
James Thompson	25	Gentleman	"	"	"	" "
M" Nichols	33	Clergyman	America	"	"	" "
Andrew Sutton	21	Gentleman	Scotland	"	"	" "
Charles Anderson	22	Gentleman	"	"	"	" "
Thomas Wilkins	43	Gentleman	Northampton	Mary Ann	Boston	to settle
Temperance Wilkins	46	Wife to the above	"	"	"	" "
Ann "	17	"	"	"	"	" "
Mary "	15	"	"	"	"	" "
Frances "	12	Children to above	"	"	"	" "
John "	7	"	"	"	"	" "
Temperance "	9	"	"	"	"	" "
William "	6	"	"	"	"	" "
Richard Blencowe	25	Husbandman	London	Industry	Maryland	for Employment
Charles Sewell	29	Gentleman	Maryland	"	"	" "
Austin Jenkins	27	"	"	Union	Carolina	going home
David Wilson	38	Merchant	London	"	"	on Business
John Machlin	24	Gentleman	Oxford	"	"	to settle
Mary Machlin	23	Wife to above	"	"	"	" "
Lewis Ogier	47	Weaver	London	"	"	" "
Catherine Ogier	40	Wife to the Above	"	"	"	" "
Thomas "	20	Silk Weaver	"	"	"	" "
Lewis "	19	"	"	"	"	" "
Catherine "	16	Spinster	"	"	"	" "
Lucy "	13	"	"	"	"	" "
Charlotte "	9	"	"	"	"	" "
John "	8	Schoolboy	"	"	"	" "
Mary "	6	Spinster	"	"	"	" "
Peter Ogier	5	Schoolboy	"	"	"	" "
Philip Adams	30	Husbandman	"	Rich" Penn	Philadelphia	for better Employment
—— Adams	26	Wife to Above	"	"	"	" "

Name	Age	Occupation	From	Ship	To	As a
George Phillips	22	Cooper	London	Richd Penn	Philadelphia	for better Employment
Charles Richardson	23	Gentleman	"	"	"	to settle
Thomas Richardson	30	Mariner	"	"	"	for better Employment
Susanna Brown	20	Spinster	"	"	"	going to service
Paul Brown	24	Servant	"	"	"	" " "
Richard Fowler	25	Merchant	Jamaica	James Daukins	Jamaica	going home
Mrs Fowler	23	Wife to Above	"	"	"	" "
John Serogie	28	Planter	"	"	"	going to his plantation
Dr Chisolm	29	Docter	"	"	"	going home
Mr Hobkirk	25	Merchant	"	"	"	" "
Mr Croger Jur	27	Farier	London	"	"	" "
Mr Croger	30	Planter	Jamaica	"	"	" "
Mr White	36	Planter	"	"	"	" "

PORT OF WHITEHAVEN, 20 TO 27 FEB. 1774.

Name	Age	Occupation	From	Ship	To	As a
Willm Bell	40	No Occupation	Westmoreland	Venus	Virginia	to look after Effects
Colquit Haywood	16	Apprentice	Cumberland	"	"	As a Factor

PORT OF PORTSMOUTH, 20 TO 27 FEBRUARY 1774.

Name	Age	Occupation	From	Ship	To	As a
Alexander Gordon	44	Planter	St Kitts	Pemberton	St Kitts	Came from St Kitts to settle their affairs and are now returning home again
James Farrell	42	"	"	"	"	
Mr Burton	38	Gentleman	"	"	"	
Francis Martin	40	"	"	"	"	
Honble Edwd Gordon Esqre	46	"	London	Britiannia	Barbadoes	going out one of the councels at Barbadoes
Miss Mandevile	25	Lady to accompany him	"	"	"	

PORT OF LONDON, 28 FEB. TO 7 MAR. 1774.

Name	Age	Occupation	From	Ship	To	As a
Jane Taylor	45	Seamstress	London	Geddis	Maryland	going to her husband
David Barnes	46	Mariner	America	"	"	going home

37

Name	Age	Occupation	Origin	Ship	Destination	Purpose
Elizabeth Barnes	15			"	"	"
Robert "	12			"	"	"
Margaret "	9	Children		"	"	. "
Catharine Cause	36	Seemstress	Yorkshire	Friendship	Musquiteshore	to settle there
John Cause	36	Shoemaker	"	"	"	" "
John Stokell	26	Mariner	America	Nicholas	New England	to Settle
Charles Thomas	23	Clerk	Westminster	Tobago Planter	Tobago	On Business
Joseph Robley	25	Planter	Tabogo	"	"	on his plantations
Lewis Cazaley	28	Surgeon	London	Hero	Grenades	to settle there
Peter White	31	Sugar Baker	"	Princess Royal	Frieseland	for Employment
Samuel Samuel	22	Cloaths Man	"	"	"	"
Johseph Solomon	19	"	"	"	"	"
William Bowser	22	Merchant		Sucess	Boston	to settle
John Foster	40	Farmer	Durham	"	"	" "
David Russel	25	Cooper	Scotland	Randolph	Virginia	" "
John Brown	22	Merchant	London	Speedwell	Maryland	for Employment
William Gattens	26	Carpenter	"	"	"	" "
Jos Browning	36	Taylor	"	Geddis	"	Indented servant
John Brown	22	Cordwainer	"	"	"	" "
William Easun	37	Carpenter & Joiner	"	"	"	" "
Timothy Shean	31	Bricklayer	Lincolnshire	Speedwell	"	" "
John Young	18	Farmer	Ireland	"	"	" "
John Gadsby	19	Baker	Surry	"	"	" "
Daniel Breplur	19	Bricklayer	London	"	"	" "
John Moore	32	Painter	"	"	"	" "
John Edgerler	24	Smith	"	"	"	" "
Joseph Wright	19	Carpenter	"	"	"	" "
William Laws	22	Cordwainer	"	"	"	" "
Robert Shopshire	26	Goldsmith	Bedfordshire	"	"	" "
John Gurney	25	Miller	Shropshire	"	"	" "
Francis Milliner	31	Glaizier	London	"	"	" "
John Smith	21	Ropemaker	"	"	"	" "
Jacob Lipdry	30	Baker	Surry	"	"	" "
Jacob Reybolt	45	Husbandman	Middlesex	"	"	" "
John Busonworth	39	Gardner	"	"	"	" "
Joseph Bolts	38	Husbandman	London	"	"	" "
John Low	19	Turner	Essex	"	"	" "
Frederick Oyle	22	Calico Printer		"	"	" "

38

Name	Age	Occupation	From	Ship	To	As a
William Mondindale	20	Flax dresser	Lincolnshire	Speedwell	Maryland	Indented servant
Samuel Green	26	"	Denbeighshire	"	"	"
Robert Long	21	Jeweller	Southwark	"	"	"
Duncan McDonald	28	Carpenter	Hampshire	"	"	"
Francis Appleton	22	Ship Carpenter	Middlesex	"	"	"
Thomas Collins	32	Cooper	London	"	"	"
Richard Mathews	21	Husbandman	Kent	"	"	"
William Adams	45	Baker	"	"	"	"
Joseph Lewis	24	Clerk	South Wales	"	"	"
Thomas Gavin	24	Cooper	London	"	"	"
Richard Richardson	18	Clerk	"	"	"	"
Robert Lusby	21	"	"	"	"	"
Henry Lusby	23	"	"	"	"	"
John Snow	46	Gardner	Westminster	"	"	"
Henry Hill	38	Carpenter	Southwark	"	"	"
John Barnard	24	Founder	Lambeth	"	"	"
Marsh Sowerbutts	36	Sawyer	Westminster	"	"	"
John Williamson	45	Linen Weaver	Essex	"	"	"
Richard Sweenan	28	Husbandman	Worcester	"	"	"
Thomas Bovey	27	White smith	London	"	"	"
Benjamin Ewans	28	Weaver	"	"	"	"
Thomas Collins	28	Carver	Southwark	"	"	"
Joseph Hall	23	Copper smith	Kent	"	"	"
John Cahill	33	Black smith	London	"	"	"
John Pincock	27	Clerk	Edingbourg	"	"	"
Thomas Gordon	23	Bleacher	Essex	"	"	"
Thomas Lawrance	33	Gem smith	Newcastle	"	"	"
John Hamilton	21	Flax Dresser	Westminster	"	"	"
Samuel Jacob	20	Taylor	Scotland	"	"	"
William Jacque	25	Smith	Southwark	"	"	"
Thomas Garthan	19	Cordwainer	York	"	"	"
William Freeman	20	Bricklayer	London	"	"	"
Joseph Simmons	22	Cordwainer	Surry	"	"	"
Benjamin Fogg	19	Bricklayer	London	"	"	"
John Casey	21	Baker	"	"	"	"

Name	Age	Occupation	Origin	Ship
James Moore	29	Baker	"	"
Drew Ridley	22	Tallow Chandler	Surry	"
William Morgan	21	Perukemaker	London	"
William Bigg	20	Groom & Farrier	"	"
Patrick Farrel	38	Schoolmaster	"	"
Floyd Evans	46	Sawyer	"	"
Henry Crown	43	Watch Case Maker	"	"
Robert Johnson	41	Husbandman	"	"
George Willis	24	Schoolmaster	"	"
William Oakes	23	Glass Maker	"	"
Joseph Brittle	28	Glass Maker	"	"
James Bird	24	Weaver	"	"
John Gaddis	36	Farmer	Surry	"
Thomas Dermot	25	Carpenter	"	"
John Buck	24	Husbandman	"	"
Stephen Winter	21	Lapidary	London	"
Thomas Murphy	27	Plaisterer	Ireland	"
David Calaghan	24	Hatter	"	"
Joseph West	21	Perukemaker	London	"
Edward Atmer	25	Tallow Chandler	"	"
Austin Cole	20	Bricklayer	Somerset	Mermaid
William Tyler	19	Bookkeeper	London	"
Joseph Pinte	15	Hair Dresser	"	"
William Holkirk	19	Taylor	Northumbland	"
James Garton	16	Husbandman	Lancaster	"
John Davis	21	Plaisterer & Painter	London	"
Joseph Townsend	23	Bookkeeper	"	"
Henry Smith	30	Miller	Norfolk	"
Luke Sanson	26	Husbandman	Somerset	"
George Davison	28	Shoemaker	Southwark	"
Robert Hogg	28	Biscuit Baker	London	"
John Sewell	29	Grocer	Norwich	"
John Landers	28	Silk Weaver	London	"
Robert Hooper	22	Sawyer	"	"
Joseph Bulgin	28	"	Middlesex	"
Joseph Hart	21	Woolcomber	Herts	"
John Wilson	23	Hatter	Southwark	"
James Creighton	33	Smith	London	"

40

Name	Age	Occupation	From	Ship	To	As a
Thomas Watts Osborne	35	Clerk & Bookkeeper	Devon	Mermaid	Maryland	Indented Servant
James Wier	23	Blacksmith & Farrier	London	"	"	"
John Scott	22	Tinplate Worker	"	"	"	"
Andrew Moir	21	Baker	Westminster	"	"	"
James Moir	22	Carpenter & Joiner	"	"	"	"
John Ansley	46	Sail Cloth Weaver	Scotland	"	"	"
Thomas Flice	23	Cordwainer	Southwark	"	"	"
George Moore	16	Labourer	Yorkshire	Patient	Virginia	"
Stephen Hurst	15	"	Northumbland	"	"	"
James Stockier	25	Husbandman	Staffordshire	"	"	"
William Payne	33	Husbandman	Norfolk	Betsey	"	"
Francis Haywood	24	Baker	Hampshire	"	"	"
William French	25	Gardner	London	"	"	"
Charles Blechynden	20	Labourer	Essex	"	"	"
James Rowlatt	23	Cordwainer	London	"	"	"
William Smith	25	Calico Printer	"	"	"	"
William Wilson	23	Baker & Confectioner	"	"	"	"
Joseph Low	23	Baker	"	"	"	"
Robert Everett	21	Taylor	"	"	"	"
Jane Withers	21	Spinster	"	"	"	"
Henry Morris	27	Husbandman	"	"	"	"
John Savage	36	Smith & Farrier	"	"	"	"
John Jones	27	Plaisterer	"	"	"	"
Stephen Chalk	32	Sawyer	Southwark	"	"	"
Richard Yeoman	22	Cordwainer	London	"	"	"
John Colman	22	Engraver	Kent	"	"	"
Colin Campbell	42	Labourer	London	"	"	"
George Binks	22	Painter	Rotherhithe	"	"	"
John Chivers	23	Smith & Farrier	London	"	"	"
Hugh Wilson	25	Smith	"	"	"	"
John Hay	23	Baker	"	"	"	"
George Mellers	21	Cordwainer	Middlesex	"	"	"
William Smith	20	Baker	London	"	"	"
Elizabeth Wilkinson	26	Spinster	"	"	"	"

James Tute	19	Breeches Maker	Ireland	"	"	"
Banks Broughton	25	Clerk & Bookkeeper	London	"	"	"
John Gardner	30	Cordwainer	"	"	"	"
Francis Mara	23	Breeches Maker	"	"	"	"
William Symes	21	Sadler	Scotland	"	"	"

PORT OF HULL, 28 FEB. TO 7 MARCH 1774.

				Two Friends	Nova Scotia	
John Smith	29	Farmer	Yorkshire	"	"	Their Rents being raised so high they cannot live
Mary "	25	His Wife	"	"	"	Indentered Servant
John "	4		"	"	"	
George "	2		"	"	"	
William "	1	Children to John Smith	"	"	"	going on business as agent
Robert Fawceit	30	Sail Cloth Maker	"	"	"	going to seek a better Livelihood
Samuel Pickering	23	Farmer	"	"	"	"
James Leach	27	"	"	"	"	"
Francis Layton	29	Blacksmith	"	"	"	"
Elizabeth "	26	His Wife &	"	"	"	"
Francis "		18 Months Child	"	"	"	"
John Busfield	30	Farmer	"	"	"	
George Hayton	32	"		"	"	on acc't of his rent being raised by Jno Mathews his Landlord
Anthony Hill	57	"		"	"	going to seek a better livelihood
John Willison	36	Carpenter		"	"	"
John Layton	22	Husbandman		"	"	"
Richard Peck	46	Farmer		"	"	"
William Hodgson	22	Husbandman		"	"	"
John Wilson	46	Farmer		"	"	"
William Ward	24	"		"	"	"
Elizabeth "	22	His Wife &		"	"	"
Moses "		18 Months Child		"	"	"
Robert Appleby	21	Husbandman		"	"	"
William Brown	22	Carpenter		"	"	"
Jane Brown	21	His Wife &		"	"	"
Jane "	1	Child		"	"	"
James "	17	Husbandman		"	"	"

42

Name	Age	Occupation	From	Ship	To	As a
Mary Brown	26	Servant	Yorkshire	Two Friends	Nova Scotia	going to seek a better livelihood
John Webster	25	Taylor	"	"	"	"
Elizabeth Wrightson	20	Servant	"	"	"	"
Tomas Yate	22	Mason	"	"	"	"
Thomas Brigs	28	Blacksmith	"	"	"	"
John Sedgewick	39	Farmer	"	"	"	on acc't of his rent being raised
John Routh	22	Husbandman	"	"	"	going to seek a better livelihood
Thomas Harwood	34	Farmer	"	"	"	going to seek a better livelihood
George Firth	30	"	"	"	"	on ac't of their rents being raised
William Parker	31	"	"	"	"	"
Mary "	38	His Wife	"	"	"	"
John "	3	& Children	"	"	"	"
		18 Months	"	"	"	"
Jane Harrison	20	Maid servant	"	"	"	going to accompany her Children
Mary Parker	74	Widow	"	"	"	to seek a better livelihood
John Lumley	23	Husbandman	"	"	"	Provision, Rents and every necessary of life, being so very high they cannot support their family
Armistead Fielding	42	Farmer	"	"	"	
Elizabeth "	40	His Wife	"	"	"	
John "	15	&	"	"	"	
William "	14	"	"	"	"	
Nicholas "	12	"	"	"	"	
Hannah "	8	"	"	"	"	
Esther "	5	"	"	"	"	
Joseph "	2	Children	"	"	"	
Richard Bare	26	Butcher	"	"	"	To seek a better livelihood
William Blinkhorn	33	Farmer	"	"	"	On account of their rents being raised
Ann "	29	His Wife	"	"	"	
William "	7	&	"	"	"	
John "	4	"	"	"	"	
Ann "	3	"	"	"	"	
Eleanor "	1	Children	"	"	"	
Abraham Mason	43	Husbandman	"	"	"	To seek a better livelihood
Elizabeth Abba	20	Servant	"	"	"	"
John Watersworth	43	Farmer	"	"	"	on acc't of his rent being raised
Richard Thompson	30	Husbandman	"	"	"	To seek a better livelihood

43

Name	Age	Occupation/Relation			Reason
John Bulmer	45	Farmer	"	"	On account of their rents being raised by Beilly Thompson Esqr their Landlord
Grace Bulmer	46	His Wife	"	"	"
James "	20	Children	"	"	"
George "	14	to	"	"	"
Joseph "	10	John Bulmer	"	"	"
Ann Bowser	60	Shopkeeper	"	"	To seek a better livelihood
Richard "	29	Farmer	"	"	On account of their rents being raised by William Weddell Esqr their landlord
Ann "	26	Servant	"	"	In hopes of a better livelihood
Hannah Sterriker	30	Blacksmith	"	"	"
William Routlidge	27	His Wife	"	"	"
Sarah "		&	"	"	"
Diana "		Children	"	"	"
Joseph "	2	18 Months.	"	"	"
Richard Stavely	30	Husbandman	"	"	On account of their rents being raised by Willm Weddell Esqr their landlord
Robert "	26	"	"	"	"
John Linton	28	Butcher	"	"	"
Robert Fenby	26	Husbandman	"	"	"
Andrew Crawford	28	"	"	"	"
Christopher Harper	40	Farmer	"	"	"
Thomas Harrison	28	Husbandman	"	"	"
William Thursby	28	"	"	"	"
John Wry	23	Weaver	"	"	"
Pickering Snowden	22	"	"	"	going to seek a better livelihood
Mary Suggett	40	Widow	"	"	"
Ann "	14	Her	"	"	"
Mary "	12		"	"	"
Christopher "	10		"	"	"
John "	8	Children	"	"	"
William Suggett	18	Husband	"	"	"
Joseph Parker	33	Rope Maker	"	"	"
Elizabeth "	33	His Wife &	"	"	"
William "	2	Child	"	"	"
John Fawceit	29	Farmer	"	"	Onacc't of their rent being raised
Jane Fawceit	28	His Wife	"	"	"
Mary "	4	& Child	"	"	"

Name	Age	Occupation	From	Ship	To	As a
Thomas Andrews	37	Husband	Yorkshire	Two Friends	Nova Scotia	In hopes of a better support for himself & family every necessary of life being so dear
Lilley "	37	His Wife	"	"	"	
Mary "	7	&	"	"	"	
John "	5		"	"	"	
Mary "	3		"	"	"	
Hannah "	1	Children	"	"	"	

PORT OF LIVERPOOL, FEB. 28 TO MARCH 7 1774.

Mary Spencer	19	Ladys Maid	Chester	Sam	Philadelphia	going to settle there & seek for Employment
Mary Bourn	25	Cook	Dublin	"	"	"
Sarah Pennington	23	"	Lancaster	"	"	"
Ann Simpson	24	Dairy Maid	Upton	"	"	"
Mary Robinson	20	"	Lancaster	"	"	"
Eleanor Brow	24	Housemaid	Liverpool	"	"	"
Elizabeth Gill	20	"	Liverpool	"	"	"
George Pearson	27	A Miner	Derbyshire	"	"	"
William Carter	25	Farmer	Ulverston	"	"	"
Thomas Jones	29	Smith	Gloucesteshire	"	"	"
George Seddon	25	Barber	Ormskirk	"	"	"
Richard Taylor	25	Merchant	Derbyshire	"	"	"
William Branson	26	Weaver	Yorkshire	"	"	"
Thomas Williams	22	Farmer	"	"	"	"
James Murphy	25	"	"	"	"	"
John Turnley	24	Barber	Lancaster	"	"	"
Henry Taylor	24	Taylor	Yorkshire	"	"	"

PORT OF WHITEHAVEN, FEB. 28 TO 7 MARCH 1774.

A Melatto Woman	23	a Convict	Cumberland	Cæsar	Virginia North America	to follow their business
Charles Turner	53	Mason	Wigtoun	John & Thomas	"	"
Charles " Jur	22	"	"	"	"	"
John Turner	17	"	"	"	"	"

PORT OF LONDON, 7 TO 14 MARCH 1774.

Name	Age	Occupation	From	Ship	To	Reason
William White	40	Merchant			Jamaica	on Business
Adam Brander	25	Carpenter			"	to follow his business
Adam Sproule	45	Merchant			"	to settle
William Falless	23	Mariner			"	going home
James Mellers	28	Whitesmith		Minerva	Boston	Indentured servant
John Vaughan	23	Wheelright		"	"	"
John Alexander Mackay	18	School master	London	Kitty & Nelly	Maryland	"
William Hiorne	26	Tallow Chandler	Scotland	"	"	"
Joseph Weeden	39	Gardner	London	"	"	"
Peter Webb	39	Husbandman	Boston, England	"	"	"
William Beard	24	Cordwainer	London	"	"	"
Edward Fame	21	Husbandman	"	"	"	"
Thomas Chilcot	25	Cabinet Maker	Westminster	"	"	"
Alexander Steel	26	Taylor	Surry	"	"	"
John Flatman	35	Weaver	Kent	"	"	"
James Conolly	22	Labourer	Wilts	"	"	"
John Scott	22	Groom	Middlesex	"	"	"
Mark Malone	27	Cooper	Surry	"	"	"
John Fenning	28	Brick maker	London	"	"	"
John Wood	18	Husbandman	Suffolk	"	"	"

PORT OF HULL, 7 TO 14 MARCH 1774.

Name	Age	Occupation	From	Ship	To	Reason
William Havland	23	Farmer	Yorkshire	Albion	Fort Cumberland North America	to seek better livelihood
John Coulson	20	"	"	"	"	"
Mary "	20	His Wife	"	"	"	"
Jonathan Patison	19	Husbandman	"	"	"	"
Nathaniel Smith	52	Farmer	"	"	"	their rents being raised by his landlord Mr Chapman they have made a purchase of some land in North America
Elizabeth "	52	His Wife	"	"	"	
Nathaniel "	22	&	"	"	"	
John "	18		"	"	"	
Robert "	9		"	"	"	
Elizabeth "	7	Children	"	"	"	

46

Name	Age	Occupation	From	Ship	To	As a
Rachael Smith	22	Children to	Yorkshire	Albion	Fort Cumberland North America	with their parents
Rachael "	22	Nathaniel Smith	"	"	"	To seek for better Employm.t
Mary Veckel	20	Maid Servant	"	"	"	"
Hannah Veckel	20	"	"	"	"	"
Charles Simpson	22	Husbandman	"	"	"	"
Thomas Scurr	34	Farmer	"	"	"	The advance of his rents by Frans Smith Jur Esqre his landlord, he is going to purchase land abroad
Elizabeth "	39	His Wife	"	"	"	
Thomas "	9	&	"	"	"	
William "	7	"	"	"	"	
Charles "	5	"	"	"	"	
Elizabeth "	3	"	"	"	"	
Alice "	1	Children	"	"	"	
Bryan Kay	28	Farmer	"	"	"	To seek for better livelihood
Dorothy "	42	His Wife	"	"	"	"
Robert "	42	His brother	"	"	"	"
Elizabeth "	16		Husbandman	"	"	"
Hannah "	14	His	"	"	"	"
Sarah "	12	"	"	"	"	"
Ann "	9	"	"	"	"	"
Jane "	7	Children	"	"	"	"
Anthony Thompson	20	Husbandman	"	"	"	"
Ann Atkinson	19	Servant	"	"	"	"
Ann Skelton	18	"	"	"	"	"
William Kay	20	Sailor	"	"	"	"
Joseph Palister	25	Labourer	"	"	"	"
John Atkinson	45	Labourer	Yorkshire	"	"	To seek for better livelihood
Frances "	30	His Wife	"	"	"	"
Charles "	6	&	"	"	"	"
Martha "	4	"	"	"	"	"
Michael "	3	"	"	"	"	"
John "	1	Children	"	"	"	"
John Reed	26	Husbandman	"	"	"	"

Name	Age	Occupation		Reason
George Reed	83	Farmer	"	on account of his rent being raised by his landlord Thomas Walker
Hannah	33	His Wife	"	"
Ann	9	"	"	"
John	6	"	"	"
Isabella	4	&	"	"
George	1	Children	"	to seek a better livelihood
Mary Simpson	25	Servant	"	"
Edward Peckett	11	Husbandman	"	On account of their rents being raised by the Duke of Rutland so that they could not live
Lancelot Chapman	49	Farmer	"	"
Frances	42	His Wife	"	"
Thomas	18	"	"	"
Rachael	14	"	"	"
Frances	12	&	"	"
Martin	10	"	"	"
Ann	8	"	"	"
Lancelot	6	"	"	"
Hannah	4	Children	"	To seek for better livelihood
Mary Harrison	17	Maid servant	"	"
Paul Cornforth	70	Farmer	"	"
Phillis	68	His Wife	"	"
William Cornforth	34	Farmer	"	"
Mary	26	His Wife	"	"
Elizabeth	4	&	"	"
Mary	1	Children	"	"
Michael Taylor	45	Husbandman	"	"
Ann	26	His Wife	"	"
Robert Charlton	17	Husbandman	"	"
John Slee	22	"	"	"
Thomas Harrison	24	Taylor	"	"
George Taylor	25	Farmer	"	"
Michael Taylor	23	"	"	"
Giles Pickett	41	Blacksmith	"	"
Mary	38	His Wife	"	"
James Pickett	16	Children	"	"
John	7	"	"	"
Margaret	5	of	"	going with their Parents
William	1	Giles Pickett	"	

48

Name	Age	Occupation	From	Ship	To	As a
John Savage	40	Labourer	Yorkshire	Albion	Fort Cumberland North America	going to seek a better livelihood
Elizabeth "	55	His Wife	"	"	"	"
Anthony "	9	Son	"	"	"	"
John Dunning	24	Farmer	"	"	"	"
John Hill	25	"	"	"	"	"
Jane "	28	His Wife	"	"	"	"
Thomas "	2	&	"	"	"	"
Elizabeth "	2	Children	"	"	"	"
Mary "	1		"	"	"	"
James Handwick	34	Malster	"	"	"	On account of his rent being advanced
Elizabeth "	24	His Wife	"	"	"	"
Edward Fenwick	28	Labourer	"	"	"	going to seek a better livelihood
Robert Appleton	24	Husbandman	"	"	"	"
Joseph Stockdale	24	"	"	"	"	"
Thomas Lumley	45	Farmer	"	"	"	On account of his rent being raised by Mr Knowsley his Landlord
Ruth "	44	His Wife	"	"	"	
Diana "	14	&	"	"	"	
John "	6	Children	"	"	"	
Thomas Shipley	31	Butcher	"	"	"	To seek a better livelihood
Elizabeth "	25	His Wife	"	"	"	
Sarah "	3	&	"	"	"	"
Thomas "	1	Children	"	"	"	"
Brian Kay	20	Husbandman	"	"	"	On account of their rent being raised by Durcan Esqre their landlord
William Truman	52	Miller	"	"	"	
Ann "	58	His Wife	"	"	"	
William "	22	Grocer a Son	"	"	"	
John Beys	24	Husbandman	"	"	"	
Sarah Barr	21	Servant	"	"	"	A relation being dead they are going to settle their affairs
Richard Dobson	72	Gentleman	"	"	"	On account of their rent being advanced
William Pipes	49	Farmer	"	"	"	"
William "	22	Husbandman	"	"	"	"
Jonathan "	20	"	"	"	"	
John Smith	28	"	"	"	"	
Mary Smith	26	Servant	"	"	"	
George Hunter	40	Farmer	"	"	"	In hopes of making a purchase

49

Name	Age	Occupation				Reason
John Watson	33	"	"	"	"	"
Richard Lowerson	32	Husbandman	"	"	"	"
John Johnson	27	Tanner	"	"	"	To seek a better livelihood
Martha "	23	His Wife &	"	"	"	"
William "	1	Child	"	"	"	"
Henry Scott	27	Husbandman	"	"	"	"
Mary "	29	His Wife	"	"	"	"
Henry "	3	&				
Catharine "	1	Children				
Charles Blinkey	33	Farmer	"	"	"	On account of his rent being raised by his landlord Jno Wilkinson
Sarah Blinkey	33	His Wife	"	"	"	
Jane "	6	&				
Mary "	1	Children				to seek a better livelihood
William Atkinson	16	Tanner	"	"	"	On account of his rent being raised by his landlord Lord Cavendish & all necessaries of life being so dear
William Chapman	44	Farmer	"	"	"	
Mary "	42	His Wife	"	"	"	
William "	19					
Thomas "	17					
Jane "	16	&				
John "	13					
Mary "	9					
Henry "	7					
Jonathan "	5					
Sarah "	3					
Ann "	1	Children				
Israel Marshall	28	Husbandman	"	"	"	Rents being so high he goes in hope to make a Purchase
Henry Hammond	31	Farmer	"	"	"	"
Margaret "	27	his Wife	"	"	"	"
Henry "	5	&	"	"	"	
Jane "	3		"	"	"	To seek a better livelihood
Margaret "	1	Children	"	"	"	"
Tristram Walker	27	Husbandman	"	"	"	"
William Robertson	15	"	"	"	"	"
Alice Dimond	24	Servant				
Thomas Wilson	50	Joiner				
James Wilson	19	"				

50

Name	Age	Occupation	From	Ship	To	As a
David Bennett	30	Farmer	Yorkshire	Albion	Fort Cumberland North America	On account of his rent being raised by Mr Bulmer his landlord
Mary Bennett	30	Wife of David Bennet	"	"	"	"
Henry Charmick	31	Chandler	"	"	"	To seek a better livelihood
John Thompson	32	Farmer	"	"	"	On account of the grate advance of rents & in hopes of Purching
Joseph Thompson	26	"	"	"	"	"
Joshua Gildart	48	Husbandman	"	"	"	"
Robert Leming	51	"	"	"	"	"
Robert " Jur	17	"	"	"	"	"
John Gildart	19	"	"	"	"	"
Eleanor Harrison	48	Widow	"	"	"	To seek a better livelihood
Miles Ainson	42	Blacksmith	"	"	"	"
Mary "	30	His Wife	"	"	"	"
Miles "	6		"	"	"	"
Thomas "	3	&	"	"	"	"
Mary "	1	Children	"	"	"	"
Charles Clarkson	19	Husbandman	"	"	"	"
Richard Thompson	25	Farmer	"	"	"	Lord Bruce having raised his rent
William Sinton	21	Miller	"	"	"	To seek a better livelihood
Joseph Jacques	28	Farmer	"	"	"	On account of their rent being raised
Elenor Jacques	28	His Wife	"	"	"	"
Richard Carter	27	Farmer	"	"	"	"
Robert Atkinson	28	"	"	"	"	"
Ann "	21	His Wife	"	"	"	To seek a better livelihood
Diana Tatum	25	Servant	"	"	"	"
Ralph Sidell	29	Cartwright	"	"	"	"
Ann Weldon	38		"	"	"	going to her husband who is settled abroard
Andrew "	12	&	"	"	"	"
Elizabeth "	8		"	"	"	"
Thomas "	4	Children	"	"	"	"
Ann "	1	Servant	"	"	"	"
Jacob Blackburn	27	Miller	"	"	"	To seek a better livelihood
George Gibson	36	Tanner	"	"	"	"
Thomas Little	27	His Wife	"	"	"	"
Ann "	24	Farmer	"	"	"	"
William Winn	27		"	"	"	"

Name	Age	Occupation	Residence	Ship	Destination	Reason
David Winn	17	"			"	"
Mathew Fenwick	16	Servant			"	"
Mary Lowthier	21	"			"	"

PILL A PORT OF BRISTOL, 7th TO 14th MARCH 1774.

Name	Age	Occupation	Residence	Ship	Destination	Reason
John Perring	22	Weaver	Worcestershire	No account of the names of Ships	Philadelphia	for want of Employment
Thomas Yearsley	33	Silk Dyer	New York		"	To return home
Willm Pearse	33	Farmer	Gloucestershire		"	for want of Employment
Wife & 2 Children	—		"		"	"
William Eycott & Wife	30	Mason	Cork		Jamaica	"
Alexander Tolme	33	Mariner	New York		New York	"
Benjamin Burrows	26	Shoemaker	Wales		"	"
Daniel Williams & Wife	50	Cooper			"	"
John Carter	30	Servant	Wiltshire		"	"
Thomas Bennett	24	Linen Draper	Worcester		"	"
James Carpenter	18	Carver	Bristol		"	"
James Thompson	32	Cooper Smith	"		"	"
Wife & 4 Children					"	"
George Stacks	23	Clerk	London		Nevis	On Business
Henry Forrest	33	Mariner	Bristol		"	"
Thomas Rowden	17	Cutler	Birmingham		Philadelphia	Indended Servant
George Butler	17	Brick Maker	London	No account of Ships	"	"
John Crocker	18	Carpenter	Bristol		"	"
Thomas Fellett	22	Carpenter	Bristol		"	"
Philip Mark	21	Servant	Dorchester		"	"
John Taylor	15	"	Bristol		"	"
John Burgh	20	Labourer	Exeter		"	"
Thomas Cartwright	16	"	Worcester		"	"
Thomas Jones	13	"	Bath		"	"
Richard Davis	12	"	Bristol		"	"
Thomas Seaton	16	"	Birmingham		"	"
William Single	14	"	Bath		"	"
Mathew McCunn	15	"	Wells		"	"
Jos Spencer	16	"	London		"	"
Thomas Marshall	15	"	Bristol		"	"

52

Name	Age	Occupation	From	Ship	To	As a
John Lutton	17	Labourer	Bristol	No account of Ships	Philadelphia	Indended Servant
Richard Snell	16	"	Eaton		"	"
John Dean	18	"	Oxford		"	"
John Bartlett	12	"	Wells		"	"
James Hatchwell	18	"	"		"	"
William Fry	14	"	"		"	"
Thomas Jones	18	"	"		"	"
Samuel Shepherd	17	"	Wales		"	"
William Haile	16	"	Worcester		"	"
Andrew Taven	22	Carpenter	Bath		"	"
William Damead	32	Labourer	Cornwall		"	"
James Melvil	21	"	Kent		"	"
Five Women	29	Taylor	Cork		"	"

PORT OF LIVERPOOL, 7th TO 14th MARCH 1774.

William Shakespear	40	Merchant	Yorkshire	Lydia	Philadelphia	To Trade
John Warden	21	"	Manchester	"	"	"
James Clarke	23	"	Lincoln	"	"	"
James Fell	34	"	Middlesex	"	"	"
James Greenough	30	Sugar Baker	London	John	Virginia	"
John Dunn	30	Farmer	Westmoreland	"	"	"
Isabella Jackson	25	Servant	"	"	"	"

PORT OF WHITEHAVEN, 7th TO 14th MARCH 1774.

Joseph Bowman	13	No Occupation	Maryland	Betty	Virginia	going to his Friends

PORT OF BIDEFORD, 7th TO 14 MARCH 1774.

William Sanders	—	Merchant		David	Newfoundland to touch at Waterford	No account
Elizabeth Salmon	16					
Martin Morris	60	Banker			"	
William Black	—	Master of a Sloop at Cadiz				

PORT OF LONDON, 14th TO 21st MARCH 1774.

Name	Age	Occupation		Bellar	Philadelphia	
James Walker	50	Blacksmith	Scotland	"	"	to settle there
Ann "	50	His Wife	"	"	"	"
Joseph "	30	Blacksmith	"	"	"	"
Mary "	28	His Wife	"	"	"	"
John Lewis	25	Druggist	London	"	"	On Business
John Williams	50	Cooper	"	"	"	"
Mary Williams	10	His daughter	"	"	"	"
Samuel Dawes	26	Merchant	"	"	"	To settle there
Richard Hotham	40	"	"	"	"	"
Elizabeth Morris	22	Servant	"	"	"	"
John Mayot (or Mayor)	25	Gentleman	Essex	"	"	"
Charles Constable	13	Gentleman	Middlesex	"	"	"
Laurance Furlong	40	Sea Captain	London	"	"	"
Mrs Jones		Captn Jones' Lady	"	"	"	"
William McPherson	22	Cabinet Maker	"	"	"	"
Christopher Partridge	34	Mate to Captn Furlong	America	Brilliant	"	On his Employ
David Jones	25	Gardner	London	"	Virginia	Indented servant
John Moore	21	Weaver	London	"	"	"
William Jones	18	Labourer	Salop	"	"	"
Jos Usherwood	21	Perukemaker	Northampton	"	"	"
Martin New	38	Weaver	London	"	"	"
William Pedder	24	Baker	"	"	"	"
William Barter	41	Painter	Essex	"	"	"
Richard Sewthwait	32	Blacksmith	London	"	"	"
Peter Purvis	32	Carpenter	"	"	"	"
John Augusts Kindon	21	Husbandman	"	"	"	"
Thos Hackly	29	Perukemaker	"	"	"	"
Thomas Hudson	22	Dyer	"	"	"	"
Thomas Evans	36	Joyner	"	"	"	"
John Congrave	23	"	"	"	"	"
John Dash	36	"	"	"	"	"
Charles Matee	26	Silk Weaver	"	"	"	"
Thomas Smith	22	Joyner	"	"	"	"
James Grant	22	White Smith	"	"	"	"

Name	Age	Occupation	From	Ship	To	As a
James Purser	21	Weaver	London	Brilliant	Virginia	Indented servant
William Bartholomew	21	Husbandman	"	"	"	"
Robert Newson	19	Blacksmith	"	"	"	"
Samuel Lewis	18	Taylor	Wilts	"	"	"
Thomas Sanders	18	"	"	"	"	"
Thomas Forest	24	Schoolmaster	London	"	"	"
David Smith	23	Silver Smith	"	"	"	"
Isaac Tickner	24	Wheelright	Surry	"	"	"
John Knight	25	Whitster	Lancaster	"	"	"
Benjamin Fleet	21	Cooper	Surry	"	"	"
John Bryant	21	Taylor	Ireland	"	"	"
John Cross	19	Baker	Hertfordshire	"	"	"
John Merryfield	19	Husbandman	Surry	"	"	"
William Flower	21	Baker	Somerset	"	"	"
John Grinley	22	Chandler	Salop	"	"	"
James Wright	38	Braizier	London	"	"	"
Briar Brampton	31	Husbandman	"	"	"	"
Samuel Smith	26	Pipe Maker	"	"	"	"
Henry Smith	24	Husbandman	Wilts	"	"	"
James Lumsden	22	Baker	Scotland	"	"	"
Ralph Chillingworth	35	Plaisterer	Oxford	"	"	"
Joseph Hutchinson	27	"	London	"	"	"
Henry Long	23	Husbandman	Middlesex	"	"	"
Thomas Potter	21	Carpenter	Yorkshire	"	"	"
William Grant	24	Groom	Scotland	"	"	"
John Milsteed	22	Butcher	Middlesex	"	"	"
Charles Giddings	32	Sawyer	Wilts	"	"	"
Francis Haw	24	Cordwainer	Yorkshire	"	"	"
Edward Dalton	31	Husbandman	Middlesex	"	"	"

Pill a Creek Port of Bristol, 14th to 21st March 1774.

Name	Age	Occupation	From	Destination	Purpose
Hugh Syle	45	Malster	Bristol	Maryland	On Business
David Paris	50	Merchant	"	Barbadoes	"
John James	36	"	Wales	"	"
John Brisley	28	Farmer	Somerset	No Account	Indented Servant
John Murtis	18	Shoemaker	London	"	"
Thomas Simmons	29	Labourer	Gloucester	"	"
John Sly	18	Barber	London	"	"
Thomas Lynn	17	Labourer	Shipton	"	"
James Barrett	25	Shoemaker	Portsmouth	"	"
Lawrance Caswell	15	Weaver	"	"	"
Thomas Lawrance	17	Soap Boiler	Bristol	"	"
Thomas Cooper	21	Weaver	"	"	"
Richard Samms	22	Clothier	Somersetshire	"	"
James George	29	"	"	Maryland	"
James Sealy	22	Brazier	Froome	"	"
William Henderson	28	Chandler	"	"	"
Guy Cole	27	Gardner	Bristol	"	"
John Witherington	27	Labourer	London	"	"
Peter Graham	18	"	Warwick	"	"
One Woman	17			"	"

Port of Liverpool, 14 to 21st March 1774.

Name	Age	Occupation	From	Destination	Purpose
Samuel Hawbridge	40	Mercer	Yorkshire	New York	To Trade
Jane "	39	His Wife	"	"	going with her husband
John Hutchinson	30	Farmer	"	"	To Trade
Margaret "	30	His Wife	"	"	going with her husband to trade
Francis "	10		"	"	going with their Parents
Major "	9	&	"	"	"
Margaret "	8		"	"	"
Ralph "	7		"	"	"
Ann "	2	Children	"	"	"
Richard Rowlandson	40	Farmer	"	"	going to settle there
William Appleby	18	Weaver	"	"	"

Name	Age	Occupation	From	Ship	To	As a
Ralph Snowden	19	Tanner	Yorkshire	York Packet	New York	going to settle there
Richard Gill	40	Flax Dresser	"	"	"	"
Sarah "	41	His Wife	"	"	"	"
Ann "	10	Daughter	"	"	"	"
Richard "	6	Son	"	"	"	"
Ann "	46	Sister	"	"	"	"
Elizabeth Shepherd	36	Mantua Maker	"	"	"	"
Molly "	4	Daughter	"	"	"	"
John "	2	Son	"	"	"	"
Elizabeth Snell	24	Mantua Maker	"	"	"	"
Major "	36	Flax dresser	"	"	"	"
Elizabeth "	1	Child	"	"	"	"
Abraham Copley	22	Blacksmith	"	"	"	"
Sarah Pickler	36	Farmer	"	"	"	"
Nancy "	11		"	"	"	"
Mary "	9		"	"	"	"
Sarah "	6		"	"	"	"
Grace "	1	Children	"	"	"	"
Fanny "	36	Farmer	"	"	"	"
Richard Halliwell	25	Draper	"	"	"	"
Richard Iliton	22	Butcher	"	"	"	"
Thomas Deighton	20	Sadler	Westmoreland	"	"	"
Mathew Hunter	20	Shoemaker	"	"	"	"
John Kirkby	29	Flax Dresser	Yorkshire	"	"	"
Ann "	24	His Wife	"	"	"	"
Ann "	4	&	"	"	"	"
John "	2	Children	"	"	"	"
Benjamin Ambler	45	Farmer	"	"	"	"
Mary "	40	His Wife	"	"	"	"
Ann "	18	&	"	"	"	"
John "	14	Children	"	"	"	"
Sarah Simmer	22	Servant	Ireland	"	"	going to settle
John Hannam	30	Farmer	Yorkshire	"	"	"
James Hannam	45	"	"	"	"	"
Thomas Authwaite	22	"	"	"	"	"

Name	Age	Occupation	Origin	Destination	Reason
William Daviner	16	"	"	"	"
Richard Haste	30	"	"	"	"
John Watkinson	18	"	"	"	"
William Metcalf	16	"	"	"	"
Robert Wilson	16	Flax Dresser	London	"	"
James Christ	36	Taylor	Yorkshire	"	"
Richard Wilson	16	Silver Smith	Lancashire	"	"
John Eaton	16	Weaver	Yorkshire	"	"
William Hunt	22	"	"	"	"
Charles Stobbs	19	No Trade	Westmoreland	"	"
Thomas Thomson	38	Shoemaker	Yorkshire	"	To settle there
Joshua Robinson	12	Butcher	"	"	"
John Cunliffe	27	"	"	"	"
John Moon	40	Carpenter	"	"	"
James Moon	9	"	"	"	"
Thomas Johnson	23	Merch^{ts} Clerk	Derbyshire	"	"
James Watfield	22	Shoemaker	Yorkshire	"	"
John Wright	41	Farmer	"	"	"
James Brown	22	Weaver	"	"	"
Mary Brown	25	His Wife	Manchester	"	"
Jane Coppel	45	Nurse	Staffordshire	"	"
Thomas Giude	23	Jeweller		"	"

PORT OF PORTSMOUTH, 14 TO 21st MARCH 1774.

Name	Age	Occupation	Origin	Destination	Reason
John Stanley Esqre	34	Sollicitor Genl at St Kitts	London	Loyal Briton	St Kitts	to execute his office at St Kitts

PORT OF LONDON, 21st TO 28th MARCH 1774.

Name	Age	Occupation	Origin	Ship	Destination	Reason
John Randall	40	Carpenter & Joiner	Gloucestershire	Sibella	Maryland	to settle there
Ann "	30	His Wife	"	"	"	"
John Gale	25	Gentleman	"	"	"	"
Robert Bruce	34	Carpenter	Scotland	Amherst	New England	"
Peter Guesout	25	Merchant	Quebec	Solid Carlton	Quebec	For Pleasure
— Le Moine	35	"	"	"	"	"
Mrs Brown	30	Lady	London	Boston Packett	Boston	to settle there
Mrs Copinsher	30	"	"	"	"	for her health

Name	Age	Occupation	From	Ship	To	As a
Jane Chance	35	Planter	Jamaica	Rochard	Grenada	to settle there
James Rowlands	29	Taylor	London	Venus	New England	"
Robert Scott	25	Baker	"	"	"	"
Edward Dalton	28	Taylor	"	"	"	"
Richard Whittle	24		"	"	"	"
Henry Cole	24	Gardener	Surry	Love & Unity	Maryland	Indended Servant
John Goldsborough	24		"	"	"	"
John Nichols	26	Clerk & Bookkeeper	London	Molly	"	"
Jonathan Prinoch	21	Bricklayer	"	Sibella	"	"
William Martin	36	Cordwainer	"	"	"	"
Dennis Cornnelly	23	Husbandman	"	"	"	"
James Jacks	19	Baker	"	"	"	"
William Lewis	33	Husbandman	Westminster	"	"	"
John Old	16	"	London	"	"	"
William Chappell	32	Millwright	"	"	"	"
Thomas Simmons	21	Breeches Maker	"	"	"	"
James Lawrie	28	Carpenter and Joiner	Surry	"	"	"
Edward Bicknall	40	Husbandman	"	"	"	"
Joseph Snook	26	"	"	"	"	"
Edward Bailey	21	Silver Smith	London	"	"	"
Benjamin McColley	33	Husbandman	"	"	"	"
James Wallis	23	Taylor	"	"	"	"
William Wallis	19	"	"	"	"	"
Edward Pound	19	Servant	Kent	"	"	"
Robert Boyle	21	Husbandman	Gloucester	"	"	"
John Pleden	29	"	Surry	"	"	"
William Gover	22	Smith	Essex	"	"	"
Edward Grant	32	"	London	"	"	"
Andrew Carmichael	26	Gardener	Norwich	Good Intent	"	"
William Gilbert	17	Clerk & Bookkeeper	London	"	"	"
James Wiggin	26	Perukemaker	Cambridge	"	"	"
Abraham Clack	23	Gunsmith	Essex	"	"	"
William Newcome	18	Blacksmith	London	"	"	"
Jacob Knight	21	Linen Weaver	"	"	"	"
James Day	24	Perukemaker	"	"	"	"

Name	Age	Occupation	Origin			
Thomas Evans	29	Pastry Cook	"	"	"	"
Robert Williams	19	Brick Maker	"	"	"	"
Edward Cousins	19	Husbandman	"	"	"	"
Andrew Law	27	Clerk & Bookkeeper	"	"	"	"
Richard Hill	37	Baker	"	"	"	"
William Cashine	33	Servant	"	"	"	"
Thomas Gordon	25	Sawyer	"	"	"	"
George Webber	21	Husbandman	"	"	"	"
Richard Little	21	"	"	"	"	"
David Smith	21	Hair Dresser	Northampton	"	"	"
Thomas Gibbins	21	Cooper	London	"	"	"
James Breverton	29	Locksmith	"	"	"	"
James Gwynn	26	Husbandman	Surry	"	"	"
John Thompson	32	Mathematical Inst Maker	Lincoln	"	"	"
Edward Taylor	19	Miller	Westminster	"	"	"
Henry Heitland	20	Clerk	London	"	"	"
Hugh Jopp	22	Taylor	"	"	"	"

PORT OF LIVERPOOL, 21st TO 28 MARCH 1774.

Name	Age	Occupation	Origin	Ship	Destination	Purpose
John Edward	26	Farmer	Cheshire	Polly	South Carolina	To Farm
Jane	27	His Wife	"	"	"	going with her husband
William Simpson	23	Cooper	Lincolnshire	"	"	To Trade
James Wilson	18	Sadler	Bedfordshire	"	"	" "
James Clark	42	Butcher	Middlesex	"	"	" "
William Walker	37	Merchant	Yorkshire	"	"	" "
Capt" Rainford		"	Liverpool	Mary	Jamaica	" "
Wife & 3 Children			"	"	"	" "
William Williams	22	"	"	"	"	" "
John Thompson	33	"	"	"	"	" "

PILL A CREEK A PORT OF BRISTOL, 21st TO 28th MARCH 1774.

Name	Age	Occupation	Origin	Ship	Destination	Purpose
Richard Wallington	35	Gentleman	Gloster	No account	Philadelphia	On Business
Capt" Hughes	40	Late of the 17 Regiment	"	—	"	to return home
John Crew	22	Tanner	"	—	"	On Business
Edward Scandred	21	Butcher	Wales		"	" "

60

Port of Plymouth, 21st to 28 March 1774.

Name	Age	Occupation	From	Ship	To	As a
Thomas Russell	34	Gentleman	Gloster	—	Philadelphia	On Business
William Andrews	23	Clothier	"	—	"	"
William Heverd	20	Farmer	"	—	"	"
William Jones	28	Carpenter	Bristol	—	"	"
James Butland	35	Weaver	"	—	"	"

Name	Age	Occupation	From	Ship	To	As a
John Reading	40	Surgeon	London	Lovely Betsey	Dominica	To reside there
Charles Court	18	Planter	"	"	"	"
Alexander Kukan	35	Merchant	"	"	"	"
Benjamin Fisher	25	Engineer	"	"	"	"
Edward Revely	31	Mariner	"	"	"	To his ship

Port of Whitehaven, 21st to 28th March 1774.

Name	Age	Occupation	From	Ship	To	As a
John Warwick	29	Husbandman	Yorkshire	Ann	Virginia	to seek Employment
Robert Smith	20	"	Scotland	"	"	"
John Telford	16	"	"	"	"	"
Alexander Week	16	"	"	"	"	"
James Boxborough	16	"	"	"	"	"

Port of Portsmouth, 21st to 28th March 1774.

Name	Age	Occupation	From	Ship	To	As a
John Rime	—	Supercargo	London	Ann	St Kitts	To dispose of the cargo
Mr Richardson	—	Gentleman	Kent	"	"	To Settle there
Mr Rogerson	—	Planter at St Kitts	London			To his accounts at St Kitts

Port of London, 28th March to 5 April 1774.

Name	Age	Occupation	From	Ship	To	As a
William Markham	20	Attorney at Law	London	Mathew	St Kitts	to Act as Attorney
Simon Fraser	17	Clerk	"	"	"	" Clerk

Name	Age	Occupation	Origin	Ship	Destination	Notes
Thomas Gardner	44	Shoemaker			Boston	to settle there
Margaret "	43	His Wife		"	"	"
Simon "	16	&		"	"	"
Rebecca "	7	Children		"	"	"
Thomas "	20			"	"	"
James Minns	60	Farmer		"	"	"
James Minns Jur	30	Shoemaker				
Andrew Seaton	22	Clerk	Scotland	Industry	Grenades	"
John Wilden	24	"	London	"	"	"
John Ambler	35	Yeoman		London	Virginia	"
Sarah "	30	His Wife		"	"	"
John Petty	25	Distiller		Friendship	Grenades	"
Charles Viall	19	Carpenter	Norwich			
William Shermer	71	Yeoman	Wiltshire	Arnold	Virginia	to see his Brother
Mary Webster	30	with 3 Children		Baltimore	Maryland	going to her husband
Thomas Chipchase	40	Farmer	Durham	"	"	to settle there
Ann "	35	His Wife	"	"	"	"
Thomas Wriey	21	Carpenter & Joiner	Surry			
Robert Cockerton	22	Clerk & Bookkeeper	London			
Thomas Gascoyne	22	Cordwainer	London	Baltimore	Maryland	Indented Servant
Thomas Boot	21	Stone Mason	Nottingham	"	"	"
William Spence	23	Baker	Scotland	Diana	"	"
Joseph Deborox	22	Locksmith	Stafford	"	"	"
David Wood	37	Cordwainer	Scotland	"	"	"
Timothy Phalon	21	Carpenter & Joiner	Ireland	"	"	"
John Somerskill	26	Groom	London	"	"	Indented Servant
Susanna Lewis	30	Spinster	"	"	"	"
Esther Mills	23	"	"	"	"	"
John Sowden	23	Miller	Southwark	"	"	"
John Miller	26	Footman	London	"	"	"
Nath¹ Millington	23	Blacksmith	"	"	"	"
George Lind	20	Carver & Gilder		"	"	"
John Smith	21	Hair dresser		"	"	"
Eleanor Patrick	21	Servant	Scotland	"	"	"
Francis Crisp	25	Ship Carpenter	Norfolk	"	"	"
William Hearnden	22	Stone Mason	Surry	"	"	"
James Bowen	21	Perukemaker	London	"	"	"
Thomas Hill	22	White Smith		"	"	"

Name	Age	Occupation	From	Ship	To	As a
Edward Johnson	20	Watchmaker	London	Diana	Maryland	Indented Servant
Morris Kaugho	25	Sugar Baker	"	"	"	"
Sarah Ann Lawrance	22	Mantua Maker	"	"	"	"
Mary Lawler	20	Servant	Ireland	"	"	"
Elizabeth Whitsen	19	Mantua Maker	London	"	"	"
Mary Bowen	21	Wife of James Bowen above	"	"	"	"
Elizabeth Mansfield	20	Servant	Kent	"	"	"
Elizabeth Skinner	20	"	London	"	"	"
Elizabeth Morris	16	"	"	"	"	"
Francis Suter	20	"	Rutland	"	"	"
Jane Davis	29	"	London	"	"	"
Charles Lake	46	Wheelright	Middlesex	"	"	"
James Hasle	26	Watch & Clock Maker	Derby	"	"	"
Charles Fincher	30	Sawyer	London	"	"	"
Peter Percy	25	Weaver	"	"	"	"
Mary Beveridge	17	Servant	"	"	"	"
Elizabeth Burk	18	"	"	"	"	Indented Servants for four five or six Years
Thomas Salisbury	36	Grocer	"	"	"	"
George Ponay	27	Husbandman	Salop	Baltimore	"	"
John Podvin	21	Cordwainer	Kent	"	"	"
Matthew Fox	21	Butcher	Northampton	"	"	"
Edward Turner	30	Linen Weaver	Ireland	"	"	"
Thomas Bennett	19	"	London	"	"	"
Joshua Rogers	17	Perukemaker	"	Diamond	"	"
William Biles	18	Husbandman	"	"	"	"
George Brown	18	Footman	Surry	"	"	"
John Goulby	24	Coach Harness Maker	Middlesex	"	"	"
Hugh M°Cullock	25	Gardener	Surry	"	"	"
William Hart	27	Carpenter & Joiner	Bedford	"	"	"
Robert Baisley	39	Cooper	London	"	"	"
James Weckman	25	Carpenter & Joiner	Surry	Diana	"	"
Thomas Waller	26	Husbandman	London	"	"	"
John Harrison	23		Bristol	"	"	"
Emannuel Gonsals	18	Brass founder	London	"	"	"
Samuel Davis	28	Stone Mason	Plymouth	"	"	"

Name	Age	Occupation	From	To	Reason
George Reed	16	Tin Man	London	"	"
Robert Shaw	21	Baker	Scotland	"	"
Joseph Hack	21	Brushmaker	Surry	"	"
Thomas Smith	22	Cooper	"	"	"
Sarah Clayton	17	Servant	Berks	"	"
Esther Smith	16	"	London	"	"
Mary Murry	24	"	Kent	"	"
Lydia Burn	19	"	Norwich	"	"
Samuel Lee	32	Bricklayer	Berks	"	"

PORT OF BRISTOL, 28 OF MARCH TO 5th APRIL 1774.

Name	Age	Occupation	From	Ship	To	Reason
John Donaugho	34	Planter	London	Diana	Dominica	To reside there
Elizabeth "	22	"	"	"	"	"
Fredrk Eligmear	24	Physician	"	"	"	"
Campbell Vonux	30	Surgeon	"	"	"	"

PORT OF NEWCASTLE, 28 MARCH TO 5th APRIL 1774.

Name	Age	Occupation	From	Ship	To	Reason
William Elliott	33	Weaver	Sunderland	Molly	New York	for want of Employmt
Jane Elliott	32	His Wife	"	"	"	going with her husband

PORT OF LONDON, 5th TO 12 APRIL 1774.

Name	Age	Occupation	From	Ship	To	Reason
Edward Salisbury	14	No Trade	London	St Domings	Bilboa	to serve a Gentleman
John Riley	21	Taven Waiter	"	Grate Marlow	Jamaica	to settle there
Thomas Knir	25	Clerk	Ireland	"	"	"
Alexander Gowie	23	Carpenter	London	"	"	"
Edward Davis	17	Gentleman	"	"	"	"
R. Ergesaged	19	Clerk	"	"	"	"
William Fryers	30	"	"	"	"	"
Jasper Wilson	36	Planter	"	Woodley	St Kitts	going to his plantation
Mary "	25	His Wife	"	"	"	going with her husband
John Winter	28	Carpenter & Joiner	London	Lousia	Maryland	Indented Servants for four & five Years
Edward Barker	24	Locksmith	"	"	"	"
Isaac Hind	32	Husbandman	"	"	"	"
Thomas Liggins	34	Butcher	"	"	"	"

Name	Age	Occupation	From	Ship	To	As a
Thomas Mackenzy	29	Husbandman	Ireland	Louisa	Maryland	Indented Servants for four & five Years
John Teasdale	20	Cooper	London	"	"	"
Thomas Latham	20	Bookkeeper	"	"	"	"
Abraham Baker	17	Footman	Herts	"	"	"
Richard Patmore	17	Husbandman	London	"	"	"
James Molan	17	Taylor	"	"	"	"
Daniel Bloys	18	Footman	Kent	"	"	"
Edward Gardner	18	Labourer	"	"	"	"
Henry Crane	18	"	Hants	"	"	"
Joseph Carsley	19	Husbandman	London	"	"	"
Henry Crunedge	18	Footman	Essex	"	"	"
Thomas Aldridge	21	Groom	London	"	"	"
William Keymer	32	Cook	"	"	"	"
Robert Ringer	27	Carpenter & Joiner	Bristol	Patuxent	"	"
John Fry	50	Cordwainer	London	"	"	"
James Flint	15	Baker	"	"	"	"
William Cock	15	Labourer	Surry	"	"	"
John Brown	33	Taylor	London	"	"	"
Benjamin Looker	24	Labourer	"	"	"	"
James Brown	23	Gardener	"	"	"	"
John Robinson	30	Cordwainer	"	"	"	"
Ann James	21	Servant	"	"	"	"
Lydia Adams	21	"	"	"	"	"
Reuben Styles	40	Weaver	"	"	"	"
Jos Hippesley	16	Gardener	"	"	"	"
William Smith	15	Labourer	"	"	"	"
David Banks	15	"	"	"	"	"
Benjamin Ritchie	23	Clock Maker	Berks	"	"	"
John Newland	21	Groom	London	"	"	"
John King	21	Husbandman	"	"	"	"
Diana Hughes	26	Servant	"	"	"	"
John Rhodes	22	Carpenter	"	"	"	"
Edward Thompson	31	Husbandman	"	Stephen	"	"
Thomas Daniel	21	Coach Maker	"	"	"	"
John Nesbitt	21	Brass Founder	"	"	"	"

65

Name	Age	Occupation	Destination	Reason
Thos Price	40	Stone Mason	Stafford	"
William Sandlant	21	Groom	London	"
Benjamin Chamberland	26	Taylor	"	"

PORT OF SCARBOROUGH, 5th TO 12th APRIL 1774.

Name	Age	Occupation	Destination	Reason
Robert Jackson	48	Blacksmith, Wife & 3 Children	Yorkshire	they could not support their families on account of the high Price of Provisions
William Ellis	24	Farmer, His Wife & 1 Child	"	"
Thomas Blackburn	28	Farmer, Wife & 2 Children	"	"
John Robinson	40	Farmer	"	Farm being over rented could not support theirselves
John Robinson	41	Farmer, Wife & 6 Children	"	To seek for better Employment
Robert Jackson	39	Ploughwright	"	all nescessarys of life being so dear
Thomas Wilkinson	23	Wife & 3 Children Blacksmith, Wife & Child	"	"
Francis Blashell	29	Furmer	"	going with a view to better themselves
William Johnson	22	Wheelwright & Cᵃ	"	"
William Rabishaw	18	Farmer	"	
John Milton (or Milton)	22	Farmer	"	Obliged to quit his farm being so high rented
John Johnson	20	Taylor	"	To seek for better Employtᵗ
Henry Huttson	21	"	"	"
Thomas Skelton	35	Tallow Chandler	"	"
Moses Andrew	34	Cooper	"	"
James Dewthwaite	34	Farmer	"	"
John Clark	55	"	"	"
David Jukes	23	"	"	"
Richard Clark	50	"	"	"
Thomas Mooring	23	House Carpenter	"	"
William Webster	33	"	"	"
John Lamb	21	Farmer	"	"
Mary White	20	Servant	"	"
Thomas Wilson	26	Farmer	"	"
John Duke	25	"	"	"
Robert Wilson	49	Farmer, Wife & 7 Children	"	His rent raised so high obliged him to quit

Name	Age	Occupation	From	Ship	To	As a
William Webster	33	Joiner	Yorkshire	No account of Ships	Nova Scotia	To seek for a better Employᵗ
John Witty	32	"	"	"	"	"
Mathew Walker	24	Farmer	"	"	"	All the small farms taken into large ones in his Parish, could not get Bread
John Steel	46	Farmer & Son	"	"	"	To seek for better Employᵗ Provision high could not support their family
John Jaques	26	Wife & 3 Children	"	"	"	
George Sharrow	26	Farmer	"	"	"	To seek for better Employᵗ
William Wilson	23	"	"	"	"	"
John Hopper	23	"	"	"	"	"
Sam Brainbridge	24	"	"	"	"	"
Adam Hawkworth	34	Joiner, his Wife & 4 Children	"	"	"	"
Richard Garbutt	34	Joiner, Wife & 6 Children	"	"	"	"
Thomas Gray	31	Blacksmith	"	"	"	"
John Robinson	28	Butcher	"	"	"	goes as a Hired Servant
William Jarratt	40	Farmer	"	"	"	"
George Cass	19	Gardener	"	"	"	going to see the country & if he likes it to settle there
Andrew Thompson	40	Farmer	"	"	"	goes as a hired servant
Mary "	32	His Wife	"	"	"	To seek Employment Provision being so dear in England
William Jones	9	Son of Ditto	"	"	"	
Michael Pickny	42	Farmer	"	"	"	Turned off his farm it being taken into a large one
Jonathan Barlow	24	"	"	"	"	To seek for better Employment
William Hardy	25	"	"	"	"	"
William Gilliat	34	Farmer	"	"	"	"
Rebecca "	30	His Wife	"	"	"	His Farm being over rented could not live upon it
William "	3	&	"	"	"	
Elizabeth "	4		"	"	"	
Mary "	1	Children	"	"	"	
Thomas Hodgson	38	Taylor	"	"	"	To seek for better Employᵗ
William Sherwood	21	Linen Weaver	"	"	"	"
Clifford Swan	21	Joiner & Cabinet Maker	"	"	"	"

67

Name	Age	Occupation/Family				Reason
Benjamin Jackson	50	Mason) Wife & 3 Sons	"	"	"	"
William Moon	25	Weaver	"	"	"	"
Francis Boast	47	Farmer) Wife & 5 Children	"	"	"	Distressed by his Landlord
Richard Topham	29	Farmer) Wife & Child	"	"	"	To seek for better Employment
William Shires	29	Farmer	"	"	"	"
Joseph Tranner	32	Farmer) His Wife & Child	"	"	"	"
Francis Mason	33	Butcher	"	"	"	"
John Harrison	54	Farmer) Wife & 9 Children	"	"	"	Forced to leave the Kingdom being over rented in his farm
Robert Mennard	27	Taylor	"	"	"	On account of the high price of Provision and to seek better Employment
George Mennard	21	Wife & Child	"	"	"	"
William Thomson	42	Farmer) Wife & 6 Children	"	"	"	"
Ralph Stibbins	40	Merchant & 3 Children	"	"	"	"
William Reed	30	Farmer	"	"	"	On account of the high price of Provision and to seek better Employment
Elizabeth Reed	28	Sister to Ditto	"	"	"	"
Christopher Pearson	20	Farmer	"	"	"	"
William Pearson	28	Gardener	"	"	"	"
William Hemsel	31	Farmer) Wife & 3 Children	"	"	"	"
Robert Taylor	28	Farmer	"	"	"	"
John Richardson	28	Smith	"	"	"	"
John Holliday	40	Shoemaker	"	"	"	"
Robert Dean	28	Labourer	"	"	"	going to seek better Employt
—— Stupleton	30	Physician	"	"	"	gave no reason
Thomas Eison	25	Joiner	"	"	"	Being Heir to an Estate there
Richard Walker	33	Farmer	"	"	"	going to seek for better Employt
Robert Jefferson	24	"	"	"	"	"
Thomas Gibbin	31	Mason	"	"	"	"
Mathw Webster	33	Taylor) his Wife & 3 Children	"	"	"	"
John Orkird	30	Farmer	"	"	"	"
John Holiday	46	Farmer) his Wife & 5 Children	"	"	"	"
John Richardson	28	Smith	"	"	"	"
Robt Jefferson	24	Farmer	"	"	"	"
Michael Noddin	—	"	"	"	"	"
John Cole	—	"	"	"	"	"
Jonathan Milner	26	"	"	"	"	"
Elizabeth Milner	50	"	"	"	"	"

PORT OF NEWCASTLE, 5th TO 12th APRIL 1774.

Name	Age	Occupation	From	Ship	To	As a
John Skelton	25	Farmer	Yorkshire	No account of Ships	Nova Scotia	going to seek for better Employt
Richard Oliver	19	Servant	"	"	"	"
Elizabeth Milner	30	Servant	"	"	"	"
Hugh Peebles	36	Weaver	"	"	"	"

PORT OF PORTSMOUTH, 5 TO 12 APRIL 1774.

Name	Age	Occupation	From	Ship	To	As a
Charles Rutherford	22	Butcher	New Castle	Willm & Elizabeth	Boston	to seek for better Employt
English Atkinson	28	Joiner	"	"	"	"
John Gamsby	33	Millwright	"	"	"	"
Margaret "	30	His Wife	"	"	"	"
Dorothy "	10	&	"	"	"	"
Ann "	8		"	"	"	"
John "	7		"	"	"	"
George "	6		"	"	"	"
Peter "	1	Children	"	"	"	"
Mr Mill	—	Planter	Grenades	Friendship	Grenades	To Superintend: their plantations
Mr Carrew	—	"	"	"	"	"
Mr Melville	—	"	"	"	"	

PORT OF LONDON, 19th TO 26th APRIL.

Name	Age	Occupation	From	Ship	To	As a
Thomas Yates	23	Linen Draper	London	Adventurer	Maryland	going on Business
Elizabeth Barwell	21	Spinster	"	"	"	"
Baltimore in Ireland		40 Emigrants	"	"	"	going to settle there
Edward Fox	21	Clerk & Bookkeeper	"	"	"	"
William Miller	24	Surgeon	"	"	"	"
Josha Testill	27	Clerk & Bookkeeper	"	"	"	"
John Borwell (or Bozwell)	27	"	"	"	"	

Name	Age	Occupation	Origin	Ship	Destination	Purpose
James Logan	27	Gentleman's Servant	"	Neptune	Boston	going to his Master
Joseph Ralph	27	"	"	"	Quebec	going on Business
John Brooks	29	Merchant	Herford	Elizabeth	"	going to settle there
John Johnson	25	Clerk & Bookkeeper	London	"	"	"
David Carns	21	Attorney at Law	Scotland	Amitys Desire	"	going home
Edward Bennett	40	Merchant	Quebec	"	"	going home
Jane Carns	18	Spinster	Scotland	"	"	going with her Brother
Moses Polembo	20	Clerk	London	Britannia	Mahone	going as a Clerk
Janet Belton	20	Spinster	"	Magna Charta	Carolina	going to her friends
Tobiah Blackett	25	Spinster	"	Marshall	"	going to reside there
James Marshall Esqre	24	Merchant	"	"	Barbadoes	going to reside there
Mrs Marshall	22	Wife of Mr Marshall	"	"	"	going with her Husband
William White	16	Gentleman	"	"	"	going to reside there
William Richardson	20	"	"	"	"	"
Miss Dunn	20	Spinster	"	"	"	"
William Singleton	15	Labourer	Hackney	Adventure	Maryland	Indented Servant
James Curry	15	"	London	"	"	"
Richard Marilley	"	"	Essex	"	"	"
Charles Blundell	21	Ropemaker	London	"	"	"
John Thompson	22	Husbandman	Northumberland	"	"	"
Thomas Spriggs	23	Weaver	London	"	"	"
Robert Parker	21	Baker	"	"	"	"
John Copland	40	Husbandman	Birmingham	"	"	"
Evan Davis	24	Cordwainer	London	"	"	"
James Holmes	21	Rope Maker	Manchester	"	"	"
John Rhodes	36	Cordwainer	London	"	"	"
Mary Philips	22	Spinster	"	"	"	"
Leonard Bonnet	27	Turner	"	"	"	"
Polin Ricard	21	Perukemaker	"	"	"	"
Francis Sacquetin	"	"	"	"	"	"
Jean Francois	28	Plasterer	Essex	"	"	"
Elizabeth Butchart	30	Pencil Maker	London	"	"	"
Henry Rees	29	Groom	Norwich	"	"	"
Henry Nash	30	Stocking Weaver	Southwark	"	"	"
Thomas Hooker	15	Labourer	Coventry	"	"	"
William Johnson	16	Shag Weaver	London	"	"	"
George Pearce	17	Labourer	"	"	"	"
Thomas Hughes	21	Perukemaker	Middlesex	"	"	"

70

Name	Age	Occupation	From	Ship	To	As a
Moses Banks	21	Blacksmith	London	Adventure	Maryland	Indended Servant
John Baylis	21	Husbandman	Warwickshire	"	"	"
John Peter Obeley	25	Smith & Farrier	London	"	"	"
James Joy	23	Husbandman	Wiltshire	"	"	"
Charles Bush	31	Coach Harness Maker	Dorsetshire	"	"	"
Hephribah Bush	31	Wife to the Above	London	"	"	"
Woolaston Morris	21	Watchmaker	"	"	"	"
William Tankard	21	Husbandman	"	"	"	"
Sarah Witts	26	Spinster	"	"	"	"
William Hardgrave	36	Sawyer	Yorkshire	Liberty	"	"
Robert Musslin	28	"	Hampshire	"	"	"
Joseph Hammond	21	Husbandman	London	"	"	"
George Payne	21	Sawyer	Dover	"	"	"
Francis Fowen	15	Brushmaker	Westminster	Dolphin	Philadelphia	"
Thomas Pullen	21	Husbandman	Yorkshire	"	"	"
Hugh Huntlong	27	Tallow Chandler	London	"	"	"
James Wheeler	46	Flax Dresser	"	"	"	"
Susanna Hudson	22	Spinster	"	"	"	"
Mary Manlufmore	15	"	Middlesex	"	"	"
Mary Fowler	22	"	London	"	"	"
Mary Leach	21	"	"	"	"	"
Ann Hurst	21	"	Middlesex	"	"	"
Ann Hill	21	"	London	"	"	"
Eliza Dawson	21	"	"	"	"	"
Eliza Mather	25	"	"	"	"	"
Mary Mathews	26	"	Durham	"	"	"
Sarah Stacey	24	"	London	"	"	"
John Parsley	23	Distiller	Ireland	"	"	"
Daniel Furlong	22	Cordwainer	London	"	"	"
Thomas Bennett	15	Labourer	"	"	"	"
Samuel Canterbury	16	Husbandman	Durham	"	"	"
Cornelius Dax	26	Turner	London	"	"	"
William Miles	16	Labourer	Middlesex	"	"	"
Isaac Perry	17	Weaver	London	"	"	"
Thomas Young	19	Tallow Chandler	Surry	"	"	"

Name	Age	Occupation	Place				
Robert Hancock	15	Labourer	Southwark	"	"	"	"
Samuel Wilson	21	Cordwainer	Middlesex	"	"	"	"
Lyon Moses	24	Lapidary	London	"	"	"	"
Thomas Davis	26	Groom	Hereford	"	"	"	"
William Butcher	29	Felt Maker	Wiltshire	"	"	"	"
Daniel Wheeland	20	Groom	Ireland	"	"	"	"
Thomas Mathews	25	"	Gloucester	"	"	"	"
William Whaley	28	Husbandman	Lancaster	"	"	"	"
Robert Jefferson	38	Schoolmaster	London	"	"	"	"
Martha Robinson	23	Spinster	"	"	"	"	"
Richard Lomes	21	Husbandman	Lancaster	"	"	"	"
Sarah Hinch	21	Spinster	London	"	"	"	"
Elizabeth Mollet	21	"	"	"	"	"	"
Eliza Gamble	21	"	Leicester	"	"	"	"
Roxana Sanders	20	"	London	"	"	"	"
Mary Hayfield	20	"	"	"	"	"	"
Elizabeth Winter	19	"	"	"	"	"	"
Rosetta Pellett	20	"	"	"	"	"	"
Elizabeth Thomas	21	"	Huntington	"	"	"	"
James Winter	21	Husbandman	London	"	"	"	"
Edward King	24	"	Hereford	"	"	"	"
Thomas Frewin	21	Clock Maker	London	"	"	"	"
William Turner	17	Cordwainer	"	"	"	"	"
Thomas Miles	17	Labourer	"	"	"	"	"

PORT OF STOCKTON, 19th TO 26th APRIL 1774.

Name	Age	Occupation	Durham	Mary	Halifax		
William Robinson	32	Tallow Chandler & Soap Boiler					To seek for better Employt
Mary "	35	His Wife	"	"	"		going with her husband
Mary Bentley	65	Widow	"	"	"		To seek for better Employt
Nicholas Pearson	40	Shoemaker	"	"	"		" "
Esther "	36	His Wife & 3 Children, 10, 6. 1. Years	"	"	"		" "
John Greenwood	40	Farmer	"	"	"		" "
Elizabeth "	36	His Wife & 4 Children, 10, 8. 6. 4. Years	"	"	"		" "

72

Name	Age	Occupation	From	Ship	To	As a
John Teckle	42	Stay Maker	Durham	Mary	Halifax	To seek for better Employ'
Elizabeth "	40	His Wife	"	"	"	"
Thomas Lancaster	23	Late Linen Drapers Apprentice	"	"	"	going with goods to dispose of
Thomas Elstob	40	Late a Farmer	"	"	"	Ditto & intends to return
Joshua Laking	41	Farmer	"	"	"	Better Employment
Ann "	39	His Wife & 1 Child age 11 Years	"	"	"	"
John Old	30	Taylor	"	"	"	To seek for better Employment
William Pashley	70	Gardener	"	"	"	"
John Latham	32	Brewer	"	"	"	"
Jno Hutchinson	22	Butcher	"	"	"	"
Robt Robertson	23	"	"	"	"	"
William Hall	40	Labourer	"	"	"	"
Jane Miller	25	Spinster	"	"	"	"
John Harland	30	Shop Keeper	"	"	"	"
William Paterson	34	"	"	"	"	"
Robert Stavely	26	Farmer	"	"	"	"
Joseph Pierson	34	Ship Carpenter	"	"	"	"
Thomas Miller	26	Shop Keeper	"	"	"	going with goods to sell & return
James Ward	28	Ship Carpenter	"	"	"	To seek for better Employment

PORT OF PORTSMOUTH, 19 TO 26 APRIL 1774.

Name	Age	Occupation	From	Ship	To	As a
Mr Paul Bedford	—	Gentleman	Barbadoes	Favourite Belsey	Barbadoes	On his return home to settle
Mr Estick	—	"	"	"	"	"

PORT OF LONDON, 10th TO 17th MAY.

Name	Age	Occupation	From	Ship	To	As a
James Fitter	16	———	London	Angticana	Leghorn	going to be qualified for the sea service
John Jerard	17	———	"	"	"	"
Thomas Mills	18	Taylor	Suffolk	Union	Maryland	Indented Servant
Daniel Wells	20	Gardener	Norwich	"	"	"
John Richer	22	Sadler	"	"	"	"

Name	Age	Occupation	Origin	Ship	Destination	Purpose
William Weatherton	21	Baker	Scotland			"
William Stockwell	23	Husbandman	Somersetshire			"
Clement Cheeseman	26	Cordwainer	Kent			"
Leonora Marshall	21	Spinster	"			"
Forbes Kyll	19	Coach Wheeler	Scotland			"
John Thompson	21	Linen Weaver	London			"
John Harrison	24	Wool Comber	Somersetshire			"
James Hinton	23	Back Gammon Table Maker	London			"
George Colmer	44	Husbandman	Berkshire			"
Mary Bird	26	Spinster	London	Briton	Carolina	On Pleasure
Nathaniel Worker	25	Gentleman	"	"	"	On Business
John Grafton	25	Drawing Master	"			

PORT OF WHITEHEAVEN, 10th TO 17 MAY 1774.

Name	Age	Occupation	Origin	Ship	Destination	Purpose
William Etburn	20	School Master	Scotland	Molly	Virginia	to settle in America
George Hamilton	23	Carver & Gilder	"		"	"

PILL A CREEK A PORT OF BRISTOL.

Name	Age	Occupation	Origin	Ship	Destination	Purpose
Thirty two Convicts	—	from different Goales of the Kingdom			Virginia	

PORT OF LONDON, 17th TO 24th MAY 1774.

Name	Age	Occupation	Origin	Ship	Destination	Purpose
Charles Davis	25	White Smith	London	Brothers	Maryland	Indented Servant
Joseph Smith	31	Husbandman	"	"	"	"
Richard Stewart	20	Baker	Edingbourg	"	"	"
Charles Jones	20	White Smith	Bristol	"	"	"
John Lish	21	Baker	London	"	"	"
John Gilbert	20	Husbandman	"	"	"	"
Lewis Leneveu	26	"	"	"	"	"
John Wills	19	Groom	"	"	"	"
Arthur Cough	45	Joiner	"	"	"	"
Thomas Platt	20	Post Boy	"	"	"	"
Thomas Smee	31	Boot Maker	"	"	"	Indented servant for four Years
Mark Newson	25	Woolen Weaver	"	"	"	"
George Dent	32	Taylor	"	"	"	"

Name	Age	Occupation	From	Ship	To	As a
Basil Denn	18	Coach Wheeler	London	Brothers	Maryland	Indented servant for four Years
Thomas Lawrance	20	Carpenter	Berkshire	"	"	"
Joseph Martin	30	Stone Mason	London	"	"	"
John West	35	Cordwainer	Southwark	"	"	"
John Davis	21	Labourer	London	"	"	"
William Clark	19	Wheelwright	Hertfordshire	"	"	"
John Tice	24	Cordwainer	Southwark	"	"	"
Rich'd Evans	17	Rule Maker	Birmingham	"	"	"
George Mercey	28	Husbandman	Somersetshire	"	"	"
Mathias Gainsford	28	"	"	"	"	"
John Roll	22	Gardener	Aberdeen	Minerva	Maryland	"
William Roney	21	Labourer	London	"	"	"
James Garriott	24	Joiner	York	"	"	"
Francis Daniel	27	Spinner	London	"	"	"
John Franler	38	Labourer	"	"	"	"
Owen Dunn	32	"	"	"	"	"
John Virgin	21	Husbandman	"	"	"	; "
John Wood	15	Labourer	Essex	"	"	Indented Servant
John Lancaster	16	"	"	"	"	"
Thomas Collier	21	Labourer	Stafford	"	"	"
William Francis	33	White Smith	London	"	"	"
Jacob Clark	23	Husbandman	Ireland	"	"	"
William Cornwell	27	Farrier	London	"	"	"
James Wood	22	Weaver	Ireland	"	"	"
Edward Coll	21	Husbandman	London	"	"	"
James Fuller	36	Tanner	"	"	"	"
Alexander Bain	26	Groom	"	"	"	"
Michael Howard	17	Labourer	"	"	"	"
Patrick Denison	17	"	"	"	"	"
Charles Johnson	21	Skinner	Yorkshire	Joseph & Mary	Maryland	"
James Denison	23	Cooper	London	"	"	"
William Smith	31	Gardener	"	"	"	"
John Miller	21	Joiner	"	"	"	"
Robert Freemount	23	Farrier	"	"	"	"
William Pringley	32	Sword Cutler	Kent	"	"	"

75

Name	Occupation	Age	Origin	Destination	Purpose
Samuel Soul	Cloth Worker & Dyer	23	Gloucester	"	"
Dennis Sheeham	Cooper	39	London	"	"
Henry Bell	Biscuit Baker	27	"	"	"
Mary Bands	Widow	35	Herts	"	"
Mary Kenneday	Spinster	21	Scotland	"	"
John Brown	Book keeper	21	Birmingham	"	"
George Taverner	Groom	22	Southwark	Friendship	"
Edward Gilks	Leather Dresser	22	Coventry	"	"
John Forster	Printer	24	London	"	"
Thomas Winship	Clockmaker	26	Reading	"	"
John Darby	Baker	40	London	"	"
William Andrews	Carpenter	31	Surry	"	"

PORT OF LIVERPOOL, 17th TO 21st MAY 1774.

Name	Occupation	Age	Origin	Destination	Purpose
John Hewitt	Cabinet Maker	29	Yorkshire	Boston Packett	to seek Employment
Martha "	His Wife	24	"	"	going with her husband
Two Children		5	"	"	going with their Parents
Catharine Fisher	Housekeeper	34	Chester	"	To see her Brother
Elizabeth Smith	Ladys Maid	18	Yorkshire	"	To see her sister
William Aperskin	Weaver	45	"	"	To seek Employment
Mary "	His Wife	26	"	"	going with her husband
John "	their Son	2	"	"	going with his Parents
Joseph Barn	Potter	68	Staffordshire	"	To take possession of an Estate
John Atkins	Bricklayer	60	Worcestershire	"	"
Ann Atkins	His Wife	39	"	"	going with her husband
John Ambler	Farmer	25	Yorkshire	"	going to Trade
Thomas Scott	Cabinet Maker	23	Cumberland	"	"
Thomas Wood	Farmer	24	Stockport	"	"
John Hage	Weaver	22	Derbyshire	"	"
Thomas Thornley	"	42	Yorkshire	"	"
William Brewer	Shoe Maker	27	"	"	"
John Barnstow	Weaver	42	Liverpool	"	To seek Employment
Thomas Roberts	Jeweller	30	Scotland	"	"
Daniel Harvey	Gardener	30	"	"	"
Mary "	His Wife	26	"	"	"
one Child		2			
John Sutton	Weaver	19	Yorkshire	"	"
John Earle	Grocer	25	Kent	"	"

PORT OF WHITEHAVEN, 17th TO 24th MAY 1774.

Name	Age	Occupation	From	Ship	To	As a
Peter Simpson	30	Waggoner	Hensingham	Norfolk	Virginia	Transported
Mary Bragg	50		"	"	"	"
Ann Bragg	20		"	"	"	To settle there
Betty Tennant	16		Whitehaven	"	"	"

PORT OF LONDON, 24th TO 31st MAY 1774.

Name	Age	Occupation	From	Ship	To	As a
Sarah Davison	34		Shropshire	Georgia Planter	Georgia	going to her husband
Thomas "	9	Her	"	"	"	"
Richard "	8	Children	"	"	"	"
Henry "	4		"	"	"	"
Miss Tong	16	Spinster	London	"	"	going with their Mother going on Pleasure
Mr Ginnings	25	Clerk	"	Pallas	Carolina	as Clerk to a Merchant
Mrs Molley	30		"	"	"	going to her husband
William Wild	19	Nailer	Worcester	Sally	Philadelphia	Indented servants for four five & six Years
John Hickenbottom	17	Labourer	London	"	"	"
Philip Brooks	15	"	"	"	"	"
James UpJohn	15	Carpenter	"	"	"	"
Charles Edwards	15	Cordwainer	Wilts	"	"	"
John Good	17	Labourer	Leicester	"	"	"
J. F. Haller	19	"	London	"	"	Indented Servant
James Harling	17	"	Southwark	"	"	"
Richard Hill	24	"	London	"	"	"
John Webber	21	Ribbon Weaver	"	"	"	"
Samuel Pendleton	22	Whitesmith	"	"	"	"
George Garth	24	Butcher	"	"	"	"
David Underwood	21	Cabinet Maker	"	"	"	"
Thomas Morrison	27	Bricklayer	"	"	"	"
Thomas Negus	21	Labourer	Middlesex	"	"	"
Daniel McGuire	22	"	Ireland	"	"	"
Francis Payne	25	Husbandman	Somerset	"	"	"
David Hillier	30	"	Southampton	"	"	"
Thomas Gest	25	"	Doncester	"	"	"

James Cookshank	22	Taylor	"	London	"
John Lamb	39	Cordwainer	"	"	"
William Bogue	27	Gardener	"	Middlesex	"
John Randall	23	Husbandman	"	Salisbury	"
George Derry	25	Footman	"	London	"
William Burton	60	School Master	"	"	"
William Lambert	21	Watch Gilder	"	"	"
John Hogden	49	Sail Cloth Weaver	"	"	"
Ellis Jones	23	Grocer	"	Middlesex	"
Thomas Trimley	27	Husbandman	"	Northumberland	"
William Elliott	38	Glass Blower	"	London	"
John Mead	39	Carpenter & Joiner	"	Essex	"
Thomas Jackson	48	Gardener	"	Middlesex	"
George Ashling	35	Coachman	"	York	"
John Mann	30	Groom	"	Scotland	"
Alexander Mathason	27	Husbandman	"	Cambridge	"
Charles Fuller	21	"	"	London	"
John Hinam	22	Surgeon	"	Portsmouth	"
Richard Fuller	15	Labourer	"	Oxford	"
John Salmon	17	Clerk & Bookkeeper	"	Salop	"
George Steward	25	Miller	"	London	"
Robert Whielock	26	Coachman	"	"	"
Francis Weller	26	Watch Maker	"	Berks	"
Richard Miller	26	Husbandman	"	London	"
Abraham King	25	Labourer	"	"	"
John Bruce	15	"	"	Suffolk	"
James Jeffery	21	Hair Dresser	"	London	"
William Dove	24	Groom	"	"	"
John Wharton	28	Tanner	"	Edingbourg	"
William Ross	40	Painter	"	Glasgow	"
John Rish	38	Gardener	"	London	"
John Jackson	32	Surgeon	"	Southwark	"
Michael Wall	24	Dyer	"	Cambridge	"
John Norman	22	Husbandman	"	Berkshire	"
John Wills	17	Labourer	"	London	"
John Langley	27	Husbandman	"	"	"
Josiah "	25	"	"	"	"
Timothy Langley	22	"	"	"	"

Name	Age	Occupation	From	Ship	To	As a
Joseph Reade	25	Taylor	London	Sally	Philadelphia	Indented Servant
William Brooks	15	Cloth Worker	"	"	"	"
Joseph Smith	16	Labourer	"	"	"	"
George West	26	Husbandman	Warwick	"	"	"
John Callaghan	22	Linen Weaver	Westminster	"	"	"
William Cooper	27	Carpenter	London	"	"	"
John Acton	24	Groom	Leiceeter	"	"	"
John Mackay	25	Glass Polisher	London	"	"	"
Benjamin Phaup	38	Cordwainer	Southwalk	"	"	"
John Woodcock	33	Malster	Northampton	"	"	"
Thomas Mack	21	Husbandman	Herts	"	"	"
Daniel McGhie	15	Labourer	London	"	"	"
James Harris	15	"	Gloucester	"	"	"
John Randall	27	Sawyer	Kent	"	"	"
John Tomkins	32	"	London	"	"	"
John Langester	29	Watch maker	"	"	"	"
Thomas Gerrard	28	Copper Smith & Brazier	"	"	"	"
Ann "	33	His Wife	"	"	"	"
John Tow	28	Husbandman	Nottingham	"	"	"
Joseph Rich	18	Copper plate Printer	London	"	"	"
Robert Woolett	16	Labourer	Essex	"	"	"
Richard Thompson	15	"	London	"	"	"
Francis Brooks	17	"	Dublin	"	"	"
Edward UpJohn	17	Stone Mason	Dorset	"	"	"
John Summers	20	Breeches Maker	Nottingham	"	"	"
John Randall	19	Labourer	Salisbury	"	"	"
Henry Bachus	19	Cordwainer	Bristol	"	"	"
William Smith	16	Weaver	Coventry	"	"	"
John Betteridge	56	Husbandman	Wilts	"	"	"
Thomas Perris	21	White Smith	London	"	"	"
Hugh Smith	28	Clerk & Bookkeeper	"	"	"	"
George Hastings	18	"	"	"	"	"
William Bowser	20	"	"	"	"	"
Robert Stephens	22	Bricklayer	"	"	"	"
Richard Catt	37	Shipwright	Deptford	"	"	"

Name	Age	Occupation	Country			
Walter Hunt	25	Husbandman	Oxford	"	"	"
John Platt	21	"	Norwich	"	"	"
John Forbes	30	"	London	"	"	"
Richard Mills	23	Groom	"	"	"	"
Robert Young	24	Plaisterer	"	"	"	"
Edward May	35	Sail Cloth Weaver	"	"	"	"
Thomas Shark	30	Glazier	"	"	"	"
Philip Ticker	42	Silk Weaver	"	"	"	"
William Edwards	40	Cordwainer	Wilts	"	"	"
Joseph Wilson	16	Labourer	London	"	"	"
Stewart McHean	30	Ship Wright & Caulker	Chatham	"	"	"
Maria McHean	23	His Wife	"	"	"	"

PORT OF LIVERPOOL, 24 TO 31st MAY 1774.

Name	Age	Occupation	Country	Ship	Port	Purpose
Thomas Brent	29	Farmer	Yorkshire	Cato	New York	To Trade
Richard Brooks	66	"	"	"	"	"
John Brooks	30	"	"	"	"	"
Ann Brooks	32	Dairy Maid	"	"	"	Her Inclination
John Catchett	26	Farmer	"	"	"	To Trade
John Fenton	21	Weaver	"	"	"	"
Robert Dickinson	26	Watchmaker	Lancashire	"	"	To see his Brother
Stephen Moorhouse	28	Flax Dresser	Nottingham	"	"	His Inclination
Christopher Hamlet	42	Farmer	Cheshire	"	"	"
Richard Hornsell	25	Merchant	Yorkshire	"	"	To Trade
John Melling	32	Blacksmith	"	"	"	"
James Shaw (or Straw)	46	Carpenter	Derbyshire	"	"	To see his Friends
John Ward	27	Taylor	Flintshire	"	"	To follow his Trade
Thomas Little	22	Weaver	Yorkshire	"	"	To see his Brother
Robert Smith	32	Merchant	"	"	"	To Trade
Grace Smith	30	Lady's Maid	"	"	"	To her Sister
William Smith	13	No Trade	"	"	"	To see his Brother
George Higson	23	"	"	"	"	His Inclination
John Higson	43	Merchant	"	"	"	To Trade
Charles Carr	29	Weaver	Nottingham	"	"	To follow his business
William Downes	22	Taylor	Cheshire	"	"	"
John Fetter	31	Mason	Yorkshire	"	"	"
Henry Trotter	26	Weaver	"	"	"	"

Name	Age	Occupation	From	Ship	To	As a
Ellis Featter	29	Taylor	Yorkshire	Cato	New York	To Trade
Henry Swanton	36	Merchant	"	"	"	"
William Haywood	29	"	"	"	"	"
John Haywood	27	"	"	"	"	"

PORT OF LONDON, 31st MAY TO 7 JUNE 1774.

Charles Skinner	28	Husbandman	Scotland	Industry	Maryland	Indented Servant
David Brennand	22	Sawyer	Ireland	"	"	"
William Uzzell	22	Stone mason & Bricklayer	Middlesex	"	"	"
Daniel Slade	36	Sawyer	Norfolk	"	"	"
Michael Conlon	24	Husbandman	Ireland	"	"	"

PORT OF WHITEHAVEN, 31st MAY TO 7th JUNE 1774.

Thomas Mark	45	Husbandman	Cumberland	Golden Rule	New York	To settle in America
Sarah "	46		"	"	"	"
Mary "	18		"	"	"	"
Isaac "	16		"	"	"	"
Sarah "	14		"	"	"	"
Elizabeth "	9		"	"	"	"
Deborah "	5		"	"	"	"
George Beamont	21	Husbandman	"	"	"	"
Mathew Gash	21	"	"	"	"	"
John Hastwell	46	"	"	"	"	"
Mary "	34		Westmoreland	"	"	"
John "	23		"	"	"	"
Joseph "	21		"	"	"	"
Robert "	19		"	"	"	"
Arthur "	17		"	"	"	"
Betty "	15		"	"	"	"
Mary "	12		"	"	"	"

81

Thomas Hastwell	9			"	"
Richard "	7			"	"
Margaret "	5			"	"
Isabella "	4			"	"
Edward "	1			"	"
James Aikin	41	Millwright	Scotland or Westmoreland	"	"
William Reed	36	Plaisterer	"	"	"
Margaret "	25		"	"	"
William "	14		"	"	"
Margaret "	1		"	"	"
Mary Johnson	20		"	"	"
Robert Shannon	26	Smith	Ireland	"	"
Francis Mountair	25	Merchant	"	"	"
Dorothy Mountair	26		"	"	"
Arthur Bland	26	Husbandman	"	"	"
Abraham Raney	28	"	"	"	"
Richard Gildart	30	Dyer	Scotland	Lonsdale	Virginia	To settle
John Murdock	21	Travelling Merchant	"	"	"	"
Samuel "	19	"	"	"	"	"
Thomas "	17	"	"	"	"	"
William Stoddart	22	Husbandman	"	"	"	"

PORT OF LONDON, 7th TO 14th JUNE 1774.

				London	Princess Carolina	Jamaica	
Joseph Netherwood	19	Clerk		London	"	"	To settle
Robert Spence	23	Stay maker		Paddington	"	"	On Business
Richard Cross	38	Distiller		"	"	"	To settle
John Moody	21	Millwright		"	"	"	On Business
Herbert Cole	18	Gentleman		"	"	"	"
Moses Levi	25	Poulterer		"	"	"	"
Hester Levi	18	His Wife		"	"	"	"
Ann Brook	57	Spinster		Westminster	"	"	"

Port of Plymouth, 7th to 14th June 1774.

Name	Age	Occupation	From	Ship	To	As a
John Smith	40	Planter	London	Grenada Galley	Grenades	To reside there
Philip Charitie	25	Merchant	"	"	"	" "
James Thomas	16	Writer	"	"	"	" "

Port of London, 14th to 21st June 1774.

Name	Age	Occupation	From	Ship	To	As a
Thomas Hodgson	39	Gentleman	London	Free Mason	Philadelphia	To settle
Catherine "	40	Wife to Ditto & one Child	"	"	"	" "
John Hodgson	30	Gentleman	"	"	"	" "
Samuel Burner	22	"	"	"	"	" "
Ann Sumerfield	30	& one Child	"	"	"	" "
Jno Walters	45	Gentleman	"	"	"	" "
Maria Walters	41	"	"	"	"	" "
Thomas Walters	23	Gentleman	"	"	"	" "
Mary Young	50	"	"	"	"	" "
Philip Clampton	26	Husbandman	"	"	"	For Employment
Thomas Clampton	21	"	"	"	"	" "
Margaret Howard	21	"	"	"	"	" "
George Thomas	26	Husbandman	Surry	"	"	To Settle
Mary "	32	His Wife & Child	"	"	"	For Employment
Charles Wilstack	35	Sail Cloth Weaver	London	"	"	" "
John Adkinks	41	Sawyer	"	"	"	" "
Thomas Danny	21	Gentleman	"	"	"	To Settle
Sarah Danny	36	& one Child	"	"	"	" "
Samuel Danny	18	Gentleman	"	"	"	" "
Sarah "	15	"	"	"	"	" "
Samuel Harrison	41	Clothier	Yorkshire	"	"	" "
Elizabeth "	32	His Wife & 4 Children	"	"	"	" "
Samuel Hodges	35	Shoemaker	Hertford	"	"	" "
Caleb Strang	30	Husbandman	London	"	"	For Employment
Maria Strang	28	His Wife	"	"	"	" "

Name	Age	Occupation	Origin	Destination	Purpose
James Thompson	38	Carpenter	"	"	"
Owen Shaw	21	Cutler	Sheffield	"	"
Thomas Jackson	26	Carpenter	London	"	"
Joseph Lafar	21	Gentleman			To Settle

PORT OF LIVERPOOL, 14 TO 21st JUNE 1774.

Name	Age	Occupation	Origin	Destination	Purpose
John Lewis	16	Farmer	Ireland	Dickinson	Philadelphia	Indented Servant
Charles "	17	"	"	"	"	"
Joshua "	19	"	"	"	"	"
Edward Rimer	25	Blacksmith	Liverpool	"	"	"

PORT OF LONDON, 3d TO 10th JULY 1774.

Name	Age	Occupation	Origin	Destination		Purpose
Rebecca Whitaker	35	Musical Instrument Maker	London	America	Barbadoes	Going to settle
John Short	21	Watch Maker	"	Elizabeth	Maryland	Indented Servant
James George	22	Wire drawer	Bath	"	"	"
John Smith	24	Weaver	Kent	"	"	"
John Pringle	30	Copper Smith & Brazier	London	"	"	"
Richard Lewis	33	Schoolmaster	"	"	"	"
James Wolfe	21	Groom	Westminster	"	"	"
Robert Martin	21	Clerk & Bookkeeper	Salisbury	"	"	"
William Smith	25	Hair Dresser	London	"	"	"
Peter Mathew	22	Architect	Middlesex	"	"	"
Joseph Taft	21	Footman	London	"	"	"
George Brougham	23	Watchmaker	Hereford	"	"	"
Samuel Smith	21	Stay Maker	London	"	"	"
John Wallis	17	Labourer	"	"	"	"
James Pallett	19	"		"	"	"
Jacob Johnson	18	Glass Cutter	Dublin	"	"	"
Joseph Collins	20	Currier	Newcastle	"	"	"
William Smith	21	Taylor	Westminster	"	"	"
William Peate	20	Labourer	Reading	"	"	"
William Ward	19	Labourer	Herts	"	"	"
Joseph Austin	18	Gardener	Wilts	"	"	"
Thomas Canter	18	"	Herts	"	"	"
John Norman	18	"		"	"	"

84

Name	Age	Occupation	From	Ship	To		As a	
David Davis	20	Taylor	London	Elizabeth	Maryland		Indented Servant	
Michael Delaney	18	Labourer	"	"	"	"	"	"
Samuel Dobbs	21	Perukemaker	Rotherhithe	"	"	"	"	"
Isaac Hart	23	Taylor	Plymouth	"	"	"	"	"
Thomas Ackley	24	Husbandman	Norwich	"	"	"	"	"
John Hitchin	21	Tanner	London	"	"	"	"	"
Simon Innis	40	Carpenter & Joiner	"	"	"	"	"	"
Charles Hackett	22	Watchmaker	Sheerness	"	"	"	"	"
William Proud	22	Cordwainer	Harwich	"	"	"	"	"
William Watts	23	Miller	Essex	"	"	"	"	"
Anthony Thorndale	25	Cabinet Maker	London	"	"	"	"	"
Thomas Abney	48	Leather Dresser	Surry	"	"	"	"	"
Darby Hagan	22	Husbandman	Ireland	"	"	"	"	"
Edward Kelly	21	"	London	"	"	"	"	"
Richard Baynham	22	Footman	Wilts	"	"	"	"	"
Robert Beard	21	Watch & Clock Maker	London	"	"	"	"	"
William Langford	32	Clerk & Bookkeeper	"	"	"	"	"	"
John Parker	24	Watch Movemant Maker	"	"	"	"	"	"
Thomas Deane	27	Groom	Southwark	"	"	"	"	"
James Stewart	29	Husbandman	Sussex	"	"	"	"	"
Thomas Robinson	22	Labourer	London	"	"	"	"	"
John Finney	32	"	"	"	"	"	"	"
Thomas Nash	28	Baker	Oxford	"	"	"	"	"
Robert Clark	25	"	Sheerness	"	"	"	"	"
William Jones	22	Husbandman	London	"	"	"	"	"
Henry Horne	22	Clerk & Bookkeeper	Middlesex	"	"	"	"	"
Stephen Phillips	23	Coach Harness Maker	London	"	"	"	"	"
Charles Couch	22	Cordwainer	Westminster	"	"	"	"	"
Samuel Severn	36	Perukemaker	"	"	"	"	"	"
William Cutcliff	28	Carpenter	London	"	"	"	"	"
Thomas Fisher	19	Sawyer	"	"	"	"	"	"
Thomas Davis	19	Labourer	"	"	"	"	"	"
John Fox	16	Groom	"	"	"	"	"	"
William Ward	18	Cutler	Sheffield	"	"	"	"	"
Thomas Ward	19	Labourer	London	"	"	"	"	"

Name	Age	Occupation	Origin			
John Carpenter	19	Cordwainer	"	"	"	"
Thomas Smith	17	Sword Chain Maker	Bath	"	"	"
James Harrison	19	Cooper	London	"	"	"
Thomas Gillen	17	Cordwainer	"	"	"	"
John Boyden	17	Harness Maker	Gloster	"	"	"
Thomas Brarenton	21	Husbandman	Kent	"	"	"
Richard Reeves	"	"	Derby	"	"	"
John Blackwell	39	Miner	Hants	"	"	"
James Hillier	26	Wheelwright	London	"	"	"
Christopher Kirby	21	Taylor	"	"	"	"
Robert Cowley	27	Printer	Westminster	"	"	"
John Robinson	23	Carpenter	"	"	"	"
Timothy Crosby	28	Husbandman	"	"	"	"
John Hind	21	"	York	"	"	"
William Ingram	22	Lath & Stave Render	London	"	"	"
Robert Cruse	35	Blacksmith	Essex	"	"	"
Edward Johnson	22	Wheelwright	London	"	"	"
Thomas Bawdler	21	Brass Founder	Birmingham	"	"	"
John Fayne	21	Painter	Lincoln	"	"	"
James Powell	22	Leather Dresser	Bristol	"	"	"
George Mann	21	Clerk & Bookkeeper	Westminster	"	"	"
John Williams	30	Gardener	London	"	"	"
William Smith	21	Cabinet Maker	"	"	"	"
John Print	21	Husbandman	Deptford	"	"	"
Alexander Hynes	23	Perukemaker	London	"	"	"
John Alderton	22	"	"	"	"	"
William Richardson	22	Printer	Edingbourg	"	"	"

PORT OF LONDON, 10th TO 17th JULY 1774.

Name	Age	Occupation	Origin	Carolina	Carolina	Going on Business
						Going to settle
Sarah White	56		London	Russa Merchant	Maryland	"
John Detlaf[? s]	30	Taylor	"	"	"	Indented Servant
Sarah Detlaf[? s]	25	His Wife	"	"	"	"
William Brinkwell	22	Coach maker	Surry	"	"	"
Christophier Hutton	24	Bricklayer	Yorkshire			
Luke Horsfield	36	Cutler				
William Harrison	39	Bricklayer	Liverpool			

Name	Age	Occupation	From	Ship	To	As a
Samuel Long	28	Wheelwright	London	Russ^a Merchant	Maryland	Indented Servant
Martin Shield	22	Plaisterer	Ireland	"	"	"
Robert Mills	22	Gardener	Deptford	"	"	"
William Wright	18	Husbandman	Hertford	"	"	"
Edward Higman	18	Cordwainer	London	"	"	Indented Servants for 4, 5, & 6 Years
Richard Hall	19	Waiter	"	"	"	"
William Kedton	19	Miller	Yarmouth	"	"	"
Stephen Ellis	21	Taylor	Salop	"	"	"
Patrick Tavlin	23	Husbandman	Ireland	"	"	"
Edward Wright	23	Baker	Lincoln	"	"	"
John Hall	25	Clerk & Bookkeeper	Chatham	"	"	"
Mathew Moor	22	Farmer	Ireland	"	"	"
James Bell	40	Miner	York	"	"	"
Richard Turner	21	Brass Founder	Bristol	"	"	"
John Yeates	24	Husbandman	Reading	"	"	"
John Thomas	42	Clock & Watchmaker	London	"	"	"
William Nolbrow	28	Taylor	Yarmouth	"	"	"
John Keymester	39	Gem Maker	London	"	"	"
Joseph Blind	25	Ship Carpenter	Kent	"	"	"
William Turner	22	Husbandman	"	"	"	"
John Turner	21	"	"	"	"	"
John Care	26	Carpenter & Joiner	London	"	"	"
Richard Perriman	33	Collar Maker	Middlesex	"	"	"
Joseph Horsfield	24	Smith	Sheffield	"	"	"
Henry Snead	21	Cabinet Maker	Hereford	"	"	"
William Wheeler	21	Carpenter	Bucks	"	"	"
Benjamin Prior	22	Blacksmith	London	"	"	"
William Morrison	26	Carpenter & Joiner	"	"	"	"
Edward Preston	38	Baker	"	"	"	"
Jonathan Whitby	16	Husbandman	Norfolk	"	"	"
Edward Driver	19	Glazier & Painter	London	"	"	"
George Gardner	19	Labourer	"	"	"	"
Joshua Peck	18	Hairdresser	"	"	"	"
Thomas Judson	19	Cordwainer	Bristol	"	"	"
John Cook	21	Groom	Lincoln	"	"	"

Name	Age	Occupation	Origin		
William Monk	19	Ironmonger	Surry	"	"
Robert Randal	21	Printer and Bookbinder	Edingbourg	"	"
Thomas Field	30	Labourer	London	"	"
Edward Burrows	21	Husbandman	Suffolk	"	Indended Servant
William Lee	26	Smith	Durham	"	"
William Hampton	33	Footman	Stafford	"	"
Jno Solomon Balissa	31	"	London	"	"
John Connell	39	Cordwainer	Ireland	"	"

PORT OF HULL, 10th TO 17 JULY 1774.

Name	Age	Occupation	Origin	Ship	Destination	Reason
Robert Medway	35	Farmer	Yorkshire	Kingston Packet	Norfolk, in Virginia	The rent of their farm raised so high they cannot live
Lydia	33	His Wife	"	"	"	"
Susanna	10		"	"	"	"
Elizabeth	8	&	"	"	"	"
Lydia	5		"	"	"	"
Robert	2	Children	"	"	"	"
William Morfett	44	Farmer	"	"	"	To seek for better Employt
Mary	48	His Wife	"	"	"	"
Hannah	14	&	"	"	"	"
William	12		"	"	"	"
Mary	9	Children	"	"	"	"
David Wheelhouse	49	Farmer	"	"	"	Their rent raised so high they cannot live
Margt	36	His Wife	"	"	"	"
Hannah	12	&	"	"	"	"
Diana	10		"	"	"	"
David	9	Children	"	"	"	"
Thomas Waters	24	Gardener	"	"	"	To seek a better Livelihood
John Brown	26	Wheelwright	"	"	"	"
William Mitchinson	30	Farmer	"	"	"	"
Thomas Wetheral	30	Soap & Tallow Chandler	"	"	Virginia	To Purchase or Return going as a Clerk
James Webster	22	Schoolmaster	"	"	"	To seek a better livelihood
Mathew Hick	25	Gentleman	"	"	"	To Purchase or Return
Joseph Elam	50	"	"	"	"	To transact business for two merchants
William Nelson	37	Cloth Manufacturer	"	"	"	To seek a better livelihood
Sarah Threadgold	20	Maid Servant	"	"	"	"

Name	Age	Occupation	From	Ship	To	As a
Bartho Barker	29	Farmer	Yorkshire	Adventure	New York	To Purchase or return
Sarah Barker	30	His Wife	"	"	"	"
James Walker	11	Servant	"	"	"	To seek a better livelihood
Rachael Todd	19	Maid Servant	"	"	"	"
Sarah Lightfoot	18	"	"	"	"	"
Thomas Corry	44	Husbandman	"	"	"	"
John Packer	19	Mercer	"	"	"	"
David Lessley	24	Joiner	Scotland	"	"	"
Richard Henderson	34	Joiner	Hull	"	"	Has a brother settled there who desires him to come over
Susanna "	30	His Wife	"	"	"	"
David "	9		"	"	"	"
Robert "	6	&	"	"	"	"
Susanna "	4		"	"	"	"
Ann "	1	Children	"	"	"	"
William Sowersby	26	Farmer	Yorkshire	"	"	To Purchase or return

PORT OF PLYMOUTH, 10th TO 17th JULY 1774.

William Smith Esqre	36	Gentlemen	London	Le Soy Planter	Dominica	To Reside
Mr Mellegan	40	"	"	"	"	"
Mr Burgess	26	"	"	"	"	"
Mr Brown	36	"	"	"	"	"
Mr Clark	38	"	"	"	"	"
Mr Roberts	20	"	"	"	"	"
John Edmonds	12		"	"	"	"
—— Violets	30	Servants	"	"	"	"

PORT OF LONDON, 17th TO 24 JULY 1774.

William Thomas	20	Merchant	London	St George	Philadelphia	To Settle
William Bell	29	Perukemaker	"	Rosamond	New York	"
Robert Etherington	25	Mariner	"	"	"	On Business
Lawrance Jones	20	Gentleman	"	"	"	On Pleasure
Andrew Hisme	30	Physician	"	Nancy	Jamaica	To Settle

Name	Age	Occupation	Origin	Destination	Purpose
Edwd Earlsman	30	Bookkeeper		"	"
William Lomas	33	Cordwainer	Northampton	"	"
Willm Cartwright	23	"	London	"	To live with a gentleman
Joseph Johnson	14	"	"	"	On Business
John Lynch	37	Farmer	Ireland	"	"
John Vaughan	59	Grocer	Shewsbury	"	"
Margaret Wood	18	Spinster	London	"	"
Elizabeth Ryde			Deptford	"	"
Joseph Seabright	25	Millwright	Southwark	Hope	Indented Servant
Charles Field	21	Groom	York	"	"
Seth Bailey	21	Coach maker	London	"	"
Edward Williams	30	"	"	"	"
William Right	31	Sawyer	Wolverhampton	"	"
William Firmins	23	Glazier	London	"	Indented servant for four Years
Robert Moore	37	Silversmith	"	"	"
Charles Kaye	30	Stone Mason	York	"	"
Thomas Hopper	32	Cooper	London	"	"
Edward Gregory	38	Painter	"	"	"
Ralph Holden	24	Chaise Driver	"	"	"
James Bankerhie	21	Husbandman	"	"	"
John Reed	30	Plate Printer	"	"	"
George Hichman	23	Glass Pollisher	"	"	"
Charles Rowland	21	House Carpenter	"	"	"
Frederick Dawson	39	Painter	"	"	"
Saml Richardson	22	Book Keeper	"	"	"
Joseph Dyer	21	Groom	"	"	"

PORT OF PORTSMOUTH, 17th TO 24th JULY 1774.

Name	Age	Occupation	Origin	Destination	Purpose
Walter Robinson Esqre	—	Lord Chief Justice of Tobago	Tobago	Tobago	To Execute his Office
Mr Peter Maxwell	35	Planter	Grenada	"	To Superintend his plantation
Mr Henderson	25	Gentleman	York	"	To setle at Tobago

PORT OF HULL, 17th TO 20th JULY 1774.

Name	Age	Occupation	Origin	Destination	Purpose
Thomas Webster	50	Husbandman	Yorkshire	Amelia	Philadelphia	Going to seek a better livelihood
Robert Mitner	20	Grocer & Tallow Chandler	"	"	"	"

PORT OF LONDON, 24th TO 31st JULY 1774.

Name	Age	Occupation	From	Ship	To	As a
James Swallow	24	Cleat Maker	York	Charming Molly	Philadelphia	To seek Employment
Benjamin Littlewood	21	"	"	"	"	"
Mrs Wilcox & 3 Children	—	Wife & Children	"	"	"	"
Capte Gills	20	Gentleman	Ireland	"	"	On his Travels
John Berningham	26	Servant	London	Earl of Dunmow	New York	Going to Service
Elizabeth Stend	34	Tallow Chandler	Deptford	Peggy Stewart	Maryland	Indented Servant
William Hughes	30	Block Maker	London	"	"	"
William Lilly	38	Footman	Northumberland	"	"	"
Robert Wilson	21	Joiner	London	"	"	"
Thomas Jones	30	Labourer	"	"	"	"
John Bryan	23	Perukemaker	"	"	"	"
James Gunner	21	Cordwainer	Birmingham	"	"	"
Joseph Legard	22	Gunsmith	"	"	"	"
Thomas Turner	26	Brick maker	Woolwich	"	"	"
William Hickison	24	Stay maker	London	"	"	"
Samuel Smith	21	Weaver	Lambeth	"	"	"
Wm Hayes	22	Blacksmith	London	"	"	"
Simon Retallack	25	Perukemaker	Sussex	"	"	"
Thomas Jacobs	21	Painter	"	"	"	"
Ric Gardner	21	Groom	London	"	"	"
John Hall	21	Tin Plate Worker	Nants	"	"	Indented Servant for four Years
William Moland	21	Sack Weaver	London	"	"	"
William Martin	21	Cordwainer	Liverpool	"	"	"
Richard Clayton	17	Shoemaker	London	"	"	"
Thomas Ireland	33	Taylor	"	"	"	"
John Slade	26	Tallow Chandler	"	"	"	"
Charles Roach	21	Groom	"	"	"	"
Jos Godfrey	32	Husbandman	Somerset	"	"	"
Philip Shobrooke	16	Labourer	London	"	"	"
Jos Martin	18	Footman	"	"	"	"
William Ward	17	Groom	"	"	"	"
Joseph Nutting						

Name	Age	Occupation	Origin	Staffordshire	Elizabeth	Philadelphia	To seek better Employment
Mark Lachman	26	Baker	"		"	"	"
John Munn	21	Book caser	"		"	"	"
Richard Jones	23	Draper	.		"	"	"
John Daniel	21	Perukemaker	Truro		"	"	"
Grifin Knight	26	Turner	London		"	"	"
James Johns	21	Plaisterer	Lambeth		"	"	"
Thomas Boyfield	20	Husbandman	Essex		"	"	"
Oliver Bock	21	Husbandman	London		"	"	"
Thomas Price	22	Groom	Monmouth		"	"	"
John McDonald	22	Husbandman	Scotland		"	"	"
Thomas Cowen	21	"	York		"	"	"
Daniel Hurley	21	"	London		"	"	"
John Phelps	24	Miner	"		"	"	"
James Withers	21	Jeweller	"		"	"	"
John Remnant	23	Joyner	Hampshire		"	"	"
Henry Hall	26	Cooper	London		"	"	"
Richard Gee	21	Weaver	"		"	"	"
Thomas Clark	39	Carpenter	"		"	"	"
James Thomas	22	Wheelwright	Lancashire		"	"	"
George Bradley	24	Stone Mason	London		"	"	"
James Powell	21	Weaver	"		"	"	"
John Brigham	24	Glass Frame Maker	"		"	"	"
Robert Ross	15	Labourer	"		"	"	"
John Sargood	21	Plate Worker			"	"	"
Alexr South	16	Labourer	Essex		"	"	"

PORT OF LIVERPOOL, 24th TO 31st JULY 1774.

Name	Age	Occupation	Staffordshire	Elizabeth	Philadelphia	To seek better Employment
Ralph Falkner	60	Carpenter	"		"	"
Dorothy "	45	His Wife	"		"	"
Ralph "	30	Potter	"		"	"
Mary "	30	His Wife	"		"	"
Mary Harris	25	House Maid	"		"	"

PORT OF LONDON, 31st JULY TO 7th AUGUST 1774.

Name	Age	Occupation	From	Ship	To	As a
John Butler	25	Gentleman	London	Carolina Packet	Carolina	Going to settle
Ann	25	His Wife	"	"	"	"
Thomas Andrews	35	Potter	"	"	"	"
Willm Templeman	28	Jeweller	"	"	"	"
John Smith	22	Cabinet Maker	"	"	"	"
Thomas Bailey	17	Cordwainer	Lambeth	Generous Friends	Maryland	"
William Wall	23	Hop presser	London	"	"	"
Joseph Cook	24	Baker	Norwich	Beith	Virginia	Indented Servant
Thomas Atkins	24	Cordwainer	Southwark	"	"	"
James Palmer	27	Wheelwright	Middlesex	"	"	"
William Thompson	30	Schoolmaster	Scotland	"	"	"
Joseph Smith	20	Baker	Surry	"	"	"
William Lewis	20	Perukemaker	"	"	"	"
Thomas Clark	18	Bucklemaker	Worcester	"	"	"
John Hoskins	21	Brick Maker	Surry	"	"	"
John Smithson	30	Blacksmith	Lincoln	"	"	"
Jacob Seedon	24	Shipwright	Yarmouth	"	"	"
Samuel Wilson	26	Gentleman's Servant	London	"	"	"
Andrew McGill	25	Blacksmith	Edingbourg	"	"	"
John Stanton	22	Wheelwright	London	"	"	"
John Guilebury	17	Smith	"	"	"	"
William Bruce	15	Painter	"	"	"	"
James Chamberlin	23	Baker		"	"	"
George Bollard	21	Taylor	Ireland	Elizabeth	"	"
John Aspley	21	Blacksmith	Birmingham	"	"	"
William Warden	21	Schoolmaster	Middlesex	"	"	"
John Board	36	Sawyer	Devon	"	"	"
Thomas Brown	29	Cordwainer	York	"	"	"
Catharine Roper	32	Spinner	London	"	"	"
Daniel Hutchinson	21	Cordwainer	Dublin	"	"	"
William Castake	21	Sawyer	London	"	"	"
Charles Wise	21	Rope Maker	"	"	"	"
Thomas Rudkin	28	Currier		"	"	"

PORT OF WHITBY, 31st JULY TO 7th AUG. 1774.

Robert Harrison	38	Innholder & Shopkeeper	Yorkshire	Marlborough	Savanna in America	Going to seek for better Employt to stay there or return
David Black	19	Book binder	Scotland	"	"	"
Richard Fenton	26	Canvas Weaver, Wife & Children	"	"	"	"
Ralph Cock	37	Linen Weaver & Wife	"	"	"	"
John Tate	25	Carpenter, Wife & 4 Children	"	"	"	"
Thomas Oliver	29	Blacksmith, Wife & 2 Children	"	"	"	"
Jane Wilson	22	Spinster	"	"	"	"
James Elliot	35	Husbandman & his Wife	"	"	"	"
James Berry	31	Linen Weaver with 1 Child	Lancashire	"	"	"
Adam Dryden	28	Gardener	Scotland	"	"	"
William Alexander	32	Labourer, Wife & 3 Children	Yorkshire	"	"	Going to seek better Employment to stay there or return

PILL A CREEK A PORT OF BRISTOL, 31st JULY TO 7th AUG. 1774.

Samuel Hughes	19	Labourer	Bristol	Restoration	Maryland	Indented Servant
John Wilkins	18	"	"	"	"	"
John Perry	16	"	Bath	"	"	"
Thomas Russel	17	Servant	Bristol	"	"	"
One Woman	—			"	"	"
William Keater	29	Smith	Bristol	"	"	A Convict

PORT OF LONDON, 7th TO 14th AUG. 1774.

Mary Fraser	30	Weaver	London	Cæsar	Philadelphia	Going to settle
William Fraser	40	Weaver & 3 Children	"	"	"	"
Charles Webster	36	Husbandman	Scotland	Mercury	Quebec	"
Jenna "	33	His Wife & 3 Children	"	"	"	"
Margaret Weshelt	28	Spinster				
George Grant	22	Joiner	London	Ross	Virginia	Going to settle
James Scotland	21	Cabinet Maker	"	"	"	"

94

Name	Age	Occupation	From	Ship	To	As a
Alexr Ploughton	27	Clerk	London	Ross	Virginia	Going to settle
M. A. Hunter	28	"	"	"	"	On Business
Elizabeth Spence	16	Spinster	"	"	"	"
Judith Worthson	70	"	"	"	"	"
James Hunter	27	Merchant	"	"	"	"
Ann Bell	21	Spinster	"	Success's Increase	Pensoela	To Settle
Murray McLinzey	28	Cartwright	Scotland	"	"	"
William Stephens	23	Carpenter	"	"	"	"
Gerard Byrne	22	Carpenter & Joiner	Kent	"	"	"

PORT OF HULL, 7th TO 14th AUG. 1774.

John Willman	43	Clothier	Yorkshire	America	New York	To seek a better Livelihood
Stephen Fisher	30	Joiner	"	"	"	"
Georg Waterworth	46	Cloth Dresser	"	"	"	"

PORT OF LIVERPOOL, 7th TO 14 AUG. 1774.

Thomas Fisher	27	Carpenter	Lancashire	Betsey	Virginia	To seek for better Employt
Henry "	25	Weaver	"	"	"	"
John Betty	29	Farmer	Westmoreland	"	"	"
James Bread	30	Smith	Liverpool	"	"	"
Robert Ferry	44	Farmer	Yorkshire	"	"	"
James "	19	"	"	"	"	"
Joseph "	17	"	"	"	"	"

PORT OF LONDON, 14th TO 21st AUG. 1774.

David Adkins	22	Cooper	Lincoln	William	Carolina	Indented Servant
James Nichols	24	Silver Caster	London	"	"	"
Thomas Winter	21	Husbandman	Leicester	"	"	"
John Rixon	22	Brazier & Copper Smith	Birmingham	"	"	"
Benjamin Evans	22	Sail Cloth Weaver	Cornwall	"	"	"

			Caroline	Indented Servant
John Anthony	21	Baker		Indented Servant
James Smith	21	Painter & Glazier	Middlesex	"
Michael Delancy	21	Husbandman	Nottingham	"
John Gear	17	Blacksmith	Ireland	Virginia
Henry Edwards	17	Perukemaker	London	"
David Rees	22	Carpenter	"	"
Thomas Ball	33	Bricklayer	Middlesex	"
George Pratt	22	Cordwainer	London	"
George Blackburn	22	Clerk & Bookkeeper	"	"
William Seymour	27	House Carpenter	Hereford	"
John Tatham	32	Taylor	Middlesex	"
Daniel Graham	25	Clock Maker	Gloucester	"
Elizabeth Davis	21	Spinster	Westminster	"
Elizabeth "	21	"	"	"

PILL A CREEK A PORT OF BRISTOL, 14th TO 21st Aug. 1774.

			Charming Nancy	Philadelphia	Indented Servant
Edward Ryan	21	Labourer	Bristol	Philadelphia	Indented Servant
Timothy Connelly	22	"	"	"	"
George James	18	Hooper	Hereford	"	"
James Lynn	20	Brickmaker	Bristol	"	"
John Weeks	22	Weaver	"	"	"
John Kenneday	26	Labourer	Ross	"	"
William Power	18	"	"	"	"
John Carrel	25	Shoemaker	Bristol	"	"
B. Kelly	26	Labourer	"	"	"
John Flemming	21	"	"	"	"
Henry Havell	26	Cooper	Cork	"	"
R. Seaton	22	Shoemaker	"	"	"
P. Butler	23	Seaman	Cork	"	"
Jno Cass	18	Book binder	Wells	"	"
James Faulkner	20	Cork Cutter	Bristol	"	"
One Woman					returning Home

PORT OF LONDON, 21st TO 28th AUG. 1774.

Name	Age	Occupation	From	Ship	To	As a
George Messenberg	19	Gentleman	London	Royal Exchange	Virginia	On Business
James Jones	43	Fell Monger	"	Lovely Lass	Philadelphia	"
James Forrester	20	Hat Maker	"	"	"	to settle
Robert Cory	16	Draper	Norfolk	"	"	"
John Simmons	52	Merchant	London	"	"	On Business
William Stockwell	19	Draper	Norfolk	"	"	to settle
Leonora Gilman	30	& 3 Children	Norfolk	"	"	
Anthony "	40	Merchant	London	Benjamin & Mary	Campvere	On Business

PILL A CREEK A PORT OF BRISTOL, 21st TO 28th AUG. 1774.

Name	Age	Occupation	From	Ship	To	As a
John Simpson	27	Labourer	Bristol	Glorious Memory	Philadelphia	Indented Servant
Thomas Fletcher	26	"	"	"	"	"
Daniel Shiels	21	"	"	"	"	"
Robert Hurst	30	Soap Maker	Kent	"	"	"
Twelve Women	—			"	"	"

PORT OF LONDON, 28th AUG. TO 4 SEPT. 1774.

Name	Age	Occupation	From	Ship	To	As a
James Keen	22	Cook	London	Rebecca	Maryland	Indented Servant
William Nainby	16	Clerk & Bookkeeper	Southwark	"	"	"
Robert Moore	37	Silversmith	London	"	"	"
Seth Bailey	21	Carpenter & Joiner	Westminster	"	"	"
Charles Stuteville	22	Husbandman	Greenwich	"	"	"
William Collins	24	Butcher	Westminster	"	"	"
John Johns	24	Carpenter & Joiner	Kent	"	"	"
James Barker	23	Cloth Dresser	Manchester	"	"	"
William Wright	33	Sawyer	London	"	"	"
Elizabeth Haynes	22	Spinster	Westminster	"	"	"
Ann Tucker	21	"	Southwark	"	"	"
Mary Cormick	24	"	London	"	"	"

Andrew Bagge	23	Baker	"	"	"	"
Henry Hughes	18	Silversmith	Nottingham	"	"	"
William Stoakes	16	Husbandman	London	"	"	"
Henry Desterberg	16	Weaver	Bucks	"	"	"
John Lynch	16	Taylor	Newcastle	"	"	"
John Gates	17	Labourer	London	"	"	"
William Lewis	16	"	"	"	"	"
Sarah Flaker	16	Spinster	"	"	"	"
Ann Baker	16	"	Sussex	"	"	"
Arthur Honeywood	22	Cock Founder	London	"	"	"
Thomas Pearson	23	Husbandman	"	"	"	"
Archibald Laikie	24	Engraver	"	"	"	"
Abraham Bass	25	Buckle Maker	Newcastle	"	"	"
William Archer	23	Surgeon	London	"	"	"
Frederick Dawson	39	Painter	York	"	"	"
Thomas Hopper	32	Cooper	London	"	"	"
Matthew Branan	21	Smith	Northumberland	"	"	"
James Keith	24	Clerk & Bookkeeper	Worcester	"	"	"
William Pitman	24	Carpenter & Joiner	London	"	"	"
John Benefold	29	Labourer	Dublin	"	"	"
William Cooley	21	Founder	York	"	"	"
Isaac Kilburn	21	Butcher	Northumberland	"	"	"
William Linton	21	Skinner & Glover	Westminster	"	"	"
Lawrance Hackett	32	Weaver	London	"	"	"
Charles Wightman	26	Surgeon	Surry	"	"	"
Elizabeth Derbyshire	21	Milliner	York	"	"	"
William Rouse	17	Cloth Weaver	Essex	"	"	"
William Holmes	17	Labourer	London	"	"	"
Isaac Bury.	17	Weaver	"	"	"	"

PORT OF LONDON, 5th TO 12 SEPT. 1774.

				London	Neptune	Maryland	Indented Servant
Martin Crew	29	Taylor	London	"	"	"	"
Mary "	28	His Wife	"	"	"	"	"
John Heard	21	Schoolmaster	"	"	"	"	"
Samuel Landers	25	Broker	"	"	"	"	"
Carl Thale	19	Footman	"	"	"	"	"

Name	Age	Occupation	From	Ship	To	As a
Richard Nicholas	22	Husbandman	Devon	Neptune	Maryland	Indented Servant
Edward Dunn	21	Hatter	Stafford	"	"	"
Richard Assick	20	Gentleman's Servant	London	"	"	"
William Clifford	22	Gardener	Bristol	"	"	"
Thomas Durant	20	Blacksmith	London	"	"	"
Cornelius Thompson	25	Perukemaker	Milton	"	"	"
William Ohlson	29	Cabinet Maker	London	"	"	"
John Uppord	21	Carpenter	"	"	"	"
Thomas Burn	22	Brickmaker	Surry	"	"	"
John Byam	18	Groom	Dublin	"	"	"
John Taylor	33	Cheese Monger	York	"	"	"
Hersford Johnson	21	Carpenter	Norfolk	"	"	"
Charles Williams	23	Dyer	Somerset	"	"	"
James Perkle	22	Printer	Edingbourg	"	"	"
William George	24	Scrivener	Wilts	"	"	"
Patrick Hopkins	25	Gentleman's Servant	London	"	"	"
Jos Butterworth	37	Bookkeeper	"	"	"	"
John Strong	26	Silversmith	"	"	"	"
John Rose	22	Schoolmaster	"	"	"	"
William Lazinby	21	Butcher	Wells	"	"	"
Joseph Mead	37	Brickmaker	London	"	"	"
Thomas Jackson	21	Butcher	York	"	"	"
Benjamin Loftman	16	Gentleman's Servant	Dublin	"	"	"
John Carroll	22	Husbandman	London	"	"	"
William Kidder	20	Leather Dresser	"	"	"	"
James Worker	23	Blacksmith	"	"	"	"
John George	37	Gentleman's Servant	"	"	"	"
John Williams	40	Hair Dresser	"	"	"	"
Margdin Mullunly	25	Groom	"	"	"	"
Thomas Archdale	40	Stone Mason	"	"	"	"
George Wood	25	Groom	"	"	"	"
John Reilly	26	Brass founder	London	"	"	"
Frederick Mathey	21	Coach Maker	"	"	"	"
Jos West	44	Shipwright	Greenwich	"	"	"
Abraham Tucker	25	Blacksmith	Surry	"	"	"

99

Name	Age	Occupation	Origin	Destination	Purpose
Charity Armstead	21	Milliner	London		
Sarah Timmins	21	Servant	"	"	"
William Pearse	23	Surgeon	"	"	"
John Butler	23	Linen Weaver	"	"	"
Thomas Paterson	23	Taylor	"	"	"
Charles David	26	Schoolmaster	Wales	"	"
Francis Lester	18	Hair Dresser	Edingbourg	"	"
Thomas Loyd	28	Footman	London	"	"
Thoma Warren	31	Trunk Maker	"	"	"
John Cale	42	Taylor	"	"	"
Robert Peacock	24	Joiner	"	"	"
John Braithwait	24	Sawyer	"	"	"
William Jenner	50	Cloth Weaver	"	"	"
Martin Pandel	21	Baker	"	"	"
John Long	23	Tinman	"	"	"

PORT OF LONDON, 12th TO 19th SEPT. 1774.

Name	Age	Occupation	Origin	Destination	Purpose
James Underwood	27	Schoolmaster	Salop	Nancy	Maryland	Indented Servant
Elias Making	30	Taylor	London	"	"	"
William Miller	29	Pluisterer	Dorset	"	"	"
Samuel Moor	38	Gardener	Surry	"	"	"
Thomas Tamer	21	Brickmaker	London	"	"	"
Samuel Griffiths	19	Gardener	Islington	"	"	"
John Rutherford	21	Turner	Westminster	"	"	"

PILL A CREEK A PORT OF BRISTOL, 12th TO 19th SEPT. 1774.

Name	Age	Occupation	Origin	Destination	Purpose
Wm Gussick	17	Labourer	Wells	Concord	Philadelphia	Indented Servant
James Haskins	13	"			"	"

PORT OF LIVERPOOL, 12th TO 19th SEPT. 1774.

Name	Age	Occupation	Origin	Destination	Purpose
John Jones	27	Watchmaker	Staffordshire	Liverpool	Philadelphia	To work at his Trade
Wm Whiteside	25	Merchant	London	"	"	To Trade

PORT OF LONDON, 12 TO 19ᵗʰ SEPT. 1774.

Name	Age	Occupation	From	Ship	To	As a
Thomas Brown	22	Blacksmith	Westminster	Nancy	Maryland	Indented Servant
Peter Credy	25	Taylor	London	"	"	"
Charles Cook	23	Box and Trunk Maker	"	"	"	"
Williams Elkins	25	Sawyer	"	"	"	"
Joseph Law	21	Husbandman	Middlesex	"	"	"
George Hamilton	19	"	Worcester	"	"	"
Henry Halworth	23	Weaver	Lincoln	"	"	"
John Gordon	28	Husbandman	Westminster	"	"	"
George Ward	22	Carpenter	Surry	"	"	"
Robert Watson	28	Shipwright	Greenwich	"	"	"
John Lucas	23	Cordwainer	Middlesex	"	"	"
Thomas Rubidge	37	Leather Dresser	Surry	"	"	"
William Lyon	30	Surgeon & Apothecary	Liverpool	"	"	"
Edward Davis	25	Cooper	London	"	"	"
Thomas Edwards	19	Cordwainer	Westminster	"	"	"
John Neave	25	Farmer	Lincoln	"	"	"
John Paterlange	21	Clerk & Bookkeeper	London	Neptune	Philadelphia	"
Thomas Charnock	26	Brickmaker	"	"	"	"
Samuel Wherrett	25	Watch Movement Maker	"	"	"	"
Edward Jones	21	Labourer	"	"	"	"
John Christian Haffner	28	Taylor	"	"	"	"
Ephraim Christian Mickell	34	Butcher	"	"	"	"

PORT OF HULL, 19ᵗʰ TO 26ᵗʰ SEPT. 1774.

Name	Age	Occupation	From	Ship	To	As a
Thomas Layton	32	Horse Jockey	Malton	Jamaica Packet	Jamaica	To seek a better livelihood
John Fletcher	15	Native of the Country	Hull	"	"	Going to his Friends
Daniel Bridges	25	Merchant	"	"	"	To settle in business

Port of Plymouth, 26th Sept. to 3rd Oct. 1774.

Cousin Richard Esqre	29	Gentleman	London	Grenada	Going to reside
Clozier Esqre	21	Planter	"	"	"
Duval Esqre	16	"	"	"	"
Deglapion Esqre	23	"	"	"	"
Mr Niel	18	Merchant	"	"	"
Monbrun	26	Servant	"	"	"
Antoine	25	"	"	"	"
Francois	15	"	"	"	"
Rosette	25	"	"	"	Going to Settle
John Henry	30	Clerk	"	"	"
Peter Bossile	21	"	"	"	"
Stephen Clerk	26	"	"	"	"

Port of London, 3rd to 10th Oct. 1774.

Rachel L'Fabeure	40	Lady	London	Carolina	Going for Pleasure
Jane Bignell	47	Servt of Do	"	"	Going with Mrs L' Fabeure
Ann Bowie	36	"	"	"	"
Eliza Batty	16	A Native of Carolina	"	"	Going home
Ann Weston	30	Lady	"	"	Going for Pleasure
John West	28	Gentleman	"	"	"
John Auldjo	15	"	"	"	"
Alexr Auldjo	16	"	"	"	"
Robert Dee	33	"	"	"	"
Henry Houseman	35	"	"	Jamaica	Going for Encouragement
Hezekiah Johnson	22	Land Surveyor	"	"	Going under the care of Mr Johnson
William Finch	11	A Youth	Standlinch	"	Indented Servant
John Forbes	25	Blacksmith	Scotland	"	"
William Middleton	23	Carpenter	"	"	"
John Lindsey	23	Mercer	"	"	"
George Allerdyer	22	Carpenter	"	"	"
William Brown	21	Blacksmith	"	"	"
Thoms Craig	22	Mason	"	"	"

Name	Age	Occupation	From	Ship	To	As a
James Flanagan	21	Husbandman	Scotland	Standlinch	Jamaica	Indented Servant
William Lamb	21	"	"	"	"	"
Hugh Price	15	Labourer	London	London Packet	Philadelphia	"
John Sollicoffre	17	Cabinet Maker	"	"	"	"
Charles Foggett	17	Labourer	"	"	"	"
Charles Wallis	22	Baker	"	"	"	"
William Sparrow	22	Worsted Weaver	Northampton	"	"	"
William Chester	24	Gardener	London	"	"	"
Abraham Bryant	22	Buckle Maker	"	"	"	"
Daniel Briarly	45	Plaisterer	Lancaster	"	"	"
Joseph Savage	22	Bookkeeper	London	"	"	"
John Mason	21	Baker	"	"	"	"
George Jones	21	Ironfounder	"	"	"	"
Willm Hayman	22	Carpenter	"	"	"	"
John Clare	22	Servant	Colchester	"	"	"
John Williams	22	Sawyer	London	"	"	"
William Good	21	Perukemaker	"	"	"	"
Richard Briggs	25	Shipwright	"	"	"	"
Richard Jones	21	Labourer	"	"	"	"
William Jones	38	Printer	"	"	"	"
James Poyton	40	Woolcomber	Somerset	"	"	"
John Stallard	32	Cook	London	"	"	"
Thomas Williamson	23	Taylor	"	"	"	"
Robert Colbrook	28	Miller	Kent	"	"	"
Aaron Howler	21	Labourer	London	"	"	"
Jos Wyatt	27	Woolcomber	Essex	"	"	"
Richd Mitchell	15	Labourer	London	"	"	"
William Davenport	15	"	"	"	"	"
John Wetherel	15	"	"	"	"	"
Joseph Palmer	16	"	"	"	"	"
Henry Carwebe	15	"	"	"	"	"
Charles Pemberton	16	"	"	"	"	"
John Meech	17	"	Lincoln	"	"	"
George Dowson	16	"	Northampton	"	"	"
Edward Arnold	16	"	London	"	"	"

William Brymer	18	"			"	"	York
John Watts	22	Brass Founder			"	"	London
John Bryant	21	Husbandman			"	"	"
David Brown	35	Gardener			"	"	"
James Hay	29	"			"	"	"
William Noll	27	Stone Mason			"	"	Kent
Charles Hallett	21	Musician			"	"	London
John Gelling	23	Pavior			"	"	"
Richard Roily	28	Breeches Maker			"	"	Surry
James Lee	26	Tobacconist			"	"	Dublin
John Dunilton	21	Baker			"	"	London
Jonas Turner	25	Dyer			"	"	"
Thomas Taylor	21	Brickmaker			"	"	"
John Clark	18	Joiner			"	"	"
Alexander Gray	36	Taylor			"	"	Kent
William Manning	16	Labourer			"	"	London
Samuel Meekham	22	Letter Founder			"	"	Suffolk
John Wiite	17	Clerk & Bookkeeper			"	"	Northumberland
John Brown	23	Boat Builder			"	"	Newcastle
John Topping	21	Blacksmith			"	"	London
Jos Dayman	26	Stocking Weaver			"	"	"
Richrd Francis	24	Cabinet Maker			"	"	Warwick
Jos Doyle	25	Husbandman			"	"	London
Lakey Kelly	24				"	"	"
James Feull	15	Labourer			"	"	Norwich
Joseph Rudsdell	15	Blacksmith			"	"	London
Luke Wilmott	15	Labourer			"	"	"
John Rolph	15				"	"	"
John Alsop	19	Net Maker			"	"	"
William Chisham	15	Labourer			"	"	Birmingham
Thomas Fenton	15	Thread Maker			"	"	London
John Bailey	16	Pavior			"	"	"
William Leonard	15	Labourer			"	"	"
Joseph Wright	15	"			"	"	Norfolk
Robert Merryfield	16	"			"	"	Lincoln
Andrew Flogden	17	"			"	"	Suffolk
Thomas Bissell							
James Mooring	17	Brick maker			"	"	

Name	Age	Occupation	From	Ship	To	As a
John Lee	16	Rope Maker	Durham	London Packet	Philadelphia	Indented Servant
Owen Williams	18	Husbandman	Durham	"	"	"
Robert Jones	22	House Painter	London	"	"	"
Alexander Abrahams	23	Clerk	"	"	"	"
Thomas Rolph	21	Cordwainer	"	"	"	"
John Alexander	23	Hatter	"	"	"	"
George Smith	21	Baker	Liverpool	"	"	"
James Elliott	32	Cordwainer	London	"	"	"
William Johnston	26	Gardener	Herts	"	"	"
Benjamin Palmer	25	Footman	London	"	"	"
Thomas Duiley	24	Baker	"	"	"	"
Joseph Watley	22	Cloth Weaver	Wilts	"	"	"
John Frost	25	Woolcomber	London	"	"	"
Patrick Boylan	24	Cordwainer	Dublin	"	"	"
Denn Taylor	28	Surgeon	London	"	"	"
John Baldry	22	Gardener	Nottingham	"	"	"
Thomas Salver	30	"	"	"	"	"
William Lye	18			"	"	"
John Heep	15	Labourer	London	"	"	"
John Forster	17	Gardener	"	"	"	"
Thomas Walter	19	Labourer	"	"	"	"
William Hodson	15	"	Bristol	"	"	"
John Ford	17	Taylor	"	"	"	"
William Dodd	17	Watch Gilder	London	"	"	"
William Dawson	17	Husbandman	Essex	"	"	"
William Chapman	18	"	"	"	"	"
John Tyre	16	"	Norwich	"	"	"
Jo* Medget	16	Printer	Dorset	"	"	"
James Hooper	22	Hair dresser	London	"	"	"
Joel Simmel	21	Groom	"	"	"	"
John Allen	21	Cabinet Maker	"	"	"	"
Francis May	21	Printer	London	"	"	"
Samuel Hook	38	Sawyer	"	"	"	"
William Oldaker	22	Cooper	"	"	"	"
John Mingay	44			"	"	"

Robert Cobham	39	Joiner & Carpenter	"	"
Lawrence Kamey	23	Husbandman	Ireland	"
Laughlin Birn	21	Farmer	Ireland	"
Lewin Coey	21	Butcher	London	"
Dederick Griskin	30	Carpenter	"	"

PILL A MEMBER OF THE PORT OF BRISTOL, 3RD TO 10TH OCT. 1774.

One hundred & Six Convicts from the different Jails in the Kingdom			William	Maryland	To be transported

PORT OF NEWCASTLE, 3RD TO 10TH OCT. 1774.

Thomas Stead	17	Butcher	Hull	Rockingham	Cape Fear	Going to his Father who lives there

PORT OF LONDON, 10TH TO 17TH OCT. 1774.

James Reed	27	Taylor	London	Lady Tuliana	Jamaica	Going to settle
Thomas Chisham	15	Clerk	"	"	"	Going as a Clerk
William Hall	16	"	"	"	"	"
James Pottinger	15	Labourer	"	Two Friends	Philadelphia	Indented Servant
John Graves	26	Stocking Weaver	Nottingham	"	"	"
Thomas Payne	22	Carpenter & Joiner	Southampton	"	"	"
Jonathan Allan	19	Glass Grinder	Loudon	"	"	"
James Stewart	22	Clerk & Bookkeeper	Edingbourgh	"	"	"
Alary Collin	22	Spinster	Kent	"	"	"
Moses Burt	15	Husbandman	Somerset	Mary	"	"
John Lander	19	"	Edingbourgh	"	"	"
George Sadler	26	"		"	"	"
Elizabeth Savigny	21	Spinster	London	"	"	"
Jonathan Grover	17	Groom	Surry	"	"	"
William Stone	18	Husbandman	Oxford	"	"	"
Joseph Harris	15	Labourer	Warwick	"	"	"
Michael McDonald	21	Plaisterer	London	"	"	"
Jane Tiberson	21	Spinster	"	"	"	"
Wm Burt	18	Husbandman	Somerset	Two Friends	"	"

PORT OF LONDON, 17th TO 24th OCT. 1774.

Name	Age	Occupation	From	Ship	To	As a
Rebecca Wildie	22	Spinster	London	Britannia	Barbadoes	Going to Settle
Thomas Evans	26	Servant	"	"	"	Going to his Master
Willoughby Day	14	Lad	"	"	"	Going to his Friends
Stephen Eglin	25	Draper	"	Newmarket	Carolina	Going to Settle
Jasper Scouler	30	Carpenter	"	"	"	"
Thomas Wilcox	25	Currier	"	Suekey	Salem	Going on business
James Berry	15	Servant	"	"	"	Going to his Master
Andrew Wright	22	Millwright	Jamaica	George Booth	Jamaica	Going home
Mary "	22	His Wife	"	"	"	"
James Brookson	18	Gentleman	Surry	"	"	Going to Settle
Robert Maxwell	18	Clerk	Scotland	James	Carolina	Going to Settle
Willson Dabrall	25	Jeweller	"	"	"	"
Beroheer Forsyth	22	Gentleman	"	"	"	"
Sarah Eastwood	16	Spinster	London	Lowther	St Carolina	Indented Servant
Joseph Dyer	21	Waiter	"	"	"	"
William Kennedy	25	Perukemaker	Surry	"	"	"
Ralph Richardson	35	Gardener	Suffolk	Sims	Maryland	"
John Ayliffe	17	Husbandman	Westminster	"	"	"
Elizabeth Magguire	17	Spinster	London	"	"	"
Ann Tapp	16	"	Middlesex	"	"	"
James Read	20	Bricklayer	"	"	"	"
James Yeo	21	Carpenter & Joiner	Ireland	"	"	"
Francis Sedly	21	"	London	"	"	"
Jos Gibbs	26	Surgeon	Middlesex	"	"	"
Thomas Wood	22	Glazier & Painter	London	"	"	"
Jas Scarborough	25	Perukemaker	"	"	"	"
Thomas Morgan	27	Skinner	"	"	"	"
William McColl	37	Gardener	Kent	"	"	"
Jesse Scudder	21	Husbandman	"	"	"	"
William Williams	16	Gardener	Bristol	"	"	"
Mary Le Fount	19	Spinster	London	"	"	"
John Salmon	15	Taylor	"	"	"	"

			Westminster			
Charles Savin	24	Painter & Glazier	"	"	"	"
John Hipsley Stunden	29	Brewer & Clerk	"	"	"	"
John Freeman	23	Butcher	Oxford	"	"	"
Charles Ferrier	31	Taylor	London	"	"	"
Penelope Anderson	23	Book Binder	"	"	"	"
Jane Smart	23	Spinster	"	"	"	"

PORT OF LONDON, 24th TO 31st OCT. 1774.

				Sophia	Maryland	Indented Servant
John Somersal	22	Clock Maker	London	"	"	"
George Finlayson	21	Taylor	Southampton	"	"	"
Edward Burchal	21	Labourer	London	"	"	"
Ralph Hague	24	Painter	Edingburgh	"	"	"
Anthony Paine	23	Groom	Worcester	"	"	"
Thomas Butcher	22	Gardener	"	"	"	"
Joseph Lawton	30	Dyer	Somerset	"	"	"
James Masterson	36	Gardener	London	"	"	"
John Barnard	24	Weaver	"	"	"	"
William Dunster	40	Taylor	"	"	"	"
Elizabeth Dunster	21	His Wife	Kent	"	"	"
John Peacock	39	Husbandman	"	"	"	"
Elizabeth Peacock	34	His Wife	"	"	"	"
Mary Alford	21	Spinster	London	"	"	"
Mary Thompson	26	"	"	"	"	"
John Parkinson	34	Joiner	"	"	"	"
Thomas Titcomb	25	Stone Mason	Bristol	"	"	"
William Wintent	22	Groom	London	"	"	"
John Remonda	30	Hair dresser	"	"	"	"
Robert Ambrose	22	Surgeon	"	"	"	"
Thomas Anderson	22	Husbandman	Bristol	"	"	"
George Graham	17	"	Cumberland	"	"	"
John Oliver	17	"	"	"	"	"
Sam¹ Davidson	15	Watch Maker	London	"	"	"
John Davidson	22	Surgeon	"	"	"	"
John Wilson	39	Perukemaker	"	"	"	"
John Chandler	19	Clock Maker	Suffolk	"	"	"
C. Spingen	21	Linen Weaver	London	"	"	"

Name	Age	Occupation	From	Ship	To	As a
John Turner	22	Linen Weaver	London	Sophia	Maryland	Indented Servant
William Cook	24	Paper Hanger	"	"	"	"
Christopher Roan	22	Weaver	"	"	"	"
William Banks	24	"	"	"	"	"
William Sisson	21	Cordwainer	"	"	"	"
William Alford	26	Printer	"	"	"	"
Nathaniel Norton	26	Taylor	"	"	"	"
John Wright	30	Book Keeper	"	"	"	"
Samuel Mashman	36	Clock Maker	Wiltshire	"	"	"
Daniel Smith	38	Wire Drawer	London	"	"	"
Amos Blackwell	43	Weaver	"	"	"	"
Henry Perriman	22	Husbandman	"	"	"	"
James Bencroft	27	Carpenter	"	"	"	"
Mathias Bonner	28	Taylor	"	"	"	"
Hannah Butler	27	Cook & Dairy Maid	"	"	"	"
Mathew Simpson	48	Joiner	"	"	"	"
James Gosling	34	Whitesmith	"	"	"	"
Thomas Gilchrist	27	Carpenter	"	"	"	"
John Furger	19	Book Keeper	"	"	"	"
Jonathan Ridge	22	Joiner	"	"	"	"
William Willoughby	22	Cordwainer	"	"	"	"
John Reynolds	22	Weaver	"	"	"	"
John Cooper	29	Schoolmaster	"	"	"	"
Samuel Freeman	27	Book Keeper	Essex	"	"	"
Edward Steed	25	Husbandman	Ireland	"	"	"
Charles Field	21	Engraver	Plymouth	"	"	"
William Cook	21	Husbandman	London	"	"	"
Peter Deacon	25	Breeches Maker	"	"	"	"
Charles Stone	21	Husbandman	"	"	"	"
Walter Prior	32	Carpenter	"	"	"	"
Elizabeth Hilint	21	Spinster	"	"	"	"
Andrew Russel	24	Gardener	Kent	"	"	"
Robert Henry	36	Cooper	"	"	"	"
John Griffiths	26	Groom	"	"	"	"
Samuel Vincent	23	Plaisterer	London	"	"	"

Port of Portsmouth, 24th to 31st Oct. 1774.

John Robinson	50	Planter at Dominica	Gosport	Aurora	Dominica	To Superentend his plantation

Pill a Creek a Port of Bristol, 31st Oct. to 7 Nov. 1774.

James Nash	18	Labourer	Westbury	Sampson	Maryland	Indented Servant
John Philips	15	"	Hereford	"	"	"
William Pope	18	"	Bath	"	"	"
N. Murray	30	Weaver	Cork	"	"	"
John Foster	26	Shoemaker	Newport	"	"	"
John Knight	19	"	"	"	"	"
James Straham	18	Labourer	Scotland	"	"	"
William Whitehead	27	"	Bristol	"	"	"
John Lane	17	"	"	"	"	"
William Lane	19	"	"	"	"	"
Robert Aston	18	"	Salop	"	"	"
B. Murphy	26	"	Dublin	"	"	"
James Grace	19	"	Leicester	"	"	"
Robert Ward	17	Barber	Wiltshire	"	"	"
James Butler	29	Labourer	Falmouth	"	"	"
Edward Bennett	27	"	"	"	"	"
John Williams	18	Shoemaker	Bristol	"	"	"
Thomas Reece	19	Labourer	Wales	"	"	"
Robert Evans	15	"	"	"	"	"
John Stallard	19	"	Bath	"	"	"
William Read	15	"	"	"	"	"
John Felley	17	"	London	"	"	"
Samuel Trotman	16	"	"	"	"	"

Port of Whitehaven, 31st Oct. to 7th Nov. 1774.

William Birbeck	16	Merchants Clerk	Cumberland	Prince George	Jamaica	To keep a Store

Port of London, 7th to 14 Nov. 1774.

Name	Age	Occupation	From	Ship	To	As a
William Ripley	22	Farmer	York	Mary & Hannah	Carolina	Going to Settle
John Sanderson	45	"	"	"	"	"
John Blyth	32	Gentleman	London	"	"	On Pleasure
James Downing	20	Surgeon	"	Turnbull	Tortola	to Settle
Nicholas Purcel	23	Planter	"	"	"	"
John Burke	16	"	"	"	"	"
John Belinder	45	Merchant	"	Good Intent	Antigua	On Business
Jane Ross	21	"	"	Harlequin	Nevis	To see her Friends
John Arthurton	22	Merchant	Nevis	"	"	Going home
James Flatt	25	Taylor	London	Mary & Hannah	Carolina	Indented Servant for two Years
James Trenham	22	Butcher	York	"	"	"

Port of Portsmouth, 7th to 14th [Nov.] 1774.

Mr Beckford & his family			London	New Duckinfield	Jamaica	To settle on his Estate at Jamaica

Pill, a Member of the Port of Bristol, 7th to 14th Nov. 1774.

William Hensley	40	Gentleman	Jamaica	Chorlotte Pegr	Jamaica	to return Home
John Saunders	36	Gentleman	"	"	"	"

Port of London, 14th to 21st Nov. 1774.

Name	Age	Occupation	From	Ship	To	As a
John Sanbatch	13		London	Marquis of Rockingham	Grenades	Going to his friends
Jos Nappier	15	A Native of the	Grenades	Dawes	Jamaica	Going home
Mary Powell	33		London	"	"	Going to her husband
David Smith	21	Clerk	Scotland	"	"	To Settle
Thomas Banister	19	"	London	"	"	"
James Pringle	16	Gentleman	"	"	"	On Pleasure
James Afflick	35	Carpenter	"	"	"	To Settle
James Meldram	42	Docter	America	Catharine	America	Going home
Charles Constable	19	Gentleman	London	"	"	To Settle

Name	Age	Occupation	Origin	Ship	Destination	Purpose
Robert Martin	23	"		William & Elizabeth	Antigua	"
Thomas Powell	15	Youth	Jamaica	Catharine	Jamaica	Going to their Friends
George Forster	11	"	Bedford	"	"	"
Henry Forster	12	"	"	"	"	"
John Thompson	17	Clerk	London	"	"	As a Clerk
Richard Clark	30	Cooper	"	Mars	"	To Settle
William Kettle	30	Blacksmith	"	"	"	"
William Barker	"	"	"	"	"	"
James Giddons	25	Millwright	"	"	"	"
George Hearton	27	Gentleman	"	Crook	St. Vincent	On Business
Robert Carson	20	Surgeon	"	Simond	Grenades	To Settle
George Nicholson	27	Merchant	"	"	"	"
William Francey	30	Woolcomber	"	Elizabeth	Virginia	Indented Servant
Marten Mills	22	Husbandman	Hampshire	"	"	"
Thomas Hamerston	22	Dyer	London	"	"	"
Daniel Sabouren	21	Weaver	"	"	"	"
Robert Simpson	31	Taylor	"	"	"	"
Charles May	22	Poulterer	"	"	"	"
Alexander Watson	44	Baker	Suffolk	"	"	"
John Tucker	39	Cloth Weaver	Devon	"	"	"
Charles Humphry	25	Coachman	London	"	"	"
John Bates	21	Baker	Norwich	"	"	"
Edward Coombs	21	Skinner	Bristol	"	"	"
John Bailey	21	"	"	"	"	"
Richard Green	18	Husbandman	Canterbury	"	"	"
Samuel Brown	19	Labourer	Middlesex	"	"	"
Robert Pearce	15	"	"	"	"	"
Ann Wright	20	Spinster	London	"	"	"
Elizabeth Wright	18	"	"	"	"	"
Mary Hooper	20	"	"	"	"	"
Charles Bush	18	Labourer	"	"	"	"
Thomas Thomson	18	Clerk & Bookkeeper	Norfolk	"	"	"
William Gray	17	Labourer	London	"	"	"
Robert Salter	21	Groom	"	"	"	"
John Flower	21	"	"	"	"	"
William Williamson	21	Baker	"	"	"	"
John Williamson	21	"	"	"	"	"

Name	Age	Occupation	From	Ship	To	As a
William Hillyer	21	Baker	Portsmouth	Elizabeth	Virginia	Indented Servant
John Tolson	30	Taylor	London	"	"	"
James Fromny	32	Weaver	"	"	"	"
Samuel Poulter	39	Gardener	"	"	"	"
John Pele	21	"	"	"	"	"
Thomas Dore	23	Groom	Gloucester	"	"	"
Jos March	21	Labourer	Liverpool	"	"	"
Alex.r McDaniel	26	Rope Maker	Portsmouth	"	"	"
Benjamin March	29	Husbandman	London	"	"	"
George Gibbs	21	Labourer	Berks	"	"	"
Patrick Thomas	27	Sawyer	Herts	"	"	"
Joseph Smith	24	Painter	London	"	"	"
William Lee	25	Cooper	Kent	"	"	"
John Clark	28	Groom	Bucks	"	"	"
Jos Bromley	22	Husbandman	London	"	"	"
John Shine	31	Perukemaker	Norfolk	"	"	"
Amos Beck	28	Husbandman	London	"	"	"
John Wood	27	Bricklayer	"	"	"	"
Henry Stone	21	Surgeon	Somerset	"	"	"
Francis Turner	33	Cordwainer	London	"	"	"
William Brazier	19	Labourer	"	"	"	"
William Brock	23	"	"	"	"	"
John Bowen	34	Husbandman	"	"	"	"
William Ramsey	22	Baker	Scotland	"	"	"
Hugh Reed	23	Woolcomber	Herts	"	"	"
Charles King	21	Groom	"	"	"	"
John Newton	21	Clerk & Bookkeeper	Waterford	"	"	"
William Smith	26	"	London	"	"	"
Owen Keefe	27	Husbandman	"	"	"	"
Henry Honsdon	21	Cordwainer	Scotland	"	"	"
John Proudfoot	24	Hairdresser	London	"	"	"
Rob.t Wentherhead	26	Weaver	Kent	"	"	"
Thomas Parsons	25	Carpenter	Berks	"	"	"
John Morres	30	Husbandman	"	"	"	"
John Curtis	27	"	"	"	"	"

William Stephens	22	Gardener	"	"	"
Dorothy Stephens	22	His Wife	"	"	"
John Colgrove	23	Labourer	Ireland	"	"
Thomas Doyle	22	"	London	"	"
Charles Stevens	22	"	"	"	"
Wm Molling	19	"	"	"	"
John Leuch	17	Cordwainer	Surry	"	"
Thomas Himler	34	Sawyer	Durham	"	"
George Durling	35	Hair dresser	London	"	"
John Brown	23	Husbandman	Huntingdon	"	"
John Head	17	"	London	"	"
Mary Read	16	Spinster	"	"	"
Ann Refane	22	Glove Maker	"	"	"
Jane Paterson	22	Spinster	"	"	"
Ann Leverston	22	Glove Maker	"	"	"
Ann Philips	22	Spinster	"	"	"
Mary Jones	22	"	Birmingham	"	"
James Wright	22	Baker	London	"	"
James Philips	23	Groom	"	"	"
John Parlow	30	Hatter	"	"	"
Alexander Andrews	29	Bricklayer	"	"	"
George Thomas	22	Butcher	"	"	"
George Davidson	38	Husbandman	Deptford	"	"
Samuel Penn	24	Baker	London	Catharine	Philadelphia	Indented Servant
John Pye	32	Clock Maker	"	"	"
John Peyerden	32	Sugar Baker	"	"	"
Thomas Hayler	35	Perukemaker	Essex	"	"
Patrick Clarke	21	Husbandman	"	"	"
David Payne	38	Dyer	"	"	"
Robert Samuel	22	Printer	London	"	"
Lawden Halliburton	25	Hairdresser	Middlesex	"	"
Thomas Phipps	21	Husbandman	Essex	"	"
Philip Clarke	21	"	Cumberland	"	"
John Bell	36	Ship Carpenter	London	"	"
John Thornton	30	Pewterer	"	"	"
James Povey	29	Tallow Chandler	"	"	"
Justice Walker	40	Seaman	"	"	"
Mrs Walker	30	His Wife	"	"	"

PORT OF LONDON, 21st TO 28th Nov. 1774.

Name	Age	Occupation	From	Ship	To	As a
Robert Anderson	16	Clerk	Edingbourgh	Warnces	Antigua	Going to his Uncle
Joseph Wesley	15	Cabinet Maker	Norfolk	Britannia	Philadelphia	Going to settle
Mary Wesley	22	Spinster	"	"	"	"
Ann Wesley	48	Mother to the Above	"	"	"	"
Elizabeth Wesley	13	Spinster	"	"	"	"
Charles Wesley	25	"	"	"	"	"
Thomas Foulger	42	Husbandman	"	"	"	"
Mary "	40	His Wife	"	"	"	"
Rebecca "	18	&	"	"	"	"
Thomas "	16	"	"	"	"	"
Benjamin "	14	Children	"	"	"	"
John Rant	40	Woolen draper	London	"	"	"
John Graven	40	Gentleman	"	"	"	Going on pleasure
Thomas Bradshaw	35	"	"	Catharine	St Kitts	"
Robert Guld	21	Clerk	"	"	"	As a Clerk
John Young	24	Merchant	"	"	"	On Business
John Robinson	15	Youth	"	"	Grenades	As a Clerk
Thomas Boyse	15	"	"	Westerhall	"	"
Thomas Wood	25	Groom	Middlesex	Active	Virginia	Indented Servant
George Morris	23	Carpenter & Joiner	London	"	"	"
Catharine Simpson	23	Milliner and Mantua Maker	"	"	"	"
William Tilley	21	Tinker	Kent	"	"	"
Andrew Haines	16	Labourer	Middlesex	"	"	"
Robert Perry	20	"	Southwark	"	"	"
Archibold Miller	27	Gardener	Kent	"	"	"
Patrick Kinney	22	Husbandman	London	"	"	"
James Gogin	22	"	Essex	"	"	"
Joseph Cooper	26	Schoolmaster	London	"	"	"
John Baptist	26	Husbandman	"	"	"	"
James Johnson	42	Silk Weaver	"	"	"	"
Charles Bruing	23	Groom	"	"	"	"

Stephen Rust	28	Gardener	Middlesex
Reuben Longust	35	Tallow Chandler	London
Joseph Cobudge	22	Husbandman	Essex
Thomas Felton		"	Middlesex
J Burges	21	"	London
Susanna Staples	22	Spinster	"
Jane Budgman	29	Widow	Kent
Sarah Lowe	29	Spinster	London
Elizabeth Everett	21	"	Kent
James Elgian	23	Clerk & Bookkeeper	Scotland
George Coles	15	Labourer	Oxford
John Hadley	26	Cabinet Maker	Gloucester
Robert Allen	16	Footman	London
Thomas Newman	16	Stocking Weaver	Leicester
Thomas Cooper	16	Groom	Durham
Jeremiah Murphy	23	Gardener	London
Michael Nugent	22	Paviour	Essex
John Calaghan	23	Husbandman	Southwark
William Melson	24	"	Kent
John Willison	16	Labourer	Surry
George Gretton	19	Gun Stock Maker	Warrick
Alexander Ford	26	Cooper	Surry
Edward Hewkes	36	Butcher	Suffolk
Thomas Bradshaw	32	Blacksmith	Middlesex
Thomas Young	29	Carpenter	Somerset
Joseph Mathershaw	21	Cutler	York
George King	35	Husbandman	London
John Catheral	38	Gardener	"
Joseph Bennett	22	Carpenter	Bristol
Samuel Fox	22	Bricklayer	Surry
William Cooke	30	Cordwainer	London
Solomon Taylor	25	Smith	"
Ann Taylor	27	His Wife	"
William Peters	15	Labourer	"
Hannah Burdon	27	His Wife [sic]	"
Elizabeth Poplett	28	Cook Maid	"
Edward Walker	20	Stocking Weaver	"
Jonathan Forster	20	Husbandman	"

116

Name	Age	Occupation	From	Ship	To	As a
Luke Brady	23	Labourer	Westminster	Active	Virginia	Indented Servant
Thomas Etridge	26	Husbandman	"	"	"	"
Stephen Williamson	31	Perukemaker	"	"	"	"

PORT OF PORTSMOUTH, 21st TO 28 NOV. 1774.

| Bazil Cooper Esqre | 36 | Merchant | Georgia | John | Georgia | Going to Settle |
| William Thompson Esqre | 20 | Gentleman | London | " | " | To Settle his private Affairs |

PORT OF LONDON, 28th NOV. TO 6th DEC. 1774.

Nicholas Herbert	34	A Wine Merchant	Surry	Beaufort	Georgia	Going to Settle
Nicholas "	9	His Son	"	"	"	Going with his father
Thomas Forestreet	24	Clerk	London	"	"	Going to settle
John Wellery	20	Gentleman	Jamaica	New Shoreham	Jamaica	Going Home
D Tavuns	14	"	"	"	"	"
W. Clarke	18	"	"	"	"	"
Thomas Sabin	15	A Youth	Oxford	Generous Friend	Antigua	Going as a Merchants Clerk
Thomas Secker	14	"	London	"	"	"
Philip Spence	14	"	Kent	"	"	"
Francis Colle	25	Carpenter	Hertfordshire	Richmond	Barbadoes	Going as a Surveyor
Peter Martin	35	Linen Weaver	Scotland	William	Virginia	Indented Servant
Silvanus Ball	22	Clerk & Bookkeeper	Salop	"	"	"
William Wigley	23	Miller	"	"	"	"
William Jackson	30	Bricklayer	Yorkshire	"	"	"
James Spree	31	Husbandman	Kent	"	"	"
Richard Hodges	22	Perukemaker	London	"	"	"
William Terry	22	Gardener	Essex	"	"	"
William Pelham	34	Sawyer	Kent	"	"	"
Mary Pelham	31	His Wife	"	"	"	"
John Widdows	31	Groom	Warwick	"	"	"

Name	Age	Occupation	Origin	Ship	Destination	Notes
William Thompson	21	Labourer	Kent	"	"	"
Thomas Ormond	40	Cabinet Maker	Dorset	"	"	"
Thomas Batt	25	Baker	London	"	"	"
Thomas Carter	26	Shipwright	Warwick	"	"	"
Joseph Croxford	23	Husband	Bedford	"	"	"
Dennis Dowlin	27	"	Cork	"	"	"
John Rowley	29	"	Stafford	"	"	"
John Weedham	16	Cutler	York	"	"	"
Samuel Fletcher	16	Husband	Stafford	"	"	"
William Alleman	15	Labourer	Liverpool	"	"	"
William Dytche	20	"	Stafford	"	"	"
Benjamin Agar	27	Breeches Maker	Northampton	"	"	"
Cornelius Fogarty	30	Husbandman	Surry	"	"	"
James Haiste	34	Linen Weaver	Middlesex	"	"	"
Jeremiah Bowley	23	Groom	"	"	"	"
John Cookson	26	Sail Maker	Kent	"	"	"
Edward Ellis	27	Turner	London	"	"	"
James Fogerty	27	Husband	Surry	"	"	"
James Smith	30	Gentleman	Natives of Jamaica	William & Mary	Jamaica	Going home
Samuel Cunningham	19	"	"	"	"	"
Thomas Yatman	18	"	"	"	"	"
Willm Sangster	19	Clerk & Bookkeeper	London	Friendship	Monserat	Going to Settle
John Mackenzie	16	Clerk & Bookkeeper	Scotland	Briton	Carolina	"
Alexander Douglas	22	Husbandman	"	"	"	"
Christopher Smith	49	"	Switzerland	"	"	"
Esther Smith	35	His Wife	"	"	"	"
Andrew Milborn	7	Children	"	"	"	"
Christopher Milborn	2	"	"	"	"	"
Richard Hall	16	Labourer	London	William	Virginia	Indented Servant
Elizabeth Bly	21	Spinster	"	"	"	"
Sarah Parker	19	"	"	"	"	"
Elizabeth Lone	21	"	"	"	"	"
William Wilson	22	Breeches Maker	Southwark	"	"	"
John Smith	22	Husbandman	Berks	"	"	"
Mary Smith	22	His Wife	"	"	"	"
Marmaduke Mason	22	Gentleman's Servant	York	"	"	"
George Orrange	29	Husbandman	Essex	"	"	"
John Woodhouse	36	Shipwright	Portsmouth	"	"	"

Name	Age	Occupation	From	Ship	To	As a
John Turtle	23	Sawyer	Essex	William	Virginia	Indented Servant
Thomas Allen	22	Breeches Maker	London	"	"	"
Samuel Taylor	28	Brass Founder	Warwick	"	"	"
John Latham	16	Labourer	London	"	"	"
John Hunt	19	"	"	"	"	"
James Lyon	18	"	"	"	"	"

PORT OF BRISTOL, 28 NOV. TO 6th DEC. 1774.

Name	Age	Occupation	From	Ship	To	As a
William Hamilton	26	Merchant	Bristol	Campbell	Grenada	Going on Business

PORT OF LONDON, 5th TO 12th DEC. 1774.

Name	Age	Occupation	From	Ship	To	As a
Francis Smith	34	Clergyman	Jamaica	Fanny	Jamaica	Going home
Susanna Dawson	16	Seemstress	London	"	"	Going to Settle
Mark Gorden	28	Carpenter	"	Mary	New York	" "
Alexander Anderson	26	Gardener	New York	Beulah	" "	" "
Daniel McFasson	38	Taylor	Jamaica	Amity Hall	Jamaica	" "
Ralph Sadler	25	Groom				

PORT OF LONDON, 12th TO 19th DEC. 1774.

Name	Age	Occupation	From	Ship	To	As a
Thomas Warge	27	Planter	Berwick on Tweed	Jamaica	Jamaica	Going to Settle
James House	17	"	"	"	"	"
Thomas Austin	20	Attorney	Dorsetshire	Northampton	"	"
Martha "	18	His Sister	"	"	"	"
Ann "	17	" "	"	"	"	"
Thomas Wise	19	Surgeon	Jamaica	"	"	"
Charles Schaw	17	Planter	"	"	"	"
Robert Avis	45	Gentleman	London	Woodley	"	Going Home
George McKenzie	22	"	Scotland	"	"	Going on Business

Name	Age	Occupation	Origin	Carolina	Virginia	Indented Servant
Stephen Palmer	26	Husbandman	Berks			"
William Stockley	26	Sawyer	Kent			"
John Mead	17	Husbandman	London			"
William Duncan	21	Clerk & Bookkeeper	Scotland			"
William Bird	29	Dyer	London			"
Robert Snape	38	Husbandman	Lancaster			"
John Cooke	21	Groom	Lincoln			"
Edward Farr	18	Weaver	London			"
John Gilbert	16	Husbandman	Norfolk			"
John Godfrey	22	Musical Inst Maker	London			"
James Tomling	25	Copper Plate Printer	"			"
William Jones	22	Clerk & Bookkeeper	"			"
Nathaniel Adams	35	Labourer				"
Timothy Kennedy	21	Schoolmaster	Westminster			"
Robert Lee	22	Husbandman	Kent			"
William Goldie	38	"	Scotland			"
James Wright	28	Printer	London			"
John Smith	27	Husbandman	Worcester			"
Robert Edwards	22	Grocer	Chester			"
John Little	30	Husbandman	Scotland			"
John Saul	37	Forgeman	Surry			"
Mary "	21	His Wife	"			"
S L. "	17	Forgeman His Son	"			"
Jno "	13	" " "	"			"
Jno Taylor	21	Coach Wheelwright	London			"
T P Parent	26	Silk Weaver	"			"
Esther Parent	24	His Wife	"			"
Willm Beman	39	Whitesmith	"			"
Alexander Lee	21	Taylor	"			"
John Harwood	21	Perukemaker	"			"
John Gray	21	"	"			"
James Kelly	25	Husbandman	"			"
William Bladen	16	Labourer	"			"
James Marr	17	"	Surry			"
John Holt	26	Smith	London			"
John Darry	22	Gardener	Middlesex			"
Thomas Wright	22	Breeches Maker	London			"
John Green	25	Perukemaker	"			"

Name	Age	Occupation	From	Ship	To	As a
Martin Doyle	22	Labourer	London	Carolina	Virginia	Indented Servant
Oliver Stevens	18	Groom	Oxford	"	"	"
Edward Mahon	23	Taylor	Ireland	"	"	"
Jos Mahony	23	Groom	"	"	"	"
Dennis Craigen	37	Husbandman	London	"	"	"
James Lilley	23	Schoolmaster	"	"	"	"
Francis Pankhurst	20	Bricklayer	"	"	"	"
George Smith	18	Labourer	Surry	"	"	"
James Lilley	37	Husbandman	Essex	"	"	"
Moses Puckridge	29	Watch Case Maker	London	"	"	"
James Doyle	28	Husbandman	"	"	"	"
Robert Brinder	32	Stone Mason	"	"	"	"
Mathew Oliver	32	Bricklayer	"	"	"	"
James Woosencroft	23	Cabinet Maker	Manchester	"	"	"
John Atheridge	37	Carpenter	Sussex	"	"	"
John May	37	Wool comber	Devon	"	"	"
David Stewart	21	Cabinet Maker	London	"	"	"
Elizabeth Allenten	21	Housemaid	"	"	"	"
Richard Clean	34	House Carpenter	"	"	"	"
Elizabeth Speirs	22	Governess	"	"	"	"
William Pase	29	Bricklayer	"	"	"	"
Joseph Reed	23	"	"	"	"	"
Cornelius Crow	48	Turner	"	"	"	"
Morris Maney	23	Bricklayer	"	"	"	"
Thomas Aubony	22	Footman	"	"	"	"
Henry Gibbard	35	Husbandman	Middlesex	"	"	"
Joseph Daniel	29	"	"	"	"	"
Joseph Moore	27	"	Leicester	"	"	"
John Mitson	21	Footman	Middlesex	"	"	"
Martin Mealey	25	Painter Glazier	"	"	"	"
John Jones	26	Clerk & Bookkeeper	London	"	"	"
Joseph Thompson	30	Bricklayer	Exeter	"	"	"
Wm Whiting	24	Sawyer	London	"	"	"
John Hammond	37	Bricklayer	Bucks	"	"	"
Wm Gill	30	Husbandman	Essex	"	"	"

Name	Age	Occupation	Place			
George Gordon	39	Labourer	Northumberland	"	"	"
Willm Robinson	25	Sawyer	London	"	"	"
Charles Rowland	23	Carpenter	Bucks	"	"	"
John Blackwell	33	Sawyer	Oxford	"	"	"
Willm Colton	22	Joiner	Kent	"	"	"
James Doves	28	Malster	Middlesex	"	"	"
Valentine Strong	39	Tallow Chandler	"	"	"	"
M. A. Vaines	26	Lady's Maid	Northumberland	"	"	"
Jno Hamilton	32	Cabinet Maker	London	"	"	"
Hugh Vaughan	28	Groom	York	"	"	"
George Sarratt	27	Husbandman	London	"	"	"
Benjamin Hambury	15	Labourer	Kent	"	"	"
Edward Pink	32	Husbandman	London	"	"	"
Willm Barnard	20	Groom	Somerset	"	"	"
Thos Cradick	16	Labourer	Dorset	"	"	"
John Journ	16	Labourer	Dublin	"	"	"
Wm Doulan	24	Perukemaker	Somerset	"	"	"
Wm Phillips	21	Buckle Maker	London	"	"	"
Jno Follard	20	Husbandman	Bedford	"	"	"
Jas Keep	19	Bricklayer				

PILL A CREEK A PORT OF BRISTOL, 19th TO 26th DEC. 1774.

Name	Age	Occupation	Place	Sally	Maryland	Indented Servant
Thomas Adding	40	Labourer	London	"	"	"
William Keene	34	Joiner	Wilts	"	"	"
Nathaniel Stacey	36	Labourer	Somersetshire	"	"	"
William Nangle	20	Carpenter	"	"	"	"
John Redding	21	Taylor	"	"	"	"
Michael Casan	23	Labourer	"	"	"	"
Thomas Grant	25	"	"	"	"	"
Thomas Johnson	16	"	"	"	"	"
John Stafford	15	"	"	"	"	"
Thomas Sullivan	17	"	"	"	"	"
William Barry	25	Butcher	"	"	"	"
James Nash	18	Labourer	"	"	"	"
Thomas Philps	16	"	"	"	"	"
John Pope	14	"	"	"	"	"

122

Name	Age	Occupation	From	Ship	To	As a
Thomas Forster	18	Labourer	Somersetshire	Sally	Maryland	Indented Servant
John Knight	16	"	"	"	"	"
Job Whitehead	27	Carpenter	"	"	"	"
John Lane	17	Labourer	"	"	"	"
Richard Aston	24	"	"	"	"	"
James Groree	15	"	"	"	"	"
John Ward	27	Mason	"	"	"	"
Samuel Butler	15	Labourer	Cornwall	"	"	"
Richard Bond	17	"	"	"	"	"

PORT OF PORTSMOUTH, 19th TO 26th DEC. 1774.

Sherland Swanston	44	Merchant	London	London Packet	Nevis	To settle his private affairs
Richard Pinney	35	Planter	Nevis	"	"	To superintend their Plantations
William Tucket	37	"	"	"	"	

PORT OF PLYMOUTH, 26th DEC. 1774 TO 3rd JAN. 1775.

Jean Degarne Esqre	30	Planter	London	Reward	Grenada	Going to reside
Madam "	27	"	"	"	"	"
John Peschier	31	Planter	"	"	"	"
Madam "	25	"	"	"	"	"
Mr Deschamps	40	Planter	"	"	"	"
Mr Nolonier	40	Eclesiastick	"	"	"	"
Mr Grant	36	Planter	"	Laurent	"	"
Mrs "			"	"	"	"
Three Servants belonging to Mrs Grant			"	"	"	"
Mr Lithgow	34	Planter	"	"	"	"
Mr Bull	40	Gentleman	"	"	"	"
James Clifton	50	"	"	Generous Planter	St Kitts	Going to reside
Richard Riddie	25	"	"	"	"	"
Mary Tayon	18	Spinster	"	"	"	"

PORT OF LONDON, 3ʳᴰ TO 10 JAN. 1775.

Paul Simons	18	Carpenter & Joiner	London	York	Indented Servant
Thomas Pitkin	15	Labourer	Herts	"	"
James Barton	18	"	London	"	"
William Creamer	35	Husbandman	Northampton	"	"
James Gingell	32	Gardener	Middlesex	"	"
Robᵗ Holliday	30	Sawyer	"	"	"
Samuel Lockweer	17	Gentleman's Servant	Yorkshire	"	"
George Suffrin	18	Labourer	Kent	"	"
John Reiley	19	Groom	London	"	"
James Ould	15	Mathematical Instᵗ Maker	Bristol	"	"
Thomas Lawrence	18	Labourer	Hertford	"	"
John Newberry	19	Husbandman	Devon	"	"
Anthony Blank	17	Labourer	London	"	"
John Jones	15	"	Berks	"	"
Henry Geo Ohlen	16	Footman	London	"	"
William Bingley	18	Stocking Weaver	Nottingham	"	"
Michael Tobin	18	Labourer	Ireland	"	"
Oliver Tate	21	Husbandman	"	"	"
William Tear	31	"	"	"	"
James Butler	24	Sawyer	London	"	"
Thomas Holmes	31	Clerk & Bookkeeper	Middlesex	"	"
Randal Ilsley	17	Groom	London	"	"
William Wyer	18	Brass Founder	"	"	"
Joseph Dyer	17	Buckle Maker	"	"	"
Joseph Boothey	19	Labourer	Northampton	"	"
Jacob Byer	17	"	Worcester	"	"
John Leathergough	19	Buckel Maker	London	"	"
Adam Heindrick	15	Labourer	"	"	"
Richᵈ Bennett	16	"	Dublin	Adventurer	Indented Servant
John Lyons	29	Clerk & Bookkeeper	London	"	"
Jane Berners	29	Cook Maid	"	"	"
Sarah Farley	20	Spinster	"	"	"
Catharine Lithman	18	"	"	Virginia	"
Sarah Holiday	22	House Maid	"	"	"

Name	Age	Occupation	From	Ship	To	As a
Ann Merritt	20	Spinster	London	Adventurer	Virginia	Indented Servant
Edward Walker	32	Brickmaker	Rutland	"	"	"
Thomas Cooper	22	Baker	Essex	"	"	"
Joseph Simpson	28	Clerk & Bookkeeper	Salop	"	"	"
Thomas White	42	Husbandman	Bedford	"	"	"
Thomas Smith	19	Footman	Essex	"	"	"
John Collins	25	Carpenter & Joiner	London	"	"	"
William Benson	23	Taylor	Warwick	"	"	"
William Chapman	27	Tavern Waiter	Somersetshire	"	"	"
Thomas Woodward	21	Gardener	"	"	"	"
William Ashton	26	Carpenter & Joiner	London	"	"	"
Abraham Osborn	16	Labourer	Somersetshire	"	"	"
Richard Buck	29	Carpenter	Suffolk	"	"	"
Joseph Moss	21	"	Essex	"	"	"
Thomas Hodges	24	Husbandman	Kent	"	"	"
Thomas Fowler	28	Baker	Somersetshire	"	"	"
Daniel Finam	36	Clerk & bookkeeper	Ireland	"	"	"
William Herring	27	"	Berks	"	"	"
Robert Warner	27	Groom	Westminster	"	"	"
James Nelson	21	Painter	"	"	"	"
Henry Wetheral	40	Clerk & Bookkeeper	"	"	"	"
John Jameson	23	Tin Plate Worker	"	"	"	"
Willm Evans	19	Gardener	London	"	"	"
John Davis	26	Weaver	"	"	"	"
Robert Dawson	28	Plaisterer	"	"	"	"
James Howard	25	Engraver	"	"	"	"
Edward Mackrell	25	Husbandman	Berks	"	"	"
Jno Arnett	20	Flax dresser	Kent	"	"	"
J W. Cunliffe	22	Schoolmaster	Westminster	"	"	"
Jas Muckrell	21	Husbandman	Berks	"	"	"
Rob Mason	17	Gunsmith	London	"	"	"
Stephen Grange	38	Blacksmith	"	"	"	"
John Connor	19	Clerk	"	"	"	"
Joseph Shute	20	Waiter	"	"	"	"
Josiah Bailey	22	Glover	"	"	"	"

Name	Age	Occupation	Residence	Ship	Destination	Purpose
John Moore	23	Coach Maker	"	"	"	Going to Settle
Philip Folkard	29	Clerk & Bookkeeper	"	"	"	Going as a Clerk

PORT OF LONDON, 10th TO 17 JAN. 1775.

Name	Age	Occupation	Residence	Ship	Destination	Purpose
Thomas Hodges	26	Shipwright	Bedford	Price Frigate	Jamaica	Indented Servant
Roderick McCloud	17	Clerk	Scotland	Nautilus	Tobago	"
William Dunkley	18	Husbandman	Bedford	Baltimore	Maryland	"
James Bourman	21	Surgeon	Scotland	"	"	"
William Hudson	25	Butcher	York	"	"	"
Simon Taylor	21	Silk Weaver	Middlesex	"	"	"
James Eaton	32	Linen Dyer	London	"	"	"
Thomas Furlong	26	Coach Maker	"	"	"	"
Edward Burford	21	Groom	Hants	"	"	"
Charles Murphy	27	Clerk & Bookkeeper	Ireland	"	"	"
John Stevens	21	Bricklayer	Gloucester	"	"	"
Lydia Davis	32	Cook Maid	Kent	"	"	"
William Jenkins	34	Carpenter & Joiner	London	"	"	"
Josiah Hattersley	21	Schoolmaster	"	"	"	"
Willm Tucker	23	Perukemaker	"	"	"	"
Joseph Carter	26	Cordwainer	Westminster	"	"	"

PORT OF LONDON, 17th TO 24th JAN. 1775.

Name	Age	Occupation	Residence	Ship	Destination	Purpose
Matthew Skinner	40	Weaver	Norfolk	Wren	Maryland	Indented Servant
John Johnson	22	"	Northampton	"	"	"
John Chamberlain	22	Cordwainer	London	"	"	"
John Prieker	22	Sawyer	Wilts	"	"	"
Thomas Beard	39	Husbandman	Stafford	"	"	"
Edward Luck	22	Gardener	London	"	"	"
Daniel Har	30	Husbandman	"	"	"	"
John Harvey	35	"	"	"	"	"
Christopher Beek	21	"	"	"	"	"
John Welling	21	"	"	"	"	"
Timothy Donovan	23	Clerk & Bookkeeper	"	"	"	"
John Hamilton	22	Weaver	Norfolk	"	"	"
Nathaniel Palmer	22	Weaver	Northampton	"	"	"

Name	Age	Occupation	From	Ship	To	As a
Thomas Dutton	23	Joiner	Norfolk	Wren	Maryland	Indented Servant
John Hullatt	22	Weaver	Northampton	"	"	"
Jonas Chamberlain	22	Cutler	Bristol	"	"	"
John Sheston	23	Cordwainer	London	"	"	"
Daniel James	22	Blacksmith	"	"	"	"
Philip Chamberlain	22	Cutler	"	"	"	"
William Braithwaite	22	Footman	"	"	"	"
John Tool	22	Bucklemaker	"	"	"	"
Michael Calam	27	Coachman	"	"	"	"
Andrew Conaly	23	Footman	Dublin	"	"	"
John Sutherland	28	Clerk & Bookkeeper	London	"	"	"
George King	21	Cooper	"	"	"	"
William Allendar	39	White Smith	"	"	"	"
Samuel Squiar	21	Baker	"	"	"	"
James Still	21	Perukemaker	"	"	"	"
William Sugars	21	Clerk & Bookkeeper	"	"	"	"
John Smith	21	Taylor	Kent	"	"	"
William Westlake	28	Baker	Ireland	"	"	"
Patrick Collins	25	Weaver	"	"	"	"

PORT OF WHITEHAVEN, 17th TO 24 JAN. 1775.

Name	Age	Occupation	From	Ship	To	As a
George Stevens	40	Virginia Planter	Virginia	Mary & Ann	Virginia	Returning Home
George Craike	28	Schoolmaster	Whitehaven	"	"	Going to follow his Occupaton
Sarah Cherry	22	Indented Servant	"	"	"	Indented
Edwd Strickland	14	A Convict	Carlisle	Hero	"	Transported there
Mary Graham	34	"	"	"	"	"
John Wallace	22	Shoemaker	Cumberland	Ann	"	To follow their trade
William Wallace	24	Currier	"	"	"	"

PILL A CREEK A PORT OF BRISTOL, 17th TO 24th JAN. 1775.

Daniel McGilchrist	53	Gentleman	Jamaica	Hector	Jamaica	Going on Business
William Jordan	36	"	"	"	"	"
John Griffiths	27	"	Bath	"	"	"
William Shuring	19	"	Bristol	"	"	"
William Walters	18	"	Andover	"	"	"
Aaron Gover	16	Labourer	Somerset	Chalkley	Philadelphia	Indented Servant
Thomas Draysey	15	"	"	"	"	"
William Dormant	25	"	"	"	"	"
John Holbrook	12	"	"	"	"	"
Charles Stewart	20	"	"	"	"	"
Samuel Jones	18	"	"	"	"	"
Benjamin Taylor	15	"	"	"	"	"
William Adam	16	"	"	"	"	"
Roger Roe	23	"	Wales	"	"	"
John Williams	20	"	"	"	"	"
Samuel Kemgs	14	"	Somersetshire	"	"	"
John Page	20	"	"	"	"	"
Alexander Biggs	15	"	"	"	"	"
John Chestmore	14	"	"	"	"	"
Jos Wilkins	14	"	"	"	"	"
William Hall	17	"	"	"	"	"
Samuel Jordan	15	"	"	"	"	"
William Collins	14	"	"	"	"	"
Jos Padmore	20	"	"	"	"	"
Edward Barnes	27	"	Exeter	"	"	"
Richard Baker	11	"	"	"	"	"
Richard Gough	15	"	"	"	"	"
William Smith	16	"	Hereford	"	"	"
William Vaughan	22	Shoemaker	Somersetshire	"	"	"
Francis Horrell	14	Labourer	"	"	"	"
William Fair	22	"	"	"	"	"
William Snead	18	Joiner	"	"	"	"
William Harman	25	Labourer	"	"	"	"

PORT OF LONDON, 24th TO 30 JAN. 1775.

Name	Age	Occupation	From	Ship	To	As a
John Sloveuna	16	A Clerk	Kent	Elenor	Antigua	To follow their Calling
Samuel Alsebrook	17	"	Nottingham	"	"	"
John Alsebrook	15	"	"	"	"	"
John Gibson	22	Groom	Norfolk	Diana	Maryland	Indented Servant
Thomas Howard	29	Labourer	Surry	"	"	"
Peter Godona	17	"	London	"	"	"
Jasper Mahony	16	"	"	"	"	"
James Chantley	21	Husbandman	Northington	"	"	"
Thomas Kidman	27	Carpenter	Kent	"	"	"
James Doyley	26	Clerk & Bookkeeper	Ireland	"	"	"
William Primrose	43	Sail Maker	London	"	"	"
John Beble	26	Pavior	Hereford	"	"	"
David Conolly	21	Bricklayer	Ireland	"	"	"
Lewis Fountain	28	Cordwainer	London	"	"	"
Mary Thompson	24	Spinster	York	"	"	"
Elizabeth Crompton	25	"	Surry	"	"	"
Penelope Powell	23	"	Kent	"	"	"
Jane Stewart	35	Widow	London	"	"	"
Eliza Stewart	11	Daughter of Above	"	"	"	"
Thomas Barefoot	25	Weaver	Southwark	"	"	"
William Smith	20	Labourer	Windsor	"	"	"
Middleton Merriott	20	Groom	London	"	"	"
Elizabeth Jarrott	16	Spinster	"	"	"	"
Mary Sievens	17	"	Southwark	"	"	"
Mary Hetchcock	15	"	Warwick	"	"	"
Charlotte Palmer	18	"	Suffolk	"	"	"
James Mann	31	Shipwright	Oxford	"	"	"
John Archer	23	Sawyer	London	"	"	"
John Harding	22	Joiner	Norfolk	"	"	"
Joseph Wale	30	Weaver	Middlesex	"	"	"
Anthony Lambert	36	Brazier	"	"	"	"

Name	Age	Occupation	Origin	Ship		
John Field	28	Paviour	London	"	"	"
William Hotchkiss	31	Watchmaker	"	"	"	"
George Johnson	24	Sawyer	"	"	"	"
Camlin Purcllio	18	Mariner	"	"	"	"
Samuel Galland	39	Husbandman	Norfolk	"	"	"
William Pitts	32	Cordwainer	Southwark	"	"	"
John Chapman	22	Husbandman	London	"	"	"
Ambrose Lampey	26	Mariner	"	"	"	"
Edward Wright	28	"	York	"	"	"
William Burton	22	Husbandman	Surry	"	"	"
Nicholas Chily	30	Hair dresser	London	"	"	"
John Lepo	30	Weaver	"	"	"	"
Elzabeth Strange	30	Widow	"	"	"	"
Elzabeth Haywood	25	Spinster	"	"	"	"
Susanna Houchen	30	"	"	"	"	"
Sarah Houchen	26	"	"	"	"	"
Walter Clemenshaw	24	Cordwainer	Southwark	"	"	"
Elizabeth Gibson	19	Spinster	"	"	"	"
Martha Smith	15	"	"	"	"	"
Susanna Scotney	19	"	Middlesex	"	"	"
William Nash	26	Carpenter	Kent	"	"	"
Scriven Jones	22	Clerk & Bookkeeper	"	"	"	"
John Crook	33	Shipwright	Scotland	"	"	"
William Anderson	34	Husbandman	London	Jane	"	"
Adam Garrett	22	Waiter	Somerset	"	"	"
James Williams	21	Servant	York	"	"	"
Charles Hare	22	Cabinet Maker	London	"	"	"
David Rose	21	Carpenter	"	"	"	"
William Patterson	24	Seaman	"	"	"	"
Francis Miles	21	Waiter	"	"	"	"
John Ferndon	22	Weaver	"	"	"	"
George Booth	31	Servant	"	"	"	"
Thomas Jones	22	Blacksmith	"	"	"	"
James Connor	24	Grocer	Norfolk	"	"	"
Samuel Tyler	35	Printer	London	"	"	"
John Tauch	35	Farmer	Bedfordshire	"	"	"
William Hudson	32	Seaman	London	"	"	"
Henry Dismore	21	Farmer	"	"	"	"

N.B. All these People that have shipped themselves on Board the Jane, are going to settle abroad & by an agreement with the Cap^{tn} are to pay him so much for their passage to Maryland, on their arrival, but if they cannot then the Cap^{tn} is to dispose of them for a number of years to defray the expences of their passage
" "
" "

Name	Age	Occupation	From	Ship	To	As a
Samuel Chandler	22	Farmer	London	Jane	Maryland	"
James Simpson	34	Seaman	"	"	"	"
William Caton	22	Blacksmith	"	"	"	"
Lewis Morgan	15	Gentleman's Servant	Surry	"	"	"
Charles Penny	15	"	Hertford	"	"	"
Peter White	18	"	London	"	"	"
John Bullen	18	"	Devonshire	"	"	"
Red^d Roach	18	"	Pembroke	"	"	"
Edward Sutton	16	"	Ireland	"	"	"
William Broughton	18	"	Norwich	"	"	"
James Dutch	16	"	London	"	"	"
Robert Wilmot	17	"	Hampshire	"	"	"
Robert Gray	15	"	Somerset	"	"	"
Cornelius Dutch	27	Weaver	London	"	"	"
Thomas Dutch	21	"	"	"	"	"
Hugh Stephens	22	Painter	Bristol	"	"	"
James Robinson	36	Groom	London	"	"	"
John Crut	36	Joiner	"	"	"	"
Charles Dowling	30	Shoemaker	Rotherhithe	"	"	"
James Wade	26	Brewer	Essex	"	"	"
Stephen Tester	22	Sawyer	"	"	"	"
Jane Tester	22	His Wife	"	"	"	"
Thomas Alliton	35	Farmer	Surry	"	"	"
Lydia "	29	His Wife	"	"	"	"
Dennis Carter	22	Weaver	London	"	"	"
John Benjamin	40	Miner	Flintshire	"	"	"
C. F. Newman	24	Surgeon	London	"	"	"
Evan James	22	Watch Gilder	"	"	"	"
Evans Tames [? dup.]	22	Watch Gilder	"	"	"	"
Thomas Bean	45	Shoemaker	"	"	"	"
J. P. Fevete	22	Clerk	"	"	"	"
J^{no} Cornish	38	Weaver	Essex	"	"	"
William Snuvre	22	Groom	London	"	"	"
Charles Warner	21	Turner	"	"	"	"
Peter Bowles	21	Waiter	"	"	"	"

N. B. All the People that have shipped themselves on Board the Jane, are going to settle

Name	Age	Occupation	From		Notes
John Dutch	23	Weaver	"	"	abroad & by an agreement with the Captn are to pay him so much for their passage to Maryland, on their arrival, but if they cannot, then he is to dispose of them for a number of years to defray the expences of their passage
Mary "	23	His Wife	"	"	
Gilbert Samuel	21	Servant	"	"	
Thomas Newland	32	Hair dresser	"	"	
Thomas Wilmore	32	Bricklayer	"	"	
Letitia "	35	His Wife	"	"	
William Ryder	25	Bricklayer	"	"	
Ralph Gadsby	21	Farmer	Derby	"	N.B. All these People are going to settle abroad, and by an agreement with the Captn are to pay him so much for their passage to Maryland on their arrival, but if they cannot, then the Captn is to dispose of them for a number of years to defray the Expences of their passage
Thomas Sammonds	24	Weaver	Norwich	"	
Stephen Morris	36	Carpenter	Middlesex	"	
George Gilbert	33	Butcher	Essex	"	
Richard Kitcher	36	Mason	London	"	
James Mead	27	Farmer	"	"	
William Perches	32	Blacksmith	Dorset	"	
Mathew Hart	24	Carpenter	London	"	
J. B. Carier	45	Schoolmaster	Westminster	"	
William Fenton	23	Miller & Baker	"	"	
Benjamin Miles	21	Shuttle Make[r]	Surry	"	
Charles Brewer	21	Carpenter	Middlesex	"	
William Smith	26	Farmer	Oxford	"	
William Wilson	29	Anchor Smith	Surry	"	
Josiah Bendal	35	Sawyer	"	"	
John Howard	22	Painter	Sussex	"	
Thomas Slade	22	Wool Comber	"	"	
John Cotton	40	Biscuit Baker	Kent	"	
John Mansfield	23	Carpenter	Salisbury	"	
John Flimaning	31	Clerk	London	"	
Francis Reynolds	22	Barber	"	"	
Edward Dillon	22	Clerk	Kent	"	
Michael Gray	25	Farmer	London	"	
Leonard Miller	22	"	"	"	
Farrol Lister	23	Clerk	Kent	"	
John Farmer	22	Clerk	London	"	
William Hoyde	36	Cotton Factor	"	"	
Leonora "	27	His Wife	"	"	

PORT OF PLYMOUTH, 24 TO 30 JAN. 1775.

Name	Age	Occupation	From	Ship	To	As a
William Forbes	30	Planter	London	London	Tobago	Going to reside there
John Petrie	30	"	"	"	"	
Thomas Bigby	28	"	"	"	"	
James Wallern	21	"	"	"	"	
Thomas Campbell	30	"	"	Albion	St. Vincents	Going to reside at St. Vincent
William Walker	26	"	"	"	"	"
Evan Bailie	28	Merchant	"	"	"	"
Martin Jolly	22	Planter	"	"	"	"
Thomas Sharp	30	"	"	"	"	"
Patrick Connor	35	"	"	"	"	"

PORT OF WHITEHAVEN, 24th TO 30 JAN. 1775.

John Lewthwaite	21	Sadler	Whitehaven	Saint Bees	Virginia	Going to follow his trade

PORT OF LONDON, 30 JAN. TO 6th FEB. 1775.

Name	Age	Occupation	From	Ship	To	As a
Thomas Winderbank	15	Breeches Maker	Surry	Nancy	Maryland	Indented Servant for 7 Years
Francis Frazer	15	Labourer	London	"	"	" " " " "
Joseph Peper	21	Husbandman	"	"	"	Indented Servant for 4 Years
John Harrin	40	Groom	"	"	"	" " " " "
John Crook	34	Shipwright	Kent	"	"	" " " " "
John Bebb	26	Paviour	London	"	"	" " " " "
James Rowland	22	Weaver	"	"	"	" " " " "
John Ridpeth	30	Cordwainer	"	"	"	" " " " "
John Strickland	22	Gardener	"	"	"	" " " " "
William Denton	23	Woolcomber	Berks	"	"	" " " " "
Thomas Jackson	23	Stone Mason	Kent	"	"	" " " " "
William Compton	26	Husbandman	London	"	"	" " " " "

Name	Age	Occupation	Origin
William Love	24	Groom	Suffolk
William Deane	36	Taylor	Middlesex
John Brande	23	Husbandman	Kent
William Walker	24	Lathrender	Norfolk
Abraham Wood	26	Cook	Bath

PORT OF LONDON, 6TH TO 13 FEB. 1775.

Name	Age	Occupation	Origin	Ship	Destination	Notes
Henry Lisper	38	Print Cutter	London	Britannia	Philadelphia	Indented Servant for 4 Years
James Wright	26	Bricklayer	Suffolk	Mary	Virginia	"
John Lewis	30	Husbandman	Glamorgan	"	"	"
William Dashall	24	"	Ireland	"	"	"
William Metcalf	25	"	Yorkshire	"	"	"
John Litchfield	21	"	Bedfordshire	"	"	"
John Barbet	21	Smith	London	"	"	"
Richard Collins	37	Spinster	Warwick	"	"	"
Elizabeth Young	21	Widow	London	Maryl Planter	Maryland	"
Mary Hall	26	Weaver	"	"	"	"
Samuel Richards	16	Taylor	Herts	"	"	"
John Palmer	16	Cordwainer	Southwark	"	"	"
Thomas Berry	16	"	"	"	"	"
William Welch	17	Husbandman	Gloster	"	"	"
Samuel Brasington	19	Spinster	Southwark	"	"	"
Jane Tucker	20	"	London	"	"	"
Elizabeth Tate	20	Husbandman	"	"	"	"
Ann Booker	19	Dyer	"	"	"	"
George Castell	40	Clerk & Bookkeeper	"	"	"	"
George Wood	35	Stone Mason	Surry	"	"	"
Isaac Bailey	30	Mariner	London	"	"	"
Edward Edwards	22	Labourer	"	"	"	"
Ambrose Lops	26	Cordwainer	Ireland	"	"	"
John Chapman	22	Joiner	London	"	"	"
James Roberts	22	Weaver	"	"	"	"
John Harding	22	"	"	"	"	"
George Jennings	22	Wire Worker	"	"	"	"
George Squires	22					
James Jolly	40					

Name	Age	Occupation	From	Ship	To	As a
James Walker	23	Sawyer	London	Maryl Planter	Maryland	Indented Servant for 4 Years
James Burr	32	Water Gilder	"	"	"	"
Henry Taylor	22	Sawyer	Somerset	"	"	"
William Primrose	39	Sail Maker	London	"	"	"
William Holloway	21	Butcher	"	"	"	"
Samuel Newth	23	Dyer	"	"	"	"
John Slater	27	Butcher	"	"	"	"
John Catt	28	"	"	"	"	"
Christopher Aldridge	24	Labourer	"	"	"	"
John Cook	29	Brick Maker	"	"	"	"
Newman Betts	24	Husbandman	"	"	"	"
Edward Wright	28	Caulker	Yorkshire	"	"	"
William Anderson	34	Distiller	London	"	"	"
James Makar	26	Husbandman	Ireland	"	"	"
Anthony Byrne	16	Labourer	London	"	"	"
Mary Staines	27	Widow	"	"	"	"
Ann Roe	35	Cook Maid	"	"	"	"
Robert Moss	40	Weaver	Lancaster	"	"	"
Robert Scotland	27	Plaisterer	London	"	"	"
Isaac Martin	22	Silk Weaver	"	"	"	"
John Griffin	20	Labourer	"	"	"	"
Thoˢ Kednan	28	Joiner	Kent	"	"	"
Wᵐ Sawyer	35	Gardener	London	"	"	"
Joseph Henson	35	Bookkeeper	Northampton	"	"	"
Edward McFading	24	Husbandman	London	"	"	"
Thomas Kinslow	25	"	"	"	"	"
Wᵐ Tidd	21	Blacksmith	Herts	"	"	"
Thoˢ Wilkins	21	Husbandman	London	"	"	"
Mercy Beedle	21	Spinster	"	"	"	"
Elizabeth Somerville	21	"	"	"	"	"
James Harris	23	"	"	"	"	"
Jane Managan	15	Labourer	Wilts	"	"	"
Francis Knet	15	"	London	"	"	"
Wᵐ Morris	17	Cabinet Maker	Kent	"	"	"
Mary Heeds	19	Spinster				

Name	Age	Occupation	From	Destination	Notes
Mary Hoons	18	Spinster	London	"	Indented Servant for 4 Years
Barbara Kermet	21	"	Isle of Man	"	"
Richard Mason	15	Cordwainer	Surry	"	"
Thomas Butcher	15	Tallow Chandler	London	"	"
John Bowling	18	Footman	"	"	"
Wm Staples	17	Labourer	"	"	"
Peter Equidoney	15	Mariner	"	"	"
Johanna Eremeath	16	"	"	"	"
William Clark	29	Husbandman	"	"	"
John Gordon	27	Shipwright	Southampton	"	"
William Nash	26	Carpenter & Joiner	London	"	"
Daniel Gorrie	29	Perukemaker	"	"	"
William Cole	21	Weaver	"	Maryland	"
George Traylor	29	Husbandman	"	"	"
Anthony Lambert	36	Brazier	"	"	"
Daniel Sanders	27	Brickmaker	"	"	"
John Wilson	39	Gardener	Surry	"	"
Joseph Sale	30	Worsted Weaver	Norfolk	"	"
Hannah Fotts	22	Spinster	London	"	"
Elizabeth Hewlett	26	"	Lincoln	"	"
William Rands	33	Husbandman	London	"	"
John Fowler	36	Taylor	"	"	"
Daniel Linch	22	Cordwainer	"	"	"
Michael Jackson	39	Clerk	Southwark	"	"
William Dean	19	Brazier	Middlesex	"	"
Elizabeth Beedler	22	Spinster	Essex	"	"
George Green	15	Husbandman	Northumberland	"	"
George Mercer	22	"	"	"	"
Lucy Graystock	21	Spinster	Hants	"	"

PORT OF YARMOUTH, 6th TO 13 FEB. 1775.

Name	Age	Occupation	From	Destination	Notes
Samuel King	24	Husbandman	Suffolk	Norfolk	Jamaica	These four Persons, lived at or near Somerlyton in Suffolk & followed the Employment of Husbandry and now go to Jamaica under Patronage of Wm Beckford Esqr to follow the same business in that Island
William Gilbert	25	"	"	"	"	
Robert Newstead	28	"	"	"		
Samuel Smith	13					

PORT OF LONDON, 13 TO 20 FEB. 1775.

Name	Age	Occupation	From	Ship	To	As a
Arthur Morris	36	Mariner	Ireland	Baltimore Packet	Maryland	Indented Servant for 4 Years
John Hall	22	Painter	London	"	"	"
John Atkins	23	Carpenter	Berks	"	"	"
Fanny "	29	His Wife	"	"	"	"
James Morris	21	Jeweller	Westminster	"	"	"
Roger Brickstock	21	Weaver	Northampton	"	"	"
Joseph Lamb	21	Steel Worker	Surry	"	"	"
Henry Prescott	39	Clerk	Kent	"	"	"
Charles Singleton	30	Labourer	Cambridge	"	"	"
John Langdon	18	"	Leicester	"	"	"
John Jones	36	Iron Founder	Wales	"	"	"
John Richard	22	Weaver	Southwark	"	"	"
Abraham Holden	37	Husbandman	Sussex	"	"	"
Richard Wood	26	"	London	"	"	"
Charles Smith	24	Weaver	"	"	"	"
Jane Mason	25	Spinster	"	"	"	"
Wm Brickstock	22	Weaver	Northumberland	"	"	"
George Pinder	21	"	"	"	"	"
Daniel Longest	40	Farrier	Surry	"	"	"
Thomas Wilkinson	21	Labourer	"	"	"	"
Thomas Smith	26	Bricklayer	Wilts	"	"	"
George Smith	23	Coach Maker	Oxford	"	"	"
William Blake	19	Tavern Waiter	Gloucester	"	"	"
William Court	18	Carpenter & Joiner	Middlesex	"	"	"
William Fillwood	17	Husbandman	London	"	"	"
John Hoare	22	Weaver	"	"	"	"
John Bradford	30	"	"	Hopewell	"	"
William Clarke	18	Perukemaker	Bristol	"	"	"
Thomas Elsworthy	21	Butcher	London	"	"	"
Henry Keeble	27	Painter	"	"	"	"
John Stephenson	27	Butcher	"	"	"	"
William Poyntell	21	Clerk	"	"	"	"

Thomas Ryley	22	Gardener	Stafford	Adventure	"
Thomas Smith	24	Dyer	Southwark	"	"
Stephen Pitt	15	Gentlemans Servant	Westminster	"	"
William Bond	16	Groom	Gloster	"	"
Richard Calder	21	Husbandman	Salop	"	"
Thomas Merrick	22	Clerk	London	"	"
Jn° Scarf	34	Husbandman	Hertford	"	"
Willm Jones	23	Gardener	Surry	"	"
George Boyd	25	Currier & Tanner	London	"	"
Richard Atkins	22	Butcher	"	"	"

PORT OF LONDON, 27th FEB. TO 6th MARCH 1775.

Susanna Stapleton	35	Widow	Middlesex	Fanny Liberty	Indented Servant for 4 Years
Thomas Hall	28	Stay Maker	London	"	"
Thomas Wager	19	Weaver	Gloucester	"	"
Edward McEnnis	15	Labourer	London	"	"
John Moore	15	"	"	"	"
Joseph Lilley	16	"	"	"	"
Samuel Minphey	15	"	"	"	"
Stephen Walker	27	Weaver	"	"	"
Thomas Humphry	22	Carpenter	"	"	"
Mary Phepol	21	Spinster	"	"	"
Joseph Butler	17	Tavern Waiter	"	"	"
Henry Townley	18	Labourer	"	"	"
James Deacon	15	Cordwainer	"	"	"
William Turner	16	Labourer	"	"	"
Henry Gardner	21	Baker	"	"	"
William Adams	22	Groom	"	"	"
George Chambers	30	Cordwainer	"	"	"
Thos Bedford	35	Bricklayer	"	"	"
Charles Sealy	35	"	"	"	"
William Collins	24	Butcher	"	"	"
Thomas Rowland	37	Buckle Maker	"	"	"
Francis Day	30	Clerk & Bookkeeper	"	"	"
Thomas Swanick	32	Carpenter	"	"	"
Robert Butler	29	Footman	"	"	"

PORT OF HULL, 27 FEB. TO 6th MAR. 1774.

Name	Age	Occupation	From	Ship	To	As a
John Groves	44	Glover	London	Liberty	Maryland	Indented Servant for 4 Years
Willm Adams	23	Cooper	"	"	"	" " " "
Martin Robinson	27	Husbandman	Lincoln	"	"	" " " "
Philip Jones	27	"	"	"	"	" " " "
Thomas Holden	27	Coach Harness Maker	"	"	"	" " " "
John Word	26	Cordwainer	"	"	"	" " " "
Mathew Lampen	23	"	"	"	"	" " " "
Thomas Gilbert	26	Groom	Derby	"	"	" " " "
Francis Burton	21	Husbandman	Oxford	"	"	" " " "
Henry Goodwin	30	Groom	Kent	"	"	" " " "
Edward Richards	22	Joiner	"	"	"	" " " "
Jane "	22	His Wife	"	"	"	" " " "

PORT OF BRISTOL, 27th FEB. TO 6th MAR. 1775.

Name	Age	Occupation	From	Ship	To	As a
Mary Smith	25	Spinster	Hull	Shipwright	Maryland	From the Charity Hall Hull going as Indented Servants for 4 Years
Mary Hemingway	27	"	"	"	"	"
Mary Williamson	17	"	"	"	"	"
Elizabeth Fitzgerald	16	"	"	"	"	"
Ann Butler	16	"	"	"	"	"
Maria Harrison	16	"	"	"	"	Indented Servant for 4 Years
George Williams	19	Baker	Scotland	"	"	" " " "
Robert King	23	Cordwainer	Norfolk	"	"	" " " "
William Dunnot	17	Labourer	Lincoln	"	"	" " " "
John Thomas	30	Seaman	Bristol	Ann	Philadelphia	Indented Servant
Amos Rudd	25	Clothier	Wilts	"	"	"
Thomas Bishop	19	Labourer	"	"	"	"
George Thomas	30	Sadler	Wilts	"	"	"
Nicholas Linch	26	Brazier	Bridgewater	"	"	"
John Berry	26	Weaver	"	"	"	"
John Sutton	22	Labourer	Minehead	"	"	"

139

Edward Walton	37	"	"	"	"	"	"
John Sacker	39	Carpenter	London	"	"	"	"
John Radcliffe	24	"	"	"	"	"	"
William Manley	31	Labourer	Bristol	"	"	"	"
William George	29	"	"	"	"	"	"
Edward Cole	17	"	"	"	"	"	"
Richard Reynolds	19	"	"	"	"	"	"
Samuel Bird	20	"	"	"	"	"	"
Henry Gower	23	"	Bath	"	"	"	"
Richard Edwards	23	"	"	"	"	"	"
William Carroll	29	"	"	"	"	"	"
William Mays	22	Labourer	"	"	"	"	"
Peter Franklyn	24	Coach Maker	"	"	"	"	"
Thomas Bryon	22	Labourer	"	"	"	"	"
Charles Morgan	31	Labourer	Bristol	"	"	"	"
John Abbot	20	Tyler	Exeter	"	"	"	"
William Spring	24	Labourer	"	"	"	"	"
Richard Jenkins	34	"	"	"	"	"	"
Daniel Hollis	24	"	"	"	"	"	"
S. Williams	22	"	"	"	"	"	"
S. Allom	23	"	Wells	"	"	"	"
S. Bond	27	Blacksmith	"	"	"	"	"
Jas Jones	24	"	"	"	"	"	"
Robt Knight	25	Labourer	"	"	"	"	"
Jno Mathews	26	Weaver	"	"	"	"	"
James Pitt	23	Labourer	"	Sally	"	"	"
Fourteen Women	—		Bath	"	"	"	"
William Williams	17	Labourer	"	"	"	"	"
Henry Emmett	32	"	"	"	"	"	"
John Pembroke	24	"	"	"	"	"	"
John Burne	20	Shoemaker	Bristol	"	"	"	"
William Keaton	25	Shoemaker	"	Olive Branch	"	"	"
William Child	21	"	"	"	"	"	"
Three Women	—		Bath	"	Maryland	"	"
Samuel Edwards	15	Labourer	Bristol	"	"	"	"
James Griffiths	16	"	"	"	"	"	"
Thomas Benson	29	"	"	"	"	"	"
John Burridge	20	"	"	"	"	"	"

140

Name	Age	Occupation	From	Ship	To	As a
John Hurd	14	Labourer	Bristol	Olive Branch	Maryland	Indented Servant
Mich¹ Cockran	22	"	"	"	"	"
John Goman	20	Taylor	Wells	"	"	"
John Griffiths	19	"	"	"	"	"
John Thomas	29	Barber	Salisbury	"	"	"
Richard Mayer	35	Labourer	"	"	"	"
John Young	19	"		"	"	"
Four Women	—					
David Grumble	21	Labourer	Bristol	William	"	"
Samuel Short	28	"	"	"	"	"

PORT OF LONDON, 6th TO 13th MAR. 1775.

Name	Age	Occupation	From	Ship	To	As a
James Spencer	34	Carpenter	London	Marg¹ & Rebecca	Antigua	Going to settle
Nicholas Stear	47	Carpenter & Joiner	Devon	Nelly Frigate	Maryland	Indented Servant for 4 Years
Thomas Lloyd	27	Schoolmaster	London	"	"	"
Thomas Harrison	21	Blacksmith	Warwick	"	"	"
Duncan McClean	21	Perukemaker	Edingburgh	"	"	"
Ann Falles	21	Spinster	Wilts	"	"	"
Joseph Martin	24	Husbandman	Cheshire	"	"	"
William Cooper	40	Cordwainer	Sussex	"	"	"
William Harrison	21	Gardener	Warwick	"	"	"
Thomas Smith	21	Gentleman's Servant	London	"	"	"
William Bruff	33	Husbandman	Stafford	"	"	"
Elizabeth Davidson	21	Spinster	Surry	"	"	"
Mathew Keeling	26	Husbandman	Cheshire	"	"	"
Thomas Law	26	Schoolmaster	London	"	"	"
Richard Wiseman	24	Shoemaker	Middlesex	Fanny & Janny	"	These People are called Redemptioners, they give Notes on Bond to pay for their passage after arrival, if not the Capᵗⁿ is to dispose of them for a number of Years per agreement
William Greedy	28	Millwright	Somerset	"	"	
Henry Fisher	30	Labourer	Wilts	"	"	
James Davison	22	Carpenter	London	"	"	
Alexander Wright	27	Silversmith	"	"	"	
Edward Haydon	30	Carpenter	Hertford	"	"	
John Eyre	22	Baker	London	"	"	

Name	Age	Occupation	Origin				
Joseph Reeves	31	Farmer	Suffolk	"	"	"	"
John Jackson	29	Miller	London	"	"	"	"
Thomas Arthurs	35	Woolcomber	"	"	"	"	"
Mary Arthurs	36	Servant	"	"	"	"	"
Sarah Jackson	28	"	Surry	"	"	"	"
Mary Harris	26	"	London	"	"	"	"
Mary Fowler	22	"	"	"	"	"	"
Elizabeth Long	22	"	"	"	"	"	"
Rebecca Howell	21	"	Derby	"	"	"	"
Ann Kendal	21	"	London	"	"	"	"
Sarah Howell	21	"	Middlesex	"	"	"	"
Elizabeth Limford	21	"	Kent	"	"	"	"
Catharine Rigdel	22	"	London	"	"	"	"
Mary Cooper	30	"	Warwick	"	"	"	"
Rose Mason	23	"	London	"	"	"	"
Elizabeth Brown	30	Schoolmistress	Westminster	"	"	"	"
William Mathews	25	Painter & Glazier	Surry	"	"	"	"
Ralph Ford	22	Cock Founder	London	"	"	"	"
George Okell	24	Gold Beater	"	"	"	"	"
James Luckman	37	Silk Weaver	"	"	"	"	"
John Johnson	23	Carpenter	Stafford	"	"	"	"
Wm Cook	21	Buckel Maker	London	"	"	"	"
Jno Thomas	42	Glass Grinder	"	"	"	"	"
Hy Poole	21	Jeweller	"	"	"	"	"
George Anson	21	Servant	"	"	"	"	"
Wm Lee	21	Labourer	"	"	"	"	"
Jno Mitchell	21	Cooper	Hertford	"	"	"	"
Thos Mills	22	Clockmaker	"	"	"	"	"
Thos Warner	22	Shoemaker	Monmouth	"	"	"	"
Jas Dale	22	Labourer	Lincoln	"	"	"	"
Evan Edmonds	46	"	Kent	"	"	"	"
Danl Aldham	27	"	Southwark	"	"	"	"
Jnr Roberts	23	"	London	"	"	"	"
Thos Dennison	30	Baker	"	"	"	"	"
William Huggin	30	Labourer	"	"	"	"	"
Thos Bear	21	"	"	"	"	"	"
Thos Jones	21	Shoemaker	"	"	"	"	"
Wm Birch	27	Woolcomber	"	"	"	"	"

Name	Age	Occupation	From	Ship	To	As a
Jas Cato	28	Sawyer	London	Fanny & Janny	Maryland	"
Jno Ashton	27	Labourer	"	"	"	"
Wm Pagram	30	"	"	"	"	"
Peter Watson	42	Taylor	"	"	"	"
Henry Lawson	32	Painter	"	"	"	"
Jno Malone	30	Labourer	"	"	"	"
Jno Chapman	21	"	Hertford	"	"	"
Jno Briggs	29	Taylor	Essex	"	"	"
Thos Burnett	22	Farmer	Berks	"	"	"
Peter Swan	40	Stocking Weaver	Nottingham	"	"	"
Daniel Crumpler	26	Labourer	London	"	"	"
Adam Bale	24	"	Norfolk	"	"	"

PORT OF LIVERPOOL, 6th TO 13th MARCH 1775.

George Tunniby	40	Mercer	Staffordshire	Lydia	Philadelphia	Going to trade
John Tunniby	21	Sadler	"	"	"	to follow his trade
John Bohannan	30	Merchant	Ireland	"	"	To Trade
Ann Taylor	40	Lady	Staffordshire	"	"	On Business
Ann Naylor	21	"	Cheshire	"	"	"
Elizabeth "	12	Her Sister	"	"	"	"
Sarah Freeborn	24	Spinster	London	"	"	"
A. Gwin, his Lady & six Servants			Lancashire	John	Jamaica	"

PORT OF LONDON, 13th TO 20th MAR. 1775.

Mary Anderson	54		London	Betsey	Virginia	Going to her Husband
George "	12	Her	"	"	"	"
Robert Jno "	11	"	"	"	"	"
Ann "	5	Children	"	"	"	"
Lætitia "	3	"	"	"	"	"
Wm Paine	24	Gentleman	"	"	"	"
R. Chandler	25	"	"	Minerva	Boston	Going to settle
John Sprague	23	Surgeon	"	"	"	"

Name	Age	Occupation			Ship	Destination	Notes
Susanna Jackson	11	—		Essex	Angmes	Quebec	Going to her Aunts by her Friends Consent
Jas Robinson	17	White Smith		Scotland	Betsey	Virginia	Indented Servant for four Years
Jos Natcrlow	16	Weaver		London	"	"	"
Henry Adge	73	Miller		Stafford	Montreal	Montreal	Going to Settle
Mary Adge	44			Warwick	"	"	Going to her husband
Samuel "	16	Children		"	"	"	Going with their Mother
Mary "	14	of		"	"	"	"
Wm "	9			"	"	"	"
Margaret "	5	Mary Adge		"	"	"	"
Nicholas Watson	15	A Youth		Lancaster	Pensilvania Packet	Philadelphia	Going to be a Clerk
Benjamin Boswell	15	Baker		Warwick	"	"	Indented Servant for 7 Years
George Warren	14	Labourer		London	Culvert	Maryland	"
Condery Bolton	16	"		"	"	"	"
Henry "	16	"		"	"	"	"
Edward Benton	20	Cordwainer		Somerset	Pensilvania Packet	Philadelphia	Indented Servants for 4, 5 & 7 Years
Thomas Watkins	21	House Painter		London	"	"	"
John Thomas	26	Smith		"	"	"	"
Thomas Martin	23	Taylor		"	"	"	"
Richard Noxon	25	Perukemaker		Worcester	"	"	"
Moses Hiams	24	Jeweller		London	"	"	"
Moses Jacobs	22	"		"	"	"	"
Wm Edwards	36	Painter		"	"	"	"
William Chase	23	Cordwainer		"	"	"	"
John Haynes	22	Hair dresser		"	"	"	"
John Forster	30	Clerk & Bookkeeper		"	"	"	"
Robert Hayward	22	Carpenter		Essex	"	"	"
William Longwood	23	Groom		Westmoreland	"	"	"
William Mitchell	21	Stone Mason		Surry	"	"	"
William Harrison	23	Husbandman		Northumberland	"	"	"
John Humble	21	Footman		Salisbury	"	"	"
George Woodford	21	"		Essex	"	"	"
John Wallis	21	Baker		Berks	"	"	"
John Row	21	"		London	"	"	"
William Dickerson	25	Butcher		Middlesex	"	"	"
Daniel Teffoe	24	Clock & Watch Maker		London	"	"	"
William Avey	21	Taylor		"	"	"	"
Paul Courtney	23	Plaisterer			"	"	"

144

Name	Age	Occupation	From	Ship	To	As a	
John McCunn	22	Cabinet Maker	Ireland	Pensilvania Packet	Philadelphia	Indented Servants for 4, 5 & 7 Years	
James Russel	24	Stone Mason	Westmoreland	"	"	"	
Samuel Lecount	24	Printer	London	"	"	"	
John Crub	22	Groom	Surry	"	"	"	
William Baslay	23	Clerk	Ireland	"	"	"	
John Amos	27	Hatter	London	"	"	"	
John Graves	36	Perukemaker	"	"	"	"	
William Gray	21	Woolcomber	Suffolk	"	"	"	
James Vaulotte	17	Watch Finisher	London	"	"	"	
John Logan	19	Husbandman	Kent	"	"	"	
Theophilus Dunning	15	Labourer	London	"	"	"	
Thomas Thompson	15	"	Kent	"	"	"	
James Lover	15	"	Hants	"	"	"	
William Hayes	15	Hair dresser	Warwick	"	"	"	
William Brown	15	Labourer	Kent	"	"	"	
Richard Peplow	18	"	London	"	"	"	
Valentine Kirby	16	Groom	"	"	"	"	
Francis Phain	16	"	Worcester	Calvert	Maryland	Indented Servant for 4 to 7 Years	
John Smith	16	Labourer	London	"	"	"	
George Hollingworth	21	Tavern Waiter	London	"	"	"	
Willm Vincent	26	Throwster	Kent	"	"	"	
Thomas Manders	33	Milwright	Southwark	"	"	"	
Peter Bradshaw	24	Breeches Maker	"	"	"	"	
John Furrance	22	Painter	"	"	"	"	
Samuel Price	21	Husbandman	Surry	"	"	"	
Patrick Sheen	25	Cordwainer	London	"	"	"	
Henry White	21	Gardener	Essex	"	"	"	
John Burch	30	Sawyer	Kent	"	"	"	
Willm Power	30	Cooper	Somerset	"	"	"	
James Cavo	24	Gardener	Essex	"	"	"	
John Blount	46	Millwright	Winchester	"	"	"	
John Barlow	28	Surgeon	Hereford	"	"	"	
James Handley	21	Perukemaker	Salisbury	"	"	"	
Groom & Coachman			Newcastle	"	"	"	
Dennis Sullivan	26	Husbandman	London	"	"	"	

William Rumford	22	Cooper	Bedford	"
William Pomfrey	38	"	Gloster	"
Richd Tomlinson	34	Cabinet Maker	London	"
F. B. McDonald	33	Upholsterer	"	"
John Tupley	44	Harness Maker	"	"
John Lishman	35	Blacksmith	Yorkshire	"
John Johnson	45	Joiner	Southwark	"
John Allington	21	Skinner	London	"
John Halliday	26	Cloth Dresser	"	"
Jos Dennis	21	Husbandman	"	"
Paul Hurley	48	Baker	"	"

PORT OF LONDON, 20th TO 27 MAR. 1775.

Adam Irvine	38	Ship Joiner	London	Canadian	Quebec	Going to Settle
Elizabeth "	36	His Wife & 3 Small Children	"	"	"	"
John Roberts	30	Merchant	Scotland	Georgia Diana	Georgia	"
Margaret "	23	His Wife	"	"	"	"
Sarah Brooke	21	Spinster	Somerset	Patuxant	Maryland	Indented Servant for 4 Years
James Dawson	25	Woolcomber	London	"	"	"
Margaret Dennison	35	Widow	Durham	"	"	"

PORT OF PORTSMOUTH, 20th TO 27 MAR. 1775.

Mr Holdman	—	Gentleman		Ipswich	Jamaica	To be store keeper in His Majestys Yard Jamaica
Mr Taylor	22	"		"	"	N. B. the Particulars (from this Port) that are not inserted cannot be ascert^d
Mr Johnson	22	"		"	"	
Mr Frankland	58	"		Pensilvania Packet	Philadelphia	

PORT OF LONDON, 27th MAR. TO 3^d APRIL 1775.

Charles Connor	24	Merchant	London	Noble	Dominica	Going on Business
William Barrett	28	Baker	Southwark	Royal Charlotte	Maryland	Indented Servant for 4 Years
Thomas McVael	19	Labourer	London	"	"	"

146

Name	Age	Occupation	From	Ship	To	As a
George Ryan	16	Labourer	London	Royal Charlotte	Maryland	Indented Servant for 4 Years
James Lipscombe	35	Butcher	Isle of Wight	"	"	"
John Williams	22	Footman	Middlesex	"	"	"
Thomas Jones	17	Groom	Essex	"	"	"
James Ward	21	Farrier	London	Neptune	"	These People, on their arrival at Maryland, are to be disposed of for a number of years Provided they are not found capable to pay the Cap^{tn} for their passage, as Per agreem^t
Benjamin Bateman	35	Last Maker	"	"	"	"
Anthony Hopper	19	Painter	Ireland	"	"	"
Daniel Whilton	29	Weaver	Norfolk	"	"	"
Rachel Sampson	23	"	London	"	"	"
Thomas Savage	33	Bricklayer	Surry	"	"	"
Mark Moses	23	Schoolmaster	London	"	"	"
Lawrance Crane	23	Clerk	"	"	"	"
John Connor	21	Hair dresser	"	"	"	"
James Cranston	25	Stationer	"	"	"	"
Rice Price	30	Farmer	Southwark	"	"	"
Mary Dealy	22	Servant	Middlesex	"	"	"
Charles Connor	24	Merchant	London	Noble	Dominica	On Business
Nicholas Miller	34	Labourer	"	Neptune	Maryland	These People, on their arrival at Maryland, are to be disposed of for a number of years, Provided they are not found capable to pay the Cap^{tn} for their Passage as Per agreement
Michael Griffin	21	"	"	"	"	"
June Wood	22	Servant	"	"	"	"
Mary "	24	"	"	"	"	"
Thomas Branson	21	Gardener	Leicester	"	"	"
C. I. Selly	27	Butcher	Nottingham	"	"	"
Low Paine	21	Chair Maker	London	"	"	"
Elizabeth Paine	22	Servant	"	"	"	"
Thomas Jones	27	Gun Smith	"	"	"	"
C. D. Fitzgerald	30	Labourer	Suffolk	"	"	"
George Linton	21	"	London	"	"	"
John Dealy	31	Joiner	Buckingham	"	"	"
Charles Harding	21	Weaver	London	"	"	"
Susanna Wing	17	Servant	"	"	"	"
Hannah Thompson	19	"	Middlesex	"	"	"
Rebecca Hosser	16	"	London	"	"	"
Marg^t Goodson	18	"	"	"	"	"
Elizabeth Barnes	18	"	"	"	"	"

Name	Age	Occupation	Origin			Terms		
Alice Harvey	18	"	"			"		
Sarah Neale	17	"	"			"		
Thomas Barclay	16	Labourer	"			"		
Benjamin Wise	18	Weaver	Norwich			Bland	Virginia	Indented Servant for 4 Years
George Wassel	17	Cordwainer	Cheshire			"	"	"
William Figg	19	Hair dresser	Hertford			"	"	"
John Madden	17	Weaver	London			"	"	"
James Sampell	32	Husbandman	"			"	"	"
Barnabas Clarke	21	Clerk & Bookkeeper				"	"	"
Stephen Rose	26	"	Kent			"	"	"
John Shephard	23	Apothecary	Westminster			"	"	"
James Paulson	43	Do & Chymist	London			"	"	"
George Edie	28	Husbandman	Essex			"	"	"
Thomas Bareford	26	Silk Weaver	London			"	"	"
Thomas Barr	22	Baker	Warwick			"	"	"
Samuel Waples	21	Butcher	London			"	"	"
Michael Wickers	35	Woolcomber	York			"	"	"
John Flemming	27	Clerk	London			"	"	"
John Clough	40	Schoolmaster	Essex			"	"	"
Thomas Holland	20	Ironmonger	London			"	"	"
Thomas Atkins	19	Twine Spinner	Middlesex			"	"	"
William Francis	15	Fisherman	Essex			"	"	"
Benjamin Stickland	15	Labourer	Southwark			"	"	"
James Little	16	Husbandman	Wexford			"	"	"
Arthur Hughes	17	Brass Founder	Worcester			"	"	"
George Jarvis	21	Groom	Derby			"	"	"
John Brown	21	"	Surry			"	"	"
Samuel Sherry	22	Husbandman	Westminster			"	"	"
John Richardson	24	Cooper	London			"	"	"
James Bowtell	24	Plaisterer	"			"	"	"
George Woodhouse	22	Husbandman	"			"	"	"
William Fox	26	Bricklayer	"			"	"	"
Luke Field	22	Linen Weaver	Southwark			"	"	"
William Clarke	21	Carpenter	Kent			"	"	"
John Gibbs	27	Breeches Maker	London			"	"	"
Henry Cook	32	Sash Maker	London			"	"	"
James Spence	41	Ship Wright	Kent			"	"	"
Barnabas McVicar	22	Watch Maker	London			"	"	"

148

Name	Age	Occupation	From	Ship	To	As a
Barnat Marry	32	Husbandman	Lincoln	Bland	Virginia	Indented Servant for 4 Years
Charles Hall	16	Labourer	London	"	"	" "

PORT OF LONDON, 3d TO 10th APRIL. 1775.

Name	Age	Occupation	From	Ship	To	As a
Elizabeth Cheine	24	Spinster	Surry	George	Montreal	Servants to Gentlemen
Hannah Pool	24	"	London	"	"	" "
Mary Stainer	30	"	"	"	"	" "
Sarah North	27	Cook Maid	Essex	Nancy	Maryland	Indented Servant for four Years
Charles Blundell	29	Footman	Surry	"	"	" "
Mary Blundell	29	His Wife	"	"	"	" "
John Taylor	21	Husbandman	Stafford	"	"	" "
William Skelly	29	Gentleman's Servant	Middlesex	"	"	" "
Charles Drabwell	29	Taylor	London	"	"	" "
Thomas Forsyth	47	Husbandman	Kent	"	"	" "
John Robertson	21	School Master	Scotland	"	"	" "
James Hanlan	29	Husbandman	London	"	"	" "
Kenrick Anwyl	27	Silversmith	"	Fleetwood	"	" "
George Scarr	21	Engraver	"	"	"	" "
Thomas Davis	22	Cutler	"	"	"	" "
John Clark	23	Cabinet Maker	Southwark	"	"	" "
Richard Biggs	21	Groom	Middlesex	"	"	" "
William Dean	35	Gardener	Surry	"	"	" "
Theodore Jennings	40	Pewterer	Middlesex	"	"	" "
Thomas Brogden	21	Cabinet Maker	Norwich	"	"	" "
Job Hain	32	Malster	Somerset	"	"	" "
Wiloughby Harvey	38	Perukemaker	London	"	"	" "
Sarah Powell	21	Beaver Puller	"	"	"	" "
Roger Shephard	27	Cordwainer	Surry	"	"	" "
William Baldwin	24	Joiner	London	"	"	" "
William Smith	27	Upholsterer	Oxford	"	"	" "
William Sadler	21	Leather dresser	Southwark	"	"	" "
John Strattard	27	Tin Plate Worker	London	"	"	" "
William Sanders	22	Hat Maker	Worcester	"	"	" "

Name	Age	Occupation	Origin	Destination	Reason
Benjamin Burdock	23	Brazier	London		"
Charles Cumming	26	Gardener	Middlesex		"
Thomas Thompson	23	Waiter	London		"
William Spencer	25	Husbandman	Harford		"
Matthew Simpson	35	Hatter	Southwark		"
James Bradshaw	22	Smith	London		"
Christiana Town	32	Housemaid	York		"
Elizabeth Brown	22	"	Coventry		"
Jane Harley	22	Seamstress	Kent		"
William Clements	20	Rope Maker	London		"
Mary Newton	21	Lady's Maid	"		"
Susanna Southwell	26	House Keeper	"		"
Mary Simmonds	16	Milliner	"		"

PORT OF PORTSMOUTH, 3d TO 10th MAR. 1775.

Name	Age	Occupation	Origin	Destination	Reason
Robert Rawlings Esqre & Family, Gentleman	—	Planter	London	St. Christophers	Going to settle at St. Christophers
Mr John Stanley	—	Gentleman	"	"	"
Mr Willm Maynard	—	Gentleman	Nevis	"	Going to settle at Nevis

PORT OF HULL, 3d TO 10th APRIL 1775.

Name	Age	Occupation	Origin	Destination	Reason
William Black	43	Linen Draper	Yorkshire	Fort Cumberland	Having made a purchase is going with his family to reside there
Elizabeth "	36	His Wife	"	"	"
William "	14	&	"	"	"
Richard "	11	"	"	"	"
John "	15	"	"	"	"
Thomas "	9	Children	"	"	"
Sarah "	7	"	"	"	"
Mathew Lodge	20	Servant & House Carpenter	"	"	Going to seek a better Livelihood
Elizabeth Redfield	25	Servant	"	"	"
Jane Hurdy	16	"	"	"	"
Elizabeth Beaver	30	Housekeeper to the Goverer	"	"	"
Bridget Sedel	38		"	"	Going with her Children to her husband
Mary "	7	Her	"	"	"
Francis "	6	"	"	"	"
Sarah "	1	Children	"	"	"

150

Name	Age	Occupation	From	Ship	To	As a
Christopher Horsman	27	Farmer	Yorkshire	Jenny	Fort Cumberland	Going to seek a better Livelihood
Robert Colpits	28	"	"	"	"	Having made a purchase is going to reside there
Christopher Harper	45	"	"	"	"	"
Elizabeth "	40	His Wife	"	"	"	"
Hannah "	15	"	"	"	"	"
Elizabeth "	14	"	"	"	"	"
John "	13	&	"	"	"	Going with their parents
Thomas "	12	"	"	"	Fort Cumberland in Nova Scotia	"
Catharine "	7	"	"	"	"	"
Charlotte "	6	"	"	"	"	"
William "	4	Children	"	"	"	"
Thomas King	21	Blacksmith	"	"	"	Going to purchase or return
William Johnson	28	Gentleman	"	"	"	Going over to her husband
Mary Lowry	27		"	"	"	"
Mary Lowerson	27	Farmer	"	"	"	Going to purchase or Return
Thomas Wheatley	53	Farmer	"	"	Anapolis in Nova Scotia	"
William Clark	42	His	"	"	"	"
Mary "	13	"	"	"	"	"
William "	10	"	"	"	"	"
Richard "	9	"	"	"	"	"
Rachael "	3	Children	"	"	"	"
John Skelton	38	Servant	"	"	"	Going to seek a better Livelihood
Jane Skelton	36	"	"	"	"	"
Francis Watson	18	Taylor	"	"	"	"
John Bath	23	Servant	"	"	"	"
William Johnson	49	Farmer	"	"	Halifax in Nova Scotia	Having purchased An Estate is going over with his Family & Servants to reside
Margaret "	48		"	"	"	"
George "	26	Servant & Carpenter to Wm Johnson	"	"	"	"
William Johnson	23	Son of Wm Johnson	"	"	"	"
Emanuel "	16	" " "	"	"	"	"
Joseph "	14	" " "	"	"	"	"
James Hutton	16	Apprentice to Wm Johnson	"	"	"	"
Elizabeth Anderson	36		"	"	"	Going over with her Children to her husband who is Cooper
Mary "	9		"	"	"	

151

Name	Relation	Age	Occupation	London	Adventure	Maryland	Reason	Passengers & Redemptioners
Jane	"	7		"	"	"	to William Johnson	
Moses	"	5		"	"	"	"	
William	"	4		"	"	"	"	
John	"	1	Children	"	"	"	"	
Thomas Walton		24	Husbandman	"	"	"	Going to seek a better Livelihood	
William Robinson		42		"	"	"	Having Purchased, is going over with his family	
Elizabeth	"	30		"	"	"	Going with their Parents	
Elizabeth	"	9	Children	"	"	"	"	
Jonathan	"	6	of	"	"	"	"	
Francis	"	3		"	"	"	"	
William	"	2	William Robinson	"	"	"	"	
Thomas Kalin		24	Servant to Wm Robinson	"	"	"	Going with William Robinson	
Patience Fallydown		22	"	"	"	"	"	
John Robinson		47	Husbandman	"	"	"	To make a purchase or return	
Ann	"	15	His Daughter	"	"	"	Going with their father	
Jenny	"	9	"	"	"	"	"	
Mary Parker		40		"	"	"	Going over to her husband he having a Farm there	
Elizabeth	"	9	Her	"	"	"	"	
James	"	2	Children	"	"	"	"	
Richard Peck		47	Husbandman	"	"	"	Having made a purchase is going with his family to reside	
Jane	"	42	His Wife	"	"	"	Going with their parents	
Mary	"	20		"	"	"	"	
Jane	"	17		"	"	"	"	
Helen	"	15		"	"	"	"	
Isaac	"	13		"	"	"	"	
Robert	"	10		"	"	"	"	
Rose	"	7		"	"	"	"	
Richard	"	5		"	"	"	"	
Joseph	"	2	Children of R^d Peck	"	"	"	"	
Sarah Fenton		15		"	"	"	Going over to their Father	
Mary	"	9		"	"	"	"	

PORT OF LONDON, 10th TO 17th APRIL 1775.

			London	Adventure	Maryland		Passengers & Redemptioners
Charles Steward		22	Labourer					
John Chandler		22	Watch Maker					

152

Name	Age	Occupation	From	Ship	To	As a
Samuel Griffiths	22	Silk Weaver	London	Adventure	Maryland	Passengers & Redemptioners
William Turner	45	Gun Barrel Maker	"	"	"	"
John Desertembbo	25	Hatter	"	"	"	"
William Whitewith	22	Farmer	"	"	"	"
Benjamin Kelsey	16	Labourer	"	"	"	"
Benjamin Corby	15	"	"	"	"	"
Thomas McBone	26	Farmer	"	"	"	"
Thomas Cleaver	22	Labourer	"	"	"	"
Jeremiah Regan	23	Taylor	"	"	"	"
James Warner	31	"	"	"	"	"
James French	25	Hair dresser	"	"	"	"
Richard Mondy	22	Glazier	"	"	"	"
William Townsend	16	Brewer	"	"	"	"
James Jackson	19	Silversmith	"	"	"	"
John Hopkins	19	Woolen Weaver	"	"	"	"
Thomas Morgan	16	Tin Man	"	"	"	"
William Tune	17	Labourer	"	"	"	"
Henry Emerton	21	Shoemaker	"	"	"	"
Joseph "	21	Bookbinder	"	"	"	"
Richard Lord	15	Bricklayer	"	"	"	"
Edward Dobbis	21	Carpenter	"	"	"	"
Mary Dobbis	29	Milliner	"	"	"	"
Samuel Nash	40	Shoemaker	"	"	"	"
Samuel English	23	Waiter	"	"	"	"
William Higgins	22	Servant	"	"	"	"
Francis Broome	42	"	"	"	"	"
Sarah "	27	"	"	"	"	"
George Hunt	15	Labourer	"	"	"	"
Robert Byrne	22	Smith	"	"	"	"
Thomas Smith	23	Gardener	"	"	"	"
William Jones	24	Cooper	"	"	"	"
Edward Hynes	22	Farmer	"	"	"	"
George Wilkinson	18	Labourer	"	"	"	"
William Dennison	16	Painter	"	"	"	"
William Wood	21	Farmer	"	"	"	"

153

Sarah Harper	21	Trimming Maker		"	"	"
Samuel Penny	19	Watch Maker		"	"	"
William Cull	21	Labourer		"	"	"
Esther Cunliffe	28	Servant		"	"	"
Thomas Woodford	30	"	Essex	"	"	"
Mary Roberts	35	"	"	"	"	"
Elizabeth Woodford	30	"	"	"	"	"
Richard Boniface	16	Postillion		"	"	"
John Nage	29	Cabinet Maker	Kent	"	"	"
William Flint	26	Labourer	"	"	"	"
Mary Robinson	26	Servant	"	"	"	"
Elizabeth Hood	30	"		"	"	"
Ashton Lever	21	Carpenter	Sussex	"	"	"
John Shove	29	Schoolmaster	"	"	"	"
John Salmon	16	Founder	Birmingham	"	"	These People on their arrival at Maryland are to be disposed of for a number of Years providing they are not found capable to pay the Cap^{tn} for their passage as per Agreement
John Harris	29	Baker	Somersetshire	"	"	
Isaac Taplan	16	Labourer	"	"	"	
William Howard	15	"		"	"	
Mary Hughes	15	Servant	Glasgow	"	"	
Daniel McPhee	21	Joiner	"	"	"	
William Welsh	30	Farmer	Birmingham	"	"	
Gilbert Carty	21	"	Ireland	"	"	
Sarah Bateman	21	Servant	Hertfordshire	"	"	
Thomas Kersey	22	Clerk	Norfolk	"	"	
Thomas Crumpton	15	Labourer	Nottingham	"	"	
Philip Kingsford	23	Turner	Cornwall	"	"	
James Roads	15	Labourer	Northampton	"	"	
Edward Ilorrabin	22	Farmer	Staffordshire	"	"	
Robert Bray	16	Labourer	Norfolk	"	"	
Francis Goodbern	25	Painter	Shropshire	"	"	
Edward Williams	45	Wool comber	Devonshire	"	"	
Thomas Barne	25	Sawyer	Liverpool	"	"	
John Morrison	36	"	Cheshire	"	"	
John Price	22	Labourer	Berkshire	"	"	
Jane Monkhouse	42	Servant	Cumberland	"	"	
Stephen Jackson		These People did not choose to Answer the required questions				
Joseph Eastman		"		"	"	
Thomas Wright		"		"	"	
Charles Dean		"		"	"	
Jane Beaumont		"		"	"	

PORT OF EXETER, 10th TO 17 APRIL 1775.

Name	Age	Occupation	From	Ship	To	As a
Sir John Colliton His Wife & three Children & three Women Servants	40		Exeter " " "	A New York Ship " " "	Charles Town S. Carolina " "	Going to look after an Extensive Estate belonging to him

PORT OF NEWCASTLE, 17th TO 24 APRIL 1775.

| Mathew Newton | 30 | Yoeman | Durham | Providence | Halifax | In expatation of better Employt |

PORT OF LONDON, 24th APRIL TO 1st MAY 1775.

Mary Dyal	23	Servant	London	St. James	Jamaica	Going to settle at Jamaica
Mary Rolfe	20	"	"	"	"	"
Catharine Welmore	29	"	"	"	"	"
Thomas Motral	26	"	Norwich	"	"	"
Charles Robinson	22	Gardener	Middlesex	Elizabeth	Virginia	Indented for 4 Years

PORT OF PORTSMOUTH, 24th APRIL TO 1st MAY 1775.

Mr David Young		Planter	London	Unity	Tobago	Going to superintend his Plantation
Mr Deponthe		"	"	"	"	"
Mr Pearson		"	"	"	"	Going to settle at Tobago
Mr Carrick		Merchant	"	"	"	"

PILL A CREEK A PORT OF BRISTOL, 24th APRIL TO 1st MAY 1775.

| One Hundred & Six Convicts from different Jails of this Kingdom | | | | Elizabeth | Maryland | N. B. Could not take their names, or any other Particulars, as the ship came down & Sailed immediately |

PORT OF EXETER, 1st TO 8th MAY 1775.

Jane Bell	25	Spinster	Exeter	Starr & Garter	Maryland	Going to seek a better Livelihood
Ann Williams	23	"	"	" "	"	
Mary Gilliford	24	"	"	" "	"	"
Mary Ridgway	29	Wife of one of the Convicts, who was Transported in the said Vessel				

PORT OF LONDON, 8th TO 15th MAY 1775.

Thomas Rice	17	Husbandman	Worcester	Elkridge	Maryland	Indented Servant for 4 Years
William Ayre	24	"	Lincolnshire	"	"	" " "
Edward Toothacre	22	Cordwainer	London	"	"	" " "
Robert Sharman	22	Carpenter	Wales	"	"	" " "
Charles Evans	32	Butcher	London	"	"	" " "
William Reading	24	Husbandman	"	"	"	" " "
John King	24	Carpenter	Birmingham	"	"	" " "
Joseph Fellows	39	Flax Dresser	Sheffield	"	"	" " "
William Davison	29	Cutler	London	"	"	" " "
Elizabeth Harris	19	Spinster	"	"	"	" " "
Rebecca Hilditch	27	Cook	"	"	"	" " "
John Lusher	23	Taylor	Surry	"	"	" " "
Edward Harris	37	Comb Maker	London	"	"	" " "
Catharine Hany	33	Cook	"	"	"	" " "
John Wiltshire	21	Husbandman	Suffolk	"	"	" " "
Benjamin Gray	24	Butcher	London	"	"	" " "
William Rogers	21	White Smith	"	"	"	" " "
William Jones	15	Labourer	Southwark	"	"	" " "
Luke Linley	21	Smith	Wiltshire	"	"	" " "
Francis Gray	21	Plaisterer	Surry	"	"	" " "
John Robinson	17	Labourer	Portsmouth	"	"	" " "
Thomas Harvey	23	Clerk	Huntingdonshire	"	"	" " "
George Markham	24	"	London	"	"	" " "
John Gough	33	Sawyer	Salop	"	"	" " "
Robert Manning	31	Gardener	Southwark	"	"	" " "
Thomas Brooks	30	Cooper	Middlesex	Ashton Hall	"	" " "

Name	Age	Occupation	From	Ship	To	As a
Edward Dennis	21	Butcher	London	Ashton Hall	Maryland	Indented Servant for 4 Years
Thomas Hancock	29	White Smith	Staffordshire	"	"	"
Henry Crocket	21	Horse Farrier	London	"	"	"
Thomas Brotherton	21	Cordwainer	"	"	"	"
Joseph Miller	29	Mercer	"	"	"	"
Bennettetto Fallevolte	40	Surgeon	"	"	"	"
William Wheatley	20	Butcher	Nottingham	"	"	"
John Percival	25	Labourer	London	"	"	"
Andrew Dove	15	"	"	"	"	"
William Hull	15	"	"	"	"	"
Elenor Ludley	35		Durham	"	"	"
Thomas Jordan	17	Labourer	London	"	"	"
Susanna Staples	22	Spinster	"	"	"	"
Sarah Bennett	22	"	Nottingham	"	"	"
Mary Pledge	21	"	Sussex	"	"	"
Mary Abercrombie	27	"	Southwark	"	"	"
Elizabeth Brown	19	"	London	"	"	"
Ann Smith	21	"	Warwick	"	"	"
James King	22	Clerk	London	"	"	"
J. P. Pettyt	30	Vinter	"	"	"	"
Charles Flynn	24	Carpenter	"	Camden	"	"

PORT OF WHITEHAVEN, 15th TO 22nd MAY 1775.

Richard Todd	21	Block Maker	Whitehaven	Woodcock	South Carolina	To follow his trade
William Brace	20	Musician	Dumfries	Tyger	Jamaica	"

PORT OF PORTSMOUTH, 15th TO 22nd MAY 1775.

Miss Rawlins	25	Lady	St. Christophier	Weatheral	St. Christophers	To return Home
Miss Ama Rawlins	18	"	"	"	"	"

Port of London, 22nd to 29th May 1775.

			London	Mermaid	Maryland	Indented Servant for 4 Years
William Dobberhow	23	Cooper	"	"	"	"
John Pringle	27	Taylor	"	"	"	"
William Jones	25	Smith	"	"	"	"
William Jackson	24	Groom	"	"	"	"
William Hatton	21	Clerk & Bookkeeper	"	"	"	"
William Browning	21	Surgeon	"	"	"	"
William Chambers	28	Cook	"	"	"	"
Harriet Colebrooke	21	Lady's Maid	"	"	"	"
Joanna Lander	28	" "	"	"	"	"
Mary Banse	25	" "	"	"	"	"
Mary Brown	21	Painter	"	"	"	"
John Coleby	21	Joiner	"	"	"	"
Thomas Carter	28	Smith	"	"	"	"
William Bury	22	"	"	"	"	"
William Walton	22	Groom	"	"	"	"
Brill Dancer	20	Pou[l]terer	"	"	"	"
Joseph Floyd	18	Plaisterer	"	"	"	"
Henrietta James	16	Servant	"	"	"	"
Susanna Sweatman	18	Housemaid	"	"	"	"
William Young	22	Labourer	"	"	"	"
James Edwd Smith	16	Pewterer	"	"	"	"
Henry Wright	31	Cabinet Maker	"	"	"	"
John Maxwell	21	Gardener	"	"	"	"
William Jones	26	Apothecary	"	"	"	"
Robert Boyle	21	Gentlemans Servant	"	"	"	"
James Tarmdy	21	Flax dresser	"	"	"	"
Mary Jones	21	Muff Maker	"	"	"	"
William Brown	21	Plumber	"	"	"	"
William Woard	32	Husbandman	"	"	"	"
George Ummell	32	Smith	"	"	"	"
Elizabeth Ummell	21	Wife of Do	Southwark	"	"	"
John Woods	16	Weaver	"	"	"	"
George Harding	21	Groom		"	"	"
Sarah Wilson	22	Housemaid		"	"	"

157

158

Name	Age	Occupation	From	Ship	To	As a
Margaret Evans	23	Housemaid	Southwark	Mermaid	Maryland	Indented Servant for 4 Years
Ann Bishop	21	"	"	"	"	"
Susanna Valnant	22	"	"	"	"	"
Mary Farrod	28	"	"	"	"	"
William Knox	37	Husbandman	Surry	"	"	"
John Russell	21	Taylor	"	"	"	"
Francis Eales	21	Butcher	Kent	"	"	"
Patrick Stephens	24	Joiner	Essex	"	"	"
William Shaw	21	Clerk & Bookkeeper	Yorkshire	"	"	"
James Favell	26	Husbandman	"	"	"	"
Richard Halford	21	"	Leicester	"	"	"
Thomas Waters	16	"	Dorset	"	"	"
Edward Walter	15	Labourer	"	"	"	"
William Sayer	27	Wheelwright	Tunbridge	"	"	"
William Hawksford	21	Plater	Birmingham	"	"	"
James Ham	21	Cordwainer	Salisbury	"	"	"
William Munton	21	Grocer	Lincoln	"	"	"
David Johnson	48	Cooper	Middlesex	"	"	"
John Roberts	15	Labourer	Northampton	"	"	"
George Turdy	23	Bricklayer	Norfolk	"	"	"
William Wright	27	Clerk & Bookkeeper	Liverpool	"	"	"
King English	35	Land Surveyor	Bristol	"	"	"
Robert Daile	21	Labourer	Deptford	"	"	"
John Smith	42	Cooper	Norfolk	"	"	"
Thomas Smith	25	Shop man	Hertford	"	"	"
Charles Girdler	17	White Smith	Berkshire	"	"	"
James Oliver	18	Shoemaker	Herefordshire	"	"	"
Elizabeth Jenkins	24	Housemaid	London	Patowmack	"	"
Samuel Hanson	15	Labourer	"	"	"	"
James Thompson	30	House Carpenter	"	"	"	"
Catharine Lewis	36	Cookmaid	"	"	"	"
Robert Robertson	25	Carpenter	"	"	"	"
Elizabeth Brind	20	Housemaid	"	"	"	"
John Carswell	44	Weaver	"	"	"	"
Brian O. Brian	24	Carpenter	"	"	"	"

Name	Age	Occupation	Origin		Destination		Notes
Michael Carry	23	"	"		"		"
Henry Turner	24	Upholsterer	"		"		"
John Atkinson	26	Cabinet Maker	"		"		"
John Redpeth	30	Cordwainer	"		"		"
Mary "	31	His Wife	"		"		"
William Ranson	35	Shoemaker	Worcester		"		"
Alexander Burleigh	16	Comb Maker	Norwich		"		"
Isaac Reynsbottom	16	Labourer	Newcastle		"		"
Margaret Love	22	Housemaid	Bedford		"		"
Thomas Hobee	20	Husbandman	Sussex		"		"
George Collin	30	Brewer	Southwark		"		"
Thomas Jones	22	Sawyer	Bucks		"		"
John Taylor	21	Husbandman	Nottingham		"		"
James Halton	16	Labourer	Shewsbury [sic]		"		"
Edward Hanks	16	Miller	Birmingham		"		"
John Woodstock	25	Carpenter	York		"		"
George Watson	29	Gardener	Cornwall		"		"
Edward Church	23	Clerk & Bookkeeper	London		"		"
Mary Atkinson	21	Wife of John Atkinson			"		"

PORT OF POOLE, 22nd TO 29th MAY 1775.

Name	Age	Occupation	Origin	Destination	Notes
John Phillips	50	Baker	Poole	Quebec	Going to settle at Quebec being sent for by his father is a bricklayer & working for his majesty on the garrison there
Sarah "	45	His Wife	"	"	

PORT OF PLYMOUTH, 22nd TO 29th MAY 1775.

Name	Age	Occupation	Origin	Ship	Destination	Notes
Thomas Pearson	27	Planter	London	Charming Nancy	Tobago	Going to reside

PILL A CREEK A PORT OF BRISTOL, 22nd TO 29th MAY 1775.

Name	Age	Occupation	Origin	Ship	Destination	Notes
Thomas Rosse	35	Carpenter	Wells	Isabella	Maryland	Indented Servant
Charles Jones	25	Labourer	"	"	"	"
Seventy five Convicts from Bristol Jail						

PORT OF WHITEHAVEN, 29th MAY TO 5th JUNE 1775.

Name	Age	Occupation	From	Ship	To	As a
James Blair	24	Factor	Virginia	Union	Virginia	Going to Trade
Edward Fisher	28	Farmer, Wife & 2 Children	Yorkshire	Favourite	New York	Going to follow their respective trades & callings
Christopher Hetherington	45	" " & 7 Children	"	"	"	"
John Waite	50	" " & 6 Children	"	"	"	"
Joseph Pescod	48	" " & 5 Children	"	"	"	"
William Parker	45	Shoemaker, Wife & 5 Children	"	"	"	"
James Hendry	40	Farmer, Wife & 3 Children	"	"	"	"
Margaret Moore	21	" " " "	"	"	"	"
David Carson	40	Farmer, Wife & 4 Children	"	"	"	"
Robert Hamilton	42	" " " 3 "	"	"	"	"
John Sutton	43	Shoemaker	"	"	"	"
William Bond	21	Mason	"	"	"	"
William Scott	23	Farmer & Wife	"	"	"	"
John Moor	24	Farmer, Wife & 1 Child	"	"	"	"
Richard Nixon	25	" & Wife	"	"	"	"
Bridget Pattison	40	& Child	"	"	"	"
Nicholas McIntosh	35	Taylor	"	"	"	"
John Armstrong	26	Smith & Wife	"	"	"	"
James Scott	40	Farmer, Wife & 3 Children	"	"	"	"
Alexander Connell	24	Farmer, & Wife	"	"	"	"
John Brown	30	Shoemaker	"	"	"	"
Thomas Patterson	27	Farmer, Wife & 1 Child	"	"	"	"
John Patterson	30	" " " 3 Children	"	"	"	"
Margaretta Varley	35	— & 2 Children	"	"	"	"
John Peel	30	Farmer	"	"	"	"
John Carrick	31	"	"	"	"	"
David Edger	40	Farmer, Wife & 2 Children	"	"	"	"
William Armstrong	30	Smith	"	"	"	"
Robert Boyde	28	Farmer, Wife & Child	"	"	"	"
James Hutchinson	40	" " " 4 Children	"	"	"	"

PORT OF LONDON, 5th TO 12th JUNE 1775.

Name	Age	Occupation	London	Baltimore	Baltimore	
Samuel Phillips	24	Linen Weaver				Redemptioners, these people on their arrival at Maryland are to be disposed of for a number of years providing they are not capable to pay the Captⁿ for their passage as per Agreement
Agnes Carswel	17	Servant				
Jane Giss	17	"		"	"	"
Christopher Morris	22	Farmer	Dublin	"	"	"
Mary Durham	21	Housekeeper	Scotland	"	"	"
Cornelius Hagarty	19	Gardener	Ireland	"	"	"
Ann Norris	17	Servant	Bedford	"	"	"
Mary Barker	31	"	Portsmouth	"	"	"
William Combes	16	"	Devonshire	"	"	"
John Burley	28	Coulor Maker	Nottingham	"	"	"
Ann Hopkins	29	Ladys Maid	Shrewsbury	"	"	"
John Button	21	Miller	Essex	"	"	"
Thomas Gatley	17	Servant	Somerset	"	"	"
William Forbey	15	"	Norfolk	"	"	"
John Constable	24	Pastry Cook	Surry	"	"	"
William Griffin	24	School Master	Ireland	"	"	"
John Moore	16	Servant	Warwick	"	"	"
Dennis Mahany	27	Sailor	Ireland	"	"	"
Turns White	24	Farmer	Dublin	"	"	"
James Brooks	22	Linen Weaver	Cork	"	"	"
Edward Pulley	30	Gardener	Worcestershire	"	"	"
John Pennington	35	Farmer	Staffordshire	"	"	"
William Mead	15	Servant	Warwickshire	"	"	"
James Stile	22	Brass Founder	"	"	"	"
Robert Smith	24	Carpenter	Southwark	"	"	"
Ann Money	24	Servant	"	"	"	"
Sarah Austin	25	"		"	"	"
Elizabeth Grindal	32	Housekeeper	Bucks	"	"	"
William Crane	26	Farmer	Cambridge	"	"	"
Samuel Dennis	21	"	Essex	"	"	"
Joseph Gibbs	25	Brass Founder	Southwark	"	"	"
William Cole	22	Gardener	Surry	"	"	"
James Silk	21	Baker	London	"	"	"
Joseph Moobat	40	White Smith	Warwick	"	"	"

162

Name	Age	Occupation	From	Ship	To	As a
Henry Couley	21	Black Smith	York	Baltimore	Baltimore	Redemptioners, these People on their arrival at Maryland, are to be disposed of for a number of years provided they are not found capable to pay the Captᵃ for their passage as per agreement
Peter Green	25	Gardener	Hampshire	"	"	"
Charleton Smith	36	Surgeon	Cumberland	"	"	"
Robert Elcock	22	Book Keeper	London	"	"	"
John Moore	25	Butcher	"	"	"	"
Thomas Milton	28	Gardener	Middlesex	"	"	"
William Poynton	21	Bookkeeper	London	"	"	"
George Milton	22	Gardener	Middlesex	"	"	"
Hannah Scholar	25	Servant	"	"	"	"
Ann Watson	20	"	"	"	"	"
James Dimpsey	23	Cooper	London	"	"	"
William Chamberlin	28	Wheeler	Middlesex	"	"	"
John Restley	21	Servant	"	"	"	"
William Smith	44	Perukemaker	"	"	"	"
Catharine Wyborne	37	Housekeeper	"	"	"	"

PORT OF LONDON, 12ᵗʰ TO 19 JUNE 1775.

Name	Age	Occupation	From	Ship	To	As a
John Twedy	28	Rope Maker	Yorkshire	Nancy	Baltimore	Redemptioners, these People on their arrival at Maryland, are to be disposed of for a number of years provided they are not found capable to pay the Captᵃ for their passage as per agreement
Edward Keen	23	Butcher	Somersetshire	"	"	"
Thomas Palmer	21	Shoemaker	London	"	"	"
John Toomy	27	Weaver	Essex	"	"	"
Thomas Edwards	21	Farrier	"	"	"	"
Thomas Courtman	28	Blacking Ball Make[r]	Bedfordshire	"	"	"
Thomas Clarke	21	Labourer	London	"	"	"
Henry Cooper	22	Weaver	"	"	"	"
Patrick McKernelly	25	Labourer	Surry	"	"	"
William Moreran	21	Servant	Berkshire	"	"	"
John Reeby	24	Miller	London	"	"	"
William Yerrow	36	Tin Plate Worker	"	"	"	"
Edward Green	42	Coal Breaker	"	"	"	"
William Dunster	22	Bookkeeper	"	"	"	"
Edward Kent	21	Servant	"	"	"	"
John Onchard	31	Taylor	Warwickshire	"	"	"

Thomas Spencer	30	Carpenter	"
William Johnson	30	Cooper	Berwick
Duncan Keith	30	Carpenter	Scotland
Joseph Yiffard	30	Schoolmaster	Kent
Bryan Lamb	21	Carpenter	London
James Wilson	23	Brazier	"
John Fruiser	28	Carpenter	Surry
Beavis Shirey	25	Gun Maker	Bristol
Samuel Piveyer	22	Brick Maker	Northampton-shire
James Chapman	23	Tin Plate Worker	London
William Elmes	30	Weaver	Hants
William Barnard	22	Shoemaker	London
Lawrance Kelly	39	Mason	"
John Turner	21	White Smith	Newcastle
Samuel Budden	22	Cordwainer	Dorsetshire
Thomas Turbelt	21	White Smith	London
John Symonds	21	Farmer	Kent
Henry Strudwick	33	Gardener	Surry
Isaac Founier	24	Weaver	London
Edward Palmer	44	Woolcomber	Hants
George Johnson	25	Sawyer	London
Robert Delbridge	21	Smith	"
Thomas Parrott	21	Rope Maker	Scotland
John Hoy	21	Accountant	London
Morris Mórrison	25	Bricklayer	Coventry
Christopher King	21	Farmer	Warwickshire
Thomas Watton	22	"	Scotland
Charles Pillar	25	Hair dresser	London
John Pearson	40	Cordwainer	London
John Lewisger	26	Farmer	Herts
John Roworth	21	Servant	London
William Javes	41	Cooper	"
William Mee	24	Servant	Yorkshire
John Williams	29	Blacksmith	Monmouth
Thomas Morgan	25	Hair dresser	Westminster
John Dufton	27	Corn Chandler	London
Samuel Isaacs	21	Servant	"

164

Name	Age	Occupation	From	Ship	To	As a
John Lewce	24	Servant	London	Nancy	Baltimore	Redemptioners, these People on their arrival at Maryland are to be disposed of for a number of years provided they are not found capable to pay the Cap^{tn} for their passage as per agreement
John Simpson	22	Blacksmith	Northampton	"	"	"
Thomas Merrick	21	Servant	London	"	"	"
James Herdie	30	Surgeon	"	"	"	"
John Shaw	22	Servant	Kent	"	"	"
Nathaniel Parr	45	Taylor	Nottingham	"	"	"
Thomas Mullender	26	Hat Maker	London	"	"	"
John Grove	23	Servant	"	"	"	"
Benjamin Kidder	15	"	"	"	"	"
James Hudson	15	"	Leicester	"	"	"
Robert Abbert	15	"	"	"	"	"
Joseph Haydon	18	Baker	"	"	"	"
William Thomas	15	Servant	Somersetshire	"	"	"
George Brooks	15	"	Berks	"	"	"
James Miller	15	"	Chester	"	"	"
Thomas Green	15	"	Poole	"	"	"
Joseph Lyon	16	"	London	"	"	"
John Lack	21	Weaver	Reading	"	"	"
William Wybot	15	Servant	Ware	"	"	"
John Stepney	16	Weaver	London	"	"	"
Samuel Gray	16	Cordwainer	"	"	"	"
Mary Cure	19	Housemaid	Glostershire	"	"	"
Sarah Dobson	17	Servant	London	"	"	"
Ann Slack	19	Housemaid	"	"	"	"
Martha McBride	16	Servant	"	"	"	"
Elizabeth Forrest	26	"	Somersetshire	"	"	"
Mary Hudson	22	"	London	"	"	"
Margaret Crouch	27	Milliner	Leicester	"	"	"
Sarah Smith	21	Servant	Devon	"	"	"
Grace Smith	27	"	Rotherhithe	"	"	"
Martha Newman	23	"	London	"	"	"
Elizabeth Draper	26	"	"	"	"	"
Ann Cabell	27	"	Glostershire	"	"	"
Ann Powell	21	Milliner	Hants	"	"	"
Mary Wilson	22	"		"	"	"

Elizabeth Willis	22	"	London	"	"	"
Margaret Goodson	18	Servant	Kent	"	"	"
Elizabeth Morgan	22	"	London	"	"	"
John Yeats	26	Farmer	Wilts	"	"	"
William Patrick	22	Bookkeeper	London	"	"	"
Henry Jones	23	Hat Presser	"	"	"	"
Richard Younger	23	Clerk	"	"	"	"
Margaret Clark	26	Servant	"	"	"	"
Elizabeth Brittlebank	21	"	"	"	"	"
Thomas Eldridge	26	Carpenter	Kent	"	"	"

PILL A CREEK A PORT OF BRISTOL, 12th TO 19th JUNE 1775.

James Clarke	21	Blacksmith	Birmingham	Elizabeth	Philadelphia	Indented Servant
William West	25	Clothier	Plymouth	"	"	"
Edward Jackson	22	Labourer	Plymouth	Elizabeth	Philadelphia	Indented Servant
William Tingle	15	"	Bristol	"	"	"
Seven Women	—					

PILL A CREEK A PORT OF BRISTOL, 26th JUNE TO 3rd JULY 1775.

Anthony Dewyer	20	Taylor	Cork	Mary	Maryland	Indented Servant
Samuel Lewis	28	Labourer	Westbury	"	"	"
John Williams	30	Smith	Wales	"	"	"
James Williams	31	Labourer	"	"	"	"
John Evans	24	"	Gloster	"	"	"
Andrew Mooring	29	"	"	"	"	"
John Page	26	"	"	"	"	"
Humphry Carpenter	25	Carpenter	Bristol	"	"	"
John Parset	16	Labourer	"	"	"	"
William Williams	21	"	Bideford	"	"	"
James Newport	19	"	"	"	"	"
John Templar	17	"	"	"	"	"
Forteen Women	—					

PILL A CREEK A PORT OF BRISTOL, 10th TO 17 JULY 1775.

Name	Age	Occupation	From	Ship	To	As a
Joseph Priest	19	Clock Maker	London	Fortune	Maryland	Indented Servant for four Years
Thomas Huddleston	18	Bricklayer	Norwich	"	"	"
Thomas Adamson	21	Tanner	Scotland	"	"	"
Elizabeth Hardcastle	27	Wife of Samuel	Leeds	"	"	"
Samuel Hardcastle	28	Cordwainer	"	"	"	"
Thomas Flaxman	44	Hemp Dresser	Maidstone	"	"	"
William Pocock	21	Weaver	London	"	"	"
Robert Child	21	Baker	Essex	"	"	"
William Reed	21	Weaver	London	"	"	"
Hugh Norris	17	Labourer	Essex	"	"	"
Robert Hamilton	24	Tin Plate Worker	London	"	"	"
Thomas Williamson	21	" " "	Sunderland	"	"	"
Peter Macquire	17	Labourer	Ireland	"	"	"
Richard Harris	16	Frame Work Knitter	Oxford	"	"	"
William Glover	16	Labourer	London	"	"	"
John Bolney	15	Sawyer	"	"	"	"
John Spray	15	Husbandman	Nottingham	"	"	"
Thomas Burch	16	Frame Work Knitter	"	"	"	"
Edward Gardener	18	Husbandman	Oxford	"	"	"
Joseph Gray	19	Weaver	London	"	"	"
William Atkinson	18	Labourer	Kent	"	"	"
Mary Stanley	17	Nursery Maid	London	"	"	"
John Merrill	36	White Smith	York	"	"	"
Roger Parke	21	Clerk	Dublin	"	"	"
Thomas Glover	24	Cabinet Maker	London	"	"	"

PORT OF LONDON, 10th TO 17 JULY 1775.

John Smith	28	Gentleman's Servant	London	Fortune	Maryland	Indented Servant for four Years
William Hening	25	Cordwainer	Surry	"	"	"
Jordan Castallo	31	Clerk	Dublin	"	"	"

Name	Age	Trade				Origin			
Francis Crago	30	Carpenter	"	"	"	London	"	"	"
George Field	29	Butcher	"	"	"	Portsmouth	"	"	"
Christopher Seymour	23	Woolcomber	"	"	"	Essex	"	"	"
Nicholas Morrough	21	Dyer & Lace Weaver	"	"	"	Cork	"	"	"
Thomas Adams	32	Shipwright	"	"	"	Plymouth	"	"	"
Thomas Palmer	28	Cordwainer	"	"	"	London	"	"	"
William Latewood	21	Silk Weaver	"	"	"	"	"	"	"
William Middleton	21	Coach Tyre Smith	"	"	"	Plymouth	"	"	"
William Bolton	34	Cooper	"	"	"	Dublin	"	"	"
Roger Regan	21	Cook	"	"	"	London	"	"	"
Joseph Hill	21	Labourer	"	"	"	"	"	"	"
John Oliver	33	Tanner	"	"	"	Greenwich	"	"	"
Thomas Simpson	36	Clerk	"	"	"	Westminster	"	"	"
Edward Davis	25	Gentleman's Servant	"	"	"	Dublin	"	"	"
Michael Cotton	30	Lock Smith	"	"	"	Bath	"	"	"
John Gover	15	Labourer	"	"	"	London	"	"	"
Andrew Power	15	"	"	"	"	Wilts	"	"	"
James Taylor	16	"	"	"	"	Hertford	"	"	"
Thomas Penifold	16	"	"	"	"	London	"	"	"
Willm Browing	16	"	"	"	"	"	"	"	"
Thomas Satchwell	17	Smith	"	"	"	Liverpool	"	"	"
William Anderton	18	Groom	"	"	"	London	"	"	"
John Tait	18	Labourer	"	"	"	Canterbury	"	"	"
Thomas Pinder	16	"	"	"	"	London	"	"	"
John Bean	16	Cordwainer	"	"	"	"	"	"	"
John Jones	19	Labourer	"	"	"	Southwark	"	"	"
Stephen Turner	24	Carpenter	"	"	"	York	"	"	"
James Dodsworth	25	Clerk	"	"	"	Middlesex	"	"	"
John Hodgson	26	Cloth Worker	"	"	"	London	"	"	"
John Speakman	20	Bricklayer	"	"	"	Exeter	"	"	"
William Brant	26	Painter	"	"	"	London	"	"	"
John Sunmary	21	Joiner	"	"	"	Southwark	"	"	"
Thomas Gould	21	Groom	"	"	"	London	"	"	"
Ralph Core	22	Clerk	"	"	"	"	"	"	"
James Couling	21	Taylor	"	"	"	Cork	"	"	"
George "	31	Upholsterer	"	"	"	Coventry	"	"	"
Michael Murphy	22	Clerk	"	"	"				
John Bend	21	Gentlemans Servant	"	"	"				

Name	Age	Occupation	From	Ship	To	As a
Richd Wildman	23	Butcher	Southwark	Fortune	Maryland	Indented Servant for four Years
Joseph Triggs	33	Weaver	Newbury	"	"	"
Charles Barker	21	Cutler	London	"	"	"
Christopher Mitcham	25	Perukemaker	Deptford	"	"	"
Robert Harpham	31	Labourer	Lambeth	"	"	"
Samuel Hutchinson	24	Clerk	Middlesex	"	"	"
John Plumber	33	Labourer	Herts	"	"	"
William Northey	37	Serge Weaver	Plymouth	"	"	"
Anthony Hale	17	Cordwainer	London	"	"	"
Stephen Hancock	16	Labourer	"	"	"	"

PORT OF LONDON, 7TH TO 14TH AUG. 1775.

Name	Age	Occupation	From	Ship	To	As a
Francis Wright	24	Gentleman	London	Black Prince	Philadelphia	On Business
Elizabeth Ward	14	Servant	"	Lively	St John's Island	To live there
Charlotte Burton	13	"	"	"	"	"
John Hawkins	15	"	"	"	"	"
Ann Cleaveland	14	"	"	"	"	"
William Graham	14	"	"	"	"	"

PORT OF LONDON, 14TH TO 21ST AUG. 1775.

Name	Age	Occupation	From	Ship	To	As a
James Townsend	41	Farmer	Berkshire	Elizabeth	St John's Island	Going to Settle
Elizabeth "	47	His Wife	"	"	"	"
John "	19		"	"	"	Going with their parents
James "	10	&	"	"	"	"
Lucy "	18		"	"	"	"
Richard "	13		"	"	"	"
Mary "	5	Children	"	"	"	"
Thomas Edmonds	19	Their Servant	"	"	"	"
Marshall Hall	22	Carpenter	London	Hawk	Philadelphia	Indented Servant for four Years
Bryan Burn	22	Husbandman	Ireland	"	"	"
George Wright	32	Butcher	Yorkshire	"	"	"
James Colcalough	24	Groom	London	"	"	"

Name	Age	Occupation	Origin		Destination		Reason
Thomas Ward	39	Gardener	Portsmouth	"	"	"	"
Richard Hogg	15	Labourer	London	"	"	"	"
John Collins	42	Stationer	"	"	"	"	"
Thomas Reed	40	Clothier	"	"	"	"	"
Edward Bird	26	Husbandman	Bristol	"	"	"	"
William Hawkins	21	Plaisterer	Plymouth	"	"	"	"
Edward Evander	23	Groom	London	"	"	"	"
William Reych	21	Brass Founder	Birmingham	"	"	"	"
Isaac Hanks	25	Parchment Maker	Bristol	"	"	"	"
Thomas Sims	21	Taylor	London	"	"	"	"
Jeremiah Dowsing	30	Cordwainer	"	"	"	"	"
Thomas Wood	30	Stocking Frame Maker	"	"	"	"	"
John Selley	34	Currier	"	"	"	"	"
John Badger	22	Groom	Essex	"	"	"	"
Richard Selden	31	Taylor	Bristol	"	"	"	"
John Bates	27	Hatter	London	"	"	"	"
Susanna Jordan	21	Housemaid	"	"	"	"	"
James Bull	15	Cordwainer	"	"	"	"	"
Ann Kentish	17	Housemaid	"	"	"	"	"
William Newman	25	Husbandman	"	"	"	"	"
George Nonis	23	Silversmith	"	"	"	"	"
Robert Southam	23	Husbandman	"	"	"	"	"
Richard Thompson	34	Tavern Waiter	"	"	"	"	"
John Biddle	25	Mercer	"	"	"	"	"
Aaron Colling	25	Labourer	"	"	"	"	"
William Allen	22	Taylor	"	"	"	"	"
John Wainwright	25	Late bookkeeper to William Cartwright Esqr	Nottingham	Marlborough	Savanna in Georgia	"	Going to seek better Employment
Ralph Bland	18	Butcher	Durham	"	"	"	"
Joseph Armistead	17	Brush Maker	"	"	"	"	"
Mark Morton	42	Wheelwright, Wife & 3 Children	Hull	"	"	"	"
Robert Buttle	35	& Ann his Wife & 5 Children	Yorkshire	"	"	"	"
William Charles	24	Labourer	Preston	"	"	"	"
George Bennington	32	"	Yorkshire	"	"	"	"
Isaac Herbert	23	Agent & Att to Jonas Brown	"	"	"	"	"

PORT OF POOLE, 21st TO 28th AUG. 1775.

Name	Age	Occupation	From	Ship	To	As a
Sr John Nesbitt	30	Merchant	Philadelphia	Sampson	Philadelphia	To secure their Effects at Philadelphia
Mr Hyam	42	"	"	"	"	"
2 Servants belonging to the above Gentlemen						Going with their Masters
A Lady & Three Children						

PORT OF LONDON, 4th TO 11th SEPT. 1775.

Name	Age	Occupation	From	Ship	To	As a
Robert Dee	33	Gentleman	London	Beaufort	Georgia	Going to settle
George Surr	19	"	"	"	"	"
Francis Finmore	50	"	"	"	"	"
John Butler	25	"	Carolina	"	"	Going home
John Air	23	"	Georgia	"	"	"
John Lord	34	Carver		"	"	Going to settle
James Harris	20	Surgeon	London	Betsey	St Kitts	"
Francis Brown	20	Gentleman	"	"	"	Going to reside
Rev John Bucannon	28			Rachael	Virginia	Going to settle
James Fry	35	Merchant	Maryland	"	Maryland	"
William Barton	35	Butcher	Lincolnshire	"	"	These people are all going to settle at Maryland, but being Germans could not sufficiently understand them to get further information of their Ages and other Particulars
Justina Zoci				"	"	"
Joannes Frentein				"	"	"
Felix Masserback				"	"	"
Martin Vieland				"	"	"
Martin Kumlert				"	"	"
Geo Adam Clein				"	"	"
Gabriel Clein				"	"	"
Johan Geo Mohr				"	"	"
Joseph Seeẓar				"	"	"
Zeonhard Wieland				"	"	"
Jonas Clenn Ceanfas				"	"	"
Samuel Billus				"	"	"
Fridering Cekrer				"	"	"

Jacob Cubler					
Geo Meinrich			"	"	"
Friedering			"	"	"
David Sausseleer			"	"	"
Johan Michule					
Sautteer			"	"	"
Martin Veisz Bachs			"	"	"
Ottelia Veisz Bachs			"	"	"
Justina Buzin			"	"	"
Jacobina Santerin			"	"	"
Frederick Frentle			"	"	"
Peter Frentle			"	"	"

PORT OF NEWCASTLE, 4th TO 11th SEPT. 1775.

				Georgia Packet	Georgia	Going to seek better Employt
Francis Wallace	18	Keelman	Newcastle	"	"	"
Edward Jackson	15	Ribbon Weaver	Coventry	"	"	"
John Dean	19	Shoemaker	Shields	"	"	"
Thomas Purdy	17	Keelman	Sunderland	"	"	"
James Fairface	20	Barber	Newcastle	"	"	"
William Linnon	19	Taylor	Scotland	"	"	"
John Dick	46	Upholsterer	Newcastle	"	"	"
Mary "	33	His Wife	"	"	"	"
Jane "	13	&		"	"	"
Grizel "	4	Children		"	"	"
Samuel Briggs	28	Dyer	Scotland	"	"	"
John Douglas	20	Gardener	"	"	"	"
John Wark	30	Millwright	"	"	"	"
Simon Porteus	49	Mason	"	"	"	"
William Stewart	24	"	"	"	"	"
Hugh Gordon	22	Yeoman	"	"	"	"
Robert Robson	28	Yeoman	"	"	"	"
Jane "	28	His Wife	"	"	"	"
Eleanor "	6	&		"	"	"
James "	4	"		"	"	"
Mary "	1	Children		"	"	"
James Oliphant	34	Yeoman	"	"	"	"

172

Name	Age	Occupation	From	Ship	To	As a
David Maxwell	19	Barber	Newcastle	Georgia Packet	Georgia	Going to seek better Employt
Robert Martin	20	Yeoman	Scotland	"	"	"
John Scott	30	Yeoman	"	"	"	"
Margaret "	35	His Wife	"	"	"	"
William "	13		"	"	"	"
John "	10	&	"	"	"	"
Mary "	8		"	"	"	"
Agnes "	4	Children	"	"	"	"
Margaret "	2		"	"	"	"
Robert Crawford	16	Yeoman	"	"	"	"
George Liddle	15		"	"	"	"
David Murry	23	Shoemaker	Newcastle	"	"	"
David Arnott	20	Smith	Scotland	"	"	"
George Watson	36	Shoemaker	Newcastle	"	"	"
Mary "	33	His Wife	"	"	"	"
Thomas "	12		"	"	"	"
Isabella "	10	&	"	"	"	"
Mary "	6		"	"	"	"
Douglas "	2	Children	"	"	"	"
William McCulloch	24	Barber	Scotland	"	"	"
Barbara "	24	His Wife	"	"	"	"
Charles Brokey	25	Gardener	"	"	"	"
James Scott	26	Carpenter	"	"	"	"
George Bulman	46	"	"	"	"	"
Elizabeth "	36	His Wife	"	"	"	"
George "	5	&	"	"	"	"
Diana "	4	Children	"	"	"	"
Andrew Lithcow	37	Breeches Maker	Sunderland	"	"	"
Elizabeth "	35	His Wife	"	"	"	"
Andrew "	11		"	"	"	"
Robert "	4	&	"	"	"	"
Elizabeth "	2		"	"	"	"
Jane Lithcow	1	Children	"	"	"	"
John Hume	28	Farmer	Scotland	"	"	"
John McIntosh	32	Rope Maker	"	"	"	"

173

William Budge	22	Joiner		"	"	"	"	"
John Cobb	31	Butcher		"	"	"	"	"
Alexander Bean	23	Shoemaker		"	"	"	"	"
Christianna Bean	18	His Wife		"	"	"	"	"
Whitaker Shadforth	21	Watchmaker		"	"	"	"	"
Charles Salisbury	30	Yeoman		"	"	"	"	"
Robert "	11	His		"	"	"	"	"
Thomas "	10	Sons		"	"	"	"	"
William Macwell	33	Yeoman		"	"	"	"	"
John Dick	14	Labourer		"	"	"	"	"
Henry Graham	26	Yeoman	London	"	"	"	"	"
William Jackson	16	"	Newcastle	"	"	"	"	"
Thomas Tulip	36	Taylor	"	"	"	"	"	"
Jane "	40	His Wife	Scotland	"	"	"	"	"
Alex^r McAndrew	18	Yeoman	"	"	"	"	"	"
David Weatherspoon	23	Weaver	"	"	"	"	"	"
Andrew Watson	21	Smith	London	"	"	"	"	"
Andrew "	45	Joiner	Scotland	"	"	"	"	"
Thomas Manson	16	Yeoman	"	"	"	"	"	"
Barbara "	23	Spinster	Sunderland	"	"	"	"	"
Thomas Taylor	22	Surgeon	Newcastle	"	"	"	"	"
William Hewison	20	"	Scotland	"	"	"	"	"
Thomas Thompson	29	Labourer	Shields	"	"	"	"	"
John Eives	31	Soapboiler	"	"	"	"	"	"
Elizabeth "	24	His Wife	"	"	"	"	"	"
William "	7	& Son	Whitby	"	"	"	"	"
Margaret Brown	19	Spinster	Scotland	"	"	"	"	"
Elizabeth Milburn	20	"	Newcastle	"	"	"	"	"
Jane Blackett	20	"	Blythe	"	"	"	"	"
Jane Dunn	20	Mantua Maker	Newcastle	"	"	"	"	"
Mary Foster	18	Spinster	"	"	"	"	"	"
Jane Mibross	30	"	Sunderland	"	"	"	"	"
Mary Wullins	20	"	Newcastle	"	"	"	"	"
Jane Taylor	23	"	Stockton	"	"	"	"	"
Eleanor Peakstone	26	"	Newcastle	"	"	"	"	"
Eleanor Foreman	20	"	"	"	"	"	"	"
Jane Garthwait	22	"	Rudwith	"	"	"	"	"
Ann Pearson	19	"		"	"	"	"	"

Name	Age	Occupation	From	Ship	To	As a
Elizabeth Wall	19	Spinster	South Shields	Georgia Packet	Georgia	Going to seek better Employt
Margaret Manson	25	"	Scotland	"	"	"
Elizabeth "	26	"	"	"	"	"
Elizabeth "	9	"	"	"	"	"
John Derry	45	Joiner	London	"	"	"

PORT OF PORTSMOUTH, 4th TO 11th SEPT. 1775.

William Stewart		Gentleman		Richmond	Jamaica	Going to settle there
Ralph Skelton		"		"	"	"
Duncan Monroe		"		"	"	"
Alexander Peterkin		"		"	"	"
Thimothy Walker		"		"	"	"
John Palmer		"		"	"	"
Mr How		"		"	"	"
Three Miss Myries		Ladies		"	"	"

PORT OF LONDON, 25th SEPT. TO 2nd OCT. 1775.

Richard Spate	27	Druggist	New York	Robert	New York	Going home
John Whetham	40	Gentleman	London	"	"	Going to settle
John Hend	43	Merchant	Boston	William	Nantucket	"
Nathaniel Black	41	Hatter	"	"	"	"

PILL A CREEK A PORT OF BRISTOL, 2nd TO 9th OCT. 1775.

| John Brewer | 24 | Merchant | | Ann | Jamaica | Going on Business |

PORT OF NEWCASTLE, 9th TO 16th OCTOBER 1775.

| John Thomas | 45 | Gentleman | | Experiment | Jamaica | To inspect into his affairs on the Island |

PORT OF LONDON, 23rd TO 30th OCT. 1775.

Joseph Hodge	37	Gentleman	London	Carolina	Going to settle
Robert Ford	40	Clergyman	"	"	"
Ann Hill	24	"	"	"	Going to her husband
Jane Martin	30	"	"	"	"
Elizabeth Barker	19	Spinster	"	"	Going to her Friends

PILL A CREEK A PORT OF BRISTOL, 23rd TO 30 OCT. 1775.

William Smith	27	Accountant	Bristol	Jamaica	On Business
John Powell	25	"	"	"	"

PORT OF PORTSMOUTH, 23rd TO 30th OCT. 1775.

Messr Thos Richardson	36	Gentleman	London	Dominica	Going to Excute some private business there
" Edmond Disabie	45	"	Dominica	"	Going to return home to their plantations at Dominica
" Arear	50	"	"	"	

PILL A CREEK A PORT OF BRISTOL, 30th OCT. TO 6th NOV. 1775.

Mr David Paris	50	Merchant	Bristol	Barbadoes	Going on Business

PORT OF POOLE, 30th OCT. TO 6th NOV. 1775.

Abraham Osgood	43	Merchant	Casct Bay	Nova Scotia	Going to traffic and Intends to return
Thomas Palmer	49	Mariner	New Hampshire	"	All Masters of Ships on their return Home having left their ships in England for Sale
Josiah Shackford	47	"	"	"	"
Stephen Meads	25	"	"	"	"
John Hart	25	"	"	"	"
Gideon Crawford	39	"	Rhode Island	"	"

PORT OF YARMOUTH, 20th TO 27 NOV. 1775.

Name	Age	Occupation	From	Ship	To	As a
George Riches	24	Clerk	Yarmouth	Effingham	St Christopher	Going to Mr Beckfords
Thos Manning	30	Ostler	"	"	Jamaica	To look after horses at Jamaica
John Hounsby	30	Weaver	Suffolk	"	"	To seek Employment

PORT OF YARMOUTH, 4th TO 11th DEC. 1775.

John Riches	23	Clerk	Yarmouth	Antonetta	St Christopher	To carry on Merchandize or Factory at St Kitts

PORT OF PORTSMOUTH, 11th TO 18 DEC. 1775.

William Young	27	Gentn Planter	London	Dawes	Jamaica	To superentend an Estate there
David Kerr	30	" Surgeon	"	"	"	To practice Surgery
Walter Murry	36	"	Jamaica	"	"	To return home
Mrs Scott	36	Lady	"	"	"	"

PILL A CREEK A PORT OF BRISTOL, 11th TO 18th DEC. 1775.

Mr Jas Peckett	50	Gentleman	Bath	Eleanor	Barbadoes	Going on Business
" Jas Hanstey	19	"	"	"	"	"
" Jas Tite	17	"	"	"	"	"

PORT OF PORTSMOUTH, 24 TO 31st DEC. 1775.

Lieut Man	—	Gentn Engineer	London	Grenville Bay	Grenada	To execute their Office their with a recommendation
Mr Flowers Officer of his Majstys Ordnance			"	"	"	"
Mr Winfield	—	Gentleman	"	"	"	"
Mrs Finley	—	Lady	"	"	"	"

Port of Newcastle, 31st Dec. 1775 to 7 Jan. 1776.

Name	Age	Occupation	From		To	Reason
William Watson	26	Gentleman	London		Grenada	In, Expatation of better Business
Joseph Hyam	17	"	"		"	"
Thomas Smith	22	Blacksmith	Durham	Proudfoot	"	"

Port of Portsmouth, 31st Dec. to 7th Jan. 1776.

Name	Age	Occupation	From		To	Reason
Mr Samuel Scott	—	Merchant	London	Gibbons	Barbadoes	To Collect his property at Barbadoes
" John Willson	—	"	"	"	"	To take possession of an Estate there
" Martin Williams	—	Planter	Jamaica	St James Planter	Jamaica	To superintend his plantations at Jamaica

Pill a Creek a Port of Bristol, 7th to 14th Jan. 1776.

Name	Age	Occupation	From		To	Reason
James Peckett	56	Gentleman	Bath	Eleanor	Barbadoes	To return Home
James Hanstey	19	"	"	"	"	Going on Business
James Tite	17	"	"	"	"	"

Port of Portsmouth, 28th Jan. to 4th Feb. 1776.

Name	Age	Occupation	From		To	Reason
Robert Sowell Esqr	25	Gentleman	London	Judith & Hilaria	Jamaica	To Practice in the Island of Jamaica as a Barrister
Mrs "	20	His Wife	"	"	"	Returning to Jamaica having been in England for Education
Mary Lewis	18	Young Lady	"	"	"	"
Maria "	15	" "	"	"	"	"
Catharine "	13	" "	"	"	"	
Mrs Elliston	50	Lady	"	"	"	Going with the above Family

PORT OF LONDON, 11th TO 18 FEB. 1776.

Name	Age	Occupation	From	Ship	To	As a
David Mitchell	38	Merchant	London	Lady's Adventure	Jamaica	Going on Business
Thomas Goldwin	30	"	"	"	"	"
Thomas Waller	22	"	"	"	"	"
Paul Parker	19	"	"	"	"	"
William Brown	25	Gentleman	"	"	"	"

PORT OF PORTSMOUTH, 3rd TO 10th MARCH 1776.

Name	Age	Occupation	From	Ship	To	As a
Mr William Lester		Planter	Musquito Shore	Hope	Musquito Shore	To return to his Plantation at Musquito Shore
Rev Mr Stanfold		Clergyman	London	"	"	To Execute his Function
John Jenison		Planter	Musquito Shore	"	"	To return home
Mr Willm Whitlock		"	Jamaica	Thetis	Jamaica	To return to his Plantations
John Crief		Sadler	London	"	"	To carry on a business of a Saddler at Jamaica
Mr Hamilton		Planter	Tobago	Picairi	Barbadoes	To return to his Plantations
Mr George Craig		"	London	"	"	To superintend Plantation at Tobago
Their ages cannot be ascertained						

PORT OF PORTSMOUTH, 10th TO 17 MARCH 1776.

Name	Age	Occupation	From	Ship	To	As a
Mr Rowe Jones		Planter	Barbadoes	Three Brothers	Barbadoes	On their return to Barbadoes to their respective Plantations
— Colton		"	"	"	"	"
— Hasler		"	"	"	"	"
— Whitaker		"	"	"	"	"

PORT OF PORTSMOUTH, 17th TO 24th MAR. 1776.

Name	Age	Occupation	From	Ship	To	As a
Mr Charington & Family			Barbadoes	Polly & Charlotte	Barbadoes	To return to his Estate at Barbadoes

PILL A CREEK A PORT OF BRISTOL, 17th TO 24th MARCH 1776.

			London	Aurora	Tortola	Going on Business
William Brown	47	Merchant				

PORT OF PLYMOUTH, 24th TO 31st MARCH 1776.

			London	Earl of Erroll	Grenades	Going to reside there
Sr George Macartney Esqr	34	Govenor				
John Peter Ricker	30	Gentleman	"	"	"	"
James Bartlett	30	"	"	"	"	"
Alexandr Houstown	22	"	"	"	"	"
William Grant	28		"	"	"	"
Thomas Urquhart	25		"	"	"	"
William Isaac	22		"	"	"	"
Lady Macartney	—	Lady	"	"	"	"
Elizabeth Ricker	25	"	"	"	"	"
Mrs Bartlet	30	"	"	"	"	"

PORT OF BRIGHTHELMSTONE, 31st MARCH TO 7 APRIL 1776.

			London	Eagle	Boston	To Reside
John Amory	60	Merchant				
Mrs Catherine	44	Wife of do	"	"	"	"
Samson Blowers	19	Attorney				

INDEX

Abba, Elizabeth 42
Abbert, Robert 164
Abbot, John 139
Abercrombie, Mary 156
Aberdeen, Charles 9
Abney, Thomas 84
Abrahams, Alexander 104
Achenhed, Elizabeth 9
Ackley, Thomas 84
Acton, John 78
Adams ⎫ ――― 35
Adam ⎭ George 29
    Lydia 64
    Nathaniel 119
    Philip 35
    Thomas 167
    William 38 127 137 138
Adamson, Thomas 166
Adding, Thomas 121
Addis, Elizabeth 23
Adge, Henry 143
    Margaret 143
    Mary 143
    Samuel 143
    William 143
Adkinks, John 82
Adkins, David 94
Afflick, James 110
Agar, Benjamin 117
Aikin, James 81
Ainson, Mary 50
    Miles 50
    Thomas 50
Air, see Ayre
Alderton, John 85
Aldham, Daniel 141
Aldin, Thomas 13
Aldridge, Christopher 134
    Thomas 32 64
Alexander, John 104
    William 93
Alford, Mary 107
    William 108
Alfred, Robert 9
Allan, see Allen
Alleman, William 117
Allen ⎫ John 104
Allan ⎭ Jonathan 105

Allen ⎫ Patrick 10
cont'd ⎭ Robert 115
    Thomas 118
    William 169
Allendar, William 126
Allenten, Elizabeth 120
Allerdyer, George 101
Allington, John 145
Allison, William 6
Alliton, Lydia 130
    Thomas 130
Allom, S. 139
Alsebrook, John 128
    Samuel 128
Alsop, John 103
Ambler, Ann 56
    Benjamin 56
    John 56 61 75
    Mary 56
    Sarah 61
Ambrose, Robert 107
Amory, Catherine 179
    John 179
Amos, John 144
Amott, Richard 18
Amsley, John [Anisley, John] 40
    Peter 17
Anderson, Alexander 118
    Ann 142
    Charles 35
    Elizabeth 150
    Flora 33
    George 142
    Jane 151
    John 151
    Letitia 142
    Mary 142 150
    Moses 151
    Penelope 107
    Robert 114
    Robert John 142
    Thomas 107
    William 129 134 151
Anderton, William 167
Andrade, Abraham 25
Andrews ⎫ Alexander 113
Andrew ⎭ Hannah 44

Andrews ⎫ John 44
cont'd ⎭ Joshua 20
    Lilley 44
    Mary 44
    Moses 65
    Thomas 44 92
    William 60 75
Angel, Abraham 18
Anisley ⎫ James 14
Ansley ⎭ John 40
Anson, George 141
Anthony, John 95
Antwizle, Bertie 16
Anwyl, Kenrick 148
Aperskin, John 75
    Mary 75
    William 75
Appleby, Robert 41
    William 55
Appleton, Francis 38
    Robert 48
Archdale, Thomas 98
Archer, John 128
    William 97
Arear, ― Mr. 175
Argent, Adam 21
Argors, Richard 33
Armatage, William 10
Armistead ⎫ Charity 99
Armstead ⎭ Joseph 169
Armstrong, John 160
    William 160
Arnett, John 124
Arnold, Edward 102
    Thomas 32
    William 22
Arnott, David 172
Arthurs, Mary 141
    Thomas 141
Arthurton, John 110
Ashburne, William 7
Asher, John 5
Ashling, George 77
Ashton, John 142
    William 124
Aspley, John 92
Assick, Richard 98
Aston, Richard 21 122
    Robert 109

Atheridge, John 120
Atkins, Ann 75
    Fanny 136
    John 75 136
    Richard 137
    Thomas 92 147
Atkinson, Ann 46 50
    Charles 46
    English 68
    Frances 46
    John 46 159
    Martha 46
    Mary 159
    Michael 46
    Robert 50
    William 49 166
Atmer, Edward 39
Auber, Peter 7
Aubony, Thomas 120
Auldjo, Alexander 101
    John 101
Austin, Ann 118
    Joseph 83
    Martha 118
    Sarah 161
    Thomas 118
Authwaite, Thomas 56
Avery, Charles 30
Avey, William 143
Avis, Robert 118
Ayliffe, John 106
Ayre ⎫
Air ⎬ John 170
Ayres ⎭ William 22 155

Bachs, Martin Veisz 171
    Ottelia Veisz 171
Bachus, Henry 78
Badger, Benjamin 29
    John 169
Bagge, Andrew 97
Bagnall, Law 29
Bagwell, Robert 5
Bailey ⎫ Edward 58
Bailie ⎬ Evan 132
    Isaac 133
    James 17 25
    John 31 103 111
    Josiah 124
    Seth 89 96
    Thomas 92
Bain, Alexander 20 74
Bainbridge, Samuel 66
Baisley, Robert 62
Baker, Abraham 64
    Ann 97
    George 19
    James 20
    Parker 32
    Richard 127
    Solomon 31
Baldock, Sarah 11
Baldry, John 104
Baldwin, William 8 148

Bale, Adam 142
    John 31
Balissa, John Solomon 87
Ball, Sylvanus 116
    Thomas 95
Bands, Mary 75
Banister, Nathaniel 12
    Thomas 110
Bankerhie, James 89
Banks, David 64
    Moses 70
    William 108
Banning, James 18
Banse, Mary 157
Baptist, John 114
Barber, Chesheave 33
Barbet, John 133
Barclay, Thomas 147
Bare, Richard 42
Barefoot, Thomas 128
Bareford, Thomas 147
Barget, Thomas 8
Barker, Bartholomew 88
    Charles 168
    Edward 63
    Elizabeth 175
    James 96
    Mary 161
    Sarah 88
    William 13 111
Barlow, John 144
    Jonathan 66
Barn, Joseph 75
Barnard, John 28 107
    William 121 163
Barnes ⎫ David 36
Barne ⎬ Edward 127
    Elizabeth 37 146
    Margaret 37
    Robert 37
    Thomas 153
Barnett, Thomas 142
Barnstow, John 75
Barr, James 134
    Sarah 48
    Thomas 147
Barrett, James 55
    William 25 145
Barrow, John 33
Barry, William 121
Barter, William 53
Bartholomew, William 54
Bartlett ⎫ — Mrs. 179
Bartlet ⎬ James 179
    John 52
Barton, James 123
    William 170
Barwell, Elizabeth 68
Barwick, Thomas 10
Baslay, William 144
Bass, Abraham 97
Bateman, Benjamin 146
    John 31
    Sarah 153
    William 26

Bates, John 111 169
Bateson, Henry 20
Bath, John 150
Batt, Samuel 19
    Thomas 117
Battey, Richard 9
Batty, Elizabeth 101
Bawdler, Thomas 85
Baxter, Barnaby 21
Bay, Charles 18
    John 18
Baylis, John 70
Baynham, Richard 84
Beale, Benjamin 11
Beamont, George 80
    Jane 153
Bean, Alexander 173
    Christianna 173
    John 167
    Thomas 130
Bear, Thomas 141
Beard, Alice 24
    Robert 84
    Thomas 24 125
    William 45
Beardmore, John 10
Beaton, Edward 143
Beaver, Elizabeth 149
Bebb, John 132
Beble, John 128
Beck, Amos 112
    Christopher 125
Beckford, — Mr. 110 176
    William 135
Bedford, Paul 72
    Thomas 137
Beedle, Mercy 134
Beedler, Elizabeth 135
Belinder, John 110
Bell, Ann 94
    Henry 75
    James 8 15 86
    Jane 155
    John 113
    William 36 88
Belliason, James 23
Belton, Janet 69
Beman, William 119
Bemison, Thomas 27
Bencroft, James 108
Bend, John 167
Bendal, Josiah 131
Benefold, John 97
Benjamin, John 130
Bennett, Adam 33
    David 50
    Edward 69 109
    Henry 25
    Joseph 115
    Mary 50
    Richard 123
    Robert 15
    Sarah 156
    Thomas 51 62 70
    William 12 16

Benning, James 10
Bennington, George 169
Benson, Thomas 139
   William 124
Bentley, Mary 71
   Phebe 9
   William 34
Bergh, Lawrance 11
Berner, John 13
Berners, Jane 123
Berningham, John 90
Berry, James 93 106
   John 138
   Thomas 133
Berthand, Abraham 22
Besley, Joseph 27
   Oliver 27
Best, James 19
Betteridge, John 78
Betts, James 31
   Newman 134
Betty, John 94
Betvel, Dan 17
   Rachel 17
Bevell, John 12 16
Beveridge, Mary 62
Beys, John 48
Bicknall, Edward 58
Biddle, John 169
Bigby, Thomas 132
Bigg ⎫ Alexander 127
Biggs ⎭ Richard 148
   William 39
Bignell, Jane 101
Biles, William 62
Billus, Samuel 170
Bingley, William 123
Binks, George 40
Birbeck, William 109
Birch, William 141
Bird, Edward 169
   James 39
   John 12 20
   Mary 73
   Samuel 139
   William 119
Birleck, P. W. 26
Birn, Laughlin 105
Bishop, Ann 158
   Thomas 22 138
Bissell, Thomas 103
Black, David 93
   Elizabeth 149
   John 149
   Nathaniel 174
   Richard 149
   Sarah 149
   Thomas 149
   William 52 149
Blackburn, Benjamin 18
   George 95
   Jacob 50
   Thomas 65
Blackett, Jane 173
   Tobiah 69

Blackham, George 21
Blackmore, George 27
   John 22
   William 28
Blackwell, Amos 108
   John 85 121
Bladen, William 119
Blair, James 160
Blake, William 136
Blakswik, James 34
Bland, Arthur 81
   Ralph 169
Blaney, John 22
Blank, Anthony 123
Blashell, Francis 65
Blechynden, Charles 40
Blencowe, Richard 35
Blind, Joseph 86
Blinkey, Charles 49
   Jane 49
   Mary 49
   Sarah 49
Blinkhorn, Ann 42
   Eleanor 42
   John 42
   William 42
Blount, John 144
Blouse, Abraham 18
Blowers, Samson 179
Bloys, Daniel 64
Blundell, Charles 69 148
   Mary 148
Bly, Elizabeth 117
Blyth, John 110
   Sarah 21
Board, John 92
Boast, Francis 67
Bock, Oliver 91
Bogle, Robert 29
Bogue, William 77
Bohannan, John 142
Bollard, George 92
Bolney, John 166
Bolton, Condery 143
   Henry 143
   Richard 10
   William 167
Bolts, Joseph 37
Bond, Elizabeth 25
   Richard 122
   S. 139
   William 137 160
Boniface, Richard 153
Bonner, Matthias 108
   William 13
Bonnet, Leonard 69
Booier, George 29
Booker, Ann 133
Boorer, George [Booier, George] 29
Boot, Thomas 61
Booth, George 129
Boothey, Joseph 123
Borden, Thomas 6

Borwell, John 68
Bossile, Peter 101
Boswell, Benjamin 143
Botheley, Joseph 23
Bourman, James 125
Bourn, Mary 44
   Thomas 28
Bovey, Thomas 38
Bowen, George 35
   James 61
   John 112
   Mary 62
   Penelope 35
   Thomas 21 35
   William 8 35
Bowie, Ann 101
Bowler, Aaron 102
Bowles, Peter 130
Bowley, Jeremiah 117
Bowling, John 135
Bowman, Joseph 52
Bowser, Ann 43
   Richard 43
   William 37 78
Bowtell, James 147
Box, John 33
Boxborough, James 60
Boyd ⎫ George 137
Boyde ⎭ Leonora 131
   Robert 160
   William 131
Boyden, John 85
Boyfield, Thomas 91
Boylan, Patrick 104
Boyle, Robert 58 157
   William 6
Boyse, Thomas 114
Bozwell, John 68
Brace, William 156
Bradford, John 22 136
Bradley, George 91
   William 30
Bradshaw, James 149
   Peter 144
   Thomas 114 115
Brady, Luke 116
   Mark 33
Bragg, Ann 76
   Mary 76
Braithwait ⎫ John 99
Braithwaite ⎭ William 126
Brampton, Briar 54
Branan, Matthew 97
Brande, John 133
Brander, Adam 45
Brandes, Henry 7
Branson, Thomas 146
   William 44
Brant, William 167
Brarenton, Thomas 85
Brasington, Samuel 133
Bray, Robert 153
Brazier, William 112
Bread, James 94

Brennand, David 80
Brent, Thomas 79
Breplur, Daniel 37
Breverton, James 59
Brewer, Charles 131
    John 174
    William 75
Brian, *see* Bryan
Briarly, Daniel 102
Brickstock, Roger 136
    William 136
Bridges, Daniel 100
Briggs } John 142
Brigs } Richard 102
    Samuel 171
    Thomas 42
Brigham, John 91
Brind, Elizabeth 158
Brinder, Robert 120
Brinkwell, William 85
Brisley, John 55
Brittle, Joseph 39
Brittlebank, Elizabeth 165
Broadfield, Richard 15
Brock, William 112
Broffee, Edward 14
Brogden, Thomas 148
Brokey, Charles 172
Bromley, Jos. 112
Brooks } Ann 79 81
Brook } Francis 78
Brooke } George 164
Brookes } James 10 161
    John 69 79
    Lawrance 31
    Mary 33
    Philip 76
    Richard 79
    Sarah 145
    Thomas 155
    William 78
Brookson, James 106
Broome, Francis 152
    Sarah 152
Broomfield, John 29
Brotherton, Thomas 156
Brougham, George 83
Broughton, Banks 41
    William 130
Brow, Eleanor 44
Browing, Richard [Browning, Richard] 31
    William 167
Brown, — Mr. 88
    — Mrs. 57
    David 103
    Elizabeth 141 149 156
    Francis 170
    George 62
    Henry 32
    James 41 57 64
    Jane 41
    John 14 24 37 64 75 87 103 113 147 160

Brown } Margaret 173
cont'd } Mary 42 57 157
    Paul 36
    Richard 32
    Robert 12
    Samuel 111
    Susanna 36
    Thomas 23 92 100
    William 34 41 101 144 157 178 179
Browning, Jos. 37
    Richard 31
    William 157
Bruce, — Lord 50
    — Mrs. 11
    George 11
    John 77
    Robert 57
    William 92
Bruff, William 140
Bruing, Charles 114
Bryan } Brian O. 158
Brian } John 90
Bryant, Abraham 102
    James 25
    Jeremiah 14
    John 54 103
    Lewis 5
    Thomas 27
Brymer, Edward 103
Bryon, Thomas 139
Bucannon, John 170
Buck, John 39
    Richard 124
Budden, Samuel 163
Budge, William 173
Budgman, Jane 115
Bulgin, Joseph 39
Bull, — Mr. 122
    James 169
Bullen, John 130
Bulman, Diana 172
    Elizabeth 172
    George 172
Bulmer, — Mr. 50
    George 43
    Grace 43
    James 43
    John 43
    Joseph 43
Burch, John 144
    Thomas 166
Burchal, Edward 107
Burdett, Elizabeth 23
Burdock, Benjamin 149
Burdon, Hannah 115
Burford, Edward 125
Burgess } — Mr. 88
Burges } J. 115
    William 7
Burgets, William 34
Burgh, John 51
Burke } Elizabeth 62
Burk } John 110

Burleigh } Alexander 159
Burley } John 161
Burn } Bryan 168
Burne } Dennis 15
    John 139
    Luke 14
    Lydia 63
    Michael 14
    Thomas 98
Burner, Samuel 82
Burnett, Alexander 29
Burridge, John 139
Burrows, Benjamin 51
    Edward 87
Burt, Moses 105
    William 105
Burton, — Mr. 36
    Charlotte 168
    Francis 138
    John 21 30
    William 77 129
Bury, Isaac 97
    William 157
Busfield, John 41
Bush, Charles 70 111
    Hephzibah 70
Busonworth, John 37
Bussey, Thomas 24
Butchart, Elizabeth 69
Butcher, Thomas 107 135
    William 71
Butland, James 60
Butler, Ann 92 138
    George 51
    Hannah 108
    James 109 123
    John 92 99 170
    Joseph 137
    P. 95
    Robert 137
    Samuel 122
Butterworth, Jos. 98
Buttle, Robert 169
Button, John 161
Buzin, Justina 171
Byam, John 98
Byer, Jacob 123
Byrne, Anthony 134
    Gerard 94
    Robert 152

Cabell, Ann 164
Cagaux, Peter 6
Cahill, John 38
Calaghan, *see* Callaghan
Calam, Michael 126
Calder, Richard 137
Cale, John 99
Callaghan } David 39
Calaghan } John 78 115
Calvert, Anthony 20
Cambell, *see* Campbell
Came, John 27
Cameron, Lewis 32

Camp, Thomas 23
Campbell ⎫ Colin 20 40
Cambell ⎬ James 7
Campble ⎭ Thomas 12 132
Campion, German 8
Canan, James 22
Cannon, John 23
Cannum, Thomas 12
Canter, Thomas 83
Canterbury, Samuel 70
Caraghen, Thomas 25
Care, John 86
Carier, J. B. 131
Carmicart, Elizabeth 34
Carmichael, Andrew 58
Carns, David 69
　　Jane 69
Carpenter, Humphry 165
　　James 51
　　John 85
Carr, Charles 79
Carrel, *see* Carroll
Carrew, — Mr. 68
Carrick, — Mr. 154
　　John 160
Carroll ⎫ John 95 98
Carrel ⎬ Thomas 11
Carrol ⎭ William 139
Carry, John 4
　　Michael 159
Carsley, Joseph 64
Carson, David 160
　　Robert 111
Carswell, Agnes 161
　　John 158
Carter, Dennis 130
　　Jacob 23
　　John 51
　　Joseph 125
　　Richard 50
　　Thomas 117 157
　　William 44
Carthew, Edmund 22
Cartis, William 8
Cartwright, Thomas 51
　　William 89
Carty, Gilbert 153
Carver, John 33
Carwebe, Henry 102
Casan, Michael 121
Casey, John 38
Cashine, William 59
Cass, George 66
　　John 95
Castake, William 92
Castallo, Jordan 166
Castell, George 133
Caswell, Lawrance 55
Catchett, John 79
Catheral, John 115
Cato, James 142
Caton, William 130
Catt, John 134
　　Richard 78

Cause, Catherine 37
　　John 37
Cave, James 144
Cavendish, — Lord 49
Cazaley, Lewis 37
Ceanfas, Jonas Clean 170
Cekrer, Fridering 170
Chadwick, William 11
Chaffers, James 7
Chalk, Stephen 40
Challe, Peter 7
Chamberlain ⎫ James 92
Chamberlin ⎭ John 125
　　Jonas 126
　　Philip 126
　　William 162
Chamberland, Benjamin 65
Chamberlin, *see* Chamberlain
Chambers, George 137
　　John 17
　　William 157
Chance, Jane 58
Chandler, John 107 151
　　R. 142
　　Samuel 130
Chantley, James 128
Chapman, — Mr. 45
　　Ann 47 49
　　Benjamin 17
　　Frances 47
　　Hannah 47
　　Henry 18 49
　　James 163
　　Jane 49
　　John 49 129 133 142
　　Jonathan 49
　　Launcelot 47
　　Martin 47
　　Mary 49
　　Peter 21
　　Rachel 47
　　Sarah 49
　　Thomas 47 49
　　William 49 104 124
Chappell, William 58
Chapple, John 13
Charbonmir, Powell 25
Charington, — Mr. 178
Charitie, Philip 82
Charles, William 169
Charlton, Robert 47
Charmichael, Samuel 9
Charmick, Henry 50
Charnock, Thomas 100
Chase, William 143
Cheauvant, Jos. 7
Cheeseman, Clement 73
Cheine, Elizabeth 148
Cherry, Sarah 126
Chesailler, Alexander 6
Chester, William 102
Chestmore, John 127
Chevaillier, Ant° 7

Chilcot, Thomas 45
Child, Robert 166
　　William 32 139
Chillingworth, Ralph 54
Chily, Nicholas 129
Chipchase, Ann 61
　　Thomas 61
Chisham, Thomas 105
　　William 103
Chisolm, — Dr. 36
Chivers, John 40
Christ, James 57
Church, Edward 159
Clack, Abraham 58
Clampton, Philip 82
　　Thomas 82
Clare, John 102
Clark ⎫ — Mr. 88
Clarke ⎬ Barnabas 147
Clerk ⎭ George 5
　　Jacob 74
　　James 52 59 165
　　John 65 103 112 148
　　Joseph 12 30
　　Margaret 165
　　Mary 150
　　Patrick 113
　　Philip 113
　　Rachel 150
　　Richard 65 111 150
　　Robert 84
　　Stephen 101
　　Susanna 11
　　Thomas 11 14 17 91
　　　92 162
　　W. 116
　　William 4 13 74 135
　　　136 147 150
Clarkson, Charles 50
Clayton, Henry 11
　　Richard 90
　　Sarah 63
Clean, Richard 120
Cleaton, Robert James 9
Cleaveland, Ann 168
Cleaver, Thomas 152
Clein, Gabriel 170
　　George Adam 170
Clemenshaw, Walter 129
Clements, William 149
Clerk, *see* Clark
Clifford, William 98
Clifton, James 122
Clough, John 147
Clozier, ——— 101
Coats, Henry 8
Cobb, John 173
Cobham, Robert 105
Cobudge, Joseph 115
Cock, Jacob 28
　　Ralph 93
　　Robert 33
　　William 64
Cockburn, — Mrs. 16
　　Alexander 16

186

Cockerton, Robert 61
Cockran, Michael 140
Coey, Lewin 105
Coffee, Patrick 22
Colbrook, see Colebrooke
Cole ⎫ Austin 39
Coles ⎭ Edward 139
    George 115
    Guy 55
    Henry 58
    Herbert 81
    John 8 67
    William 13 135 161
Colebrooke ⎫ Harriet 157
Colbrook ⎭ Robert 102
Colealough, James 168
Coleby, John 157
Coles, see Cole
Colgrove, John 113
Coll, Edward 74
Colle, Francis 116
Collier, Thomas 74
Collin, see Collins
Colling, Aaron 169
Collins ⎫ Alary 105
Collin ⎭ George 159
    James 22
    John 11 124 169
    Joseph 83
    Patrick 126
    Peter 30
    Richard 133
    Thomas 38
    William 96 127 137
Colliton, John Sir 154
Collup, William 12
Colman, John 40
Colmer, George 73
Colpits, Robert 150
Colston, Thomas 27
Colton, — Mr. 178
    George 20
    William 121
Combes, William 161
Compton, William 132
Conaly, see Conolly
Congrave, John 53
Conlon, Michael 80
Connell, Alexander 160
    John 87
Connelly, see Conolly
Connery, John 29
Connor, Charles 145 146
    James 129
    John 124 146
    Patrick 132
Conolly ⎫ Andrew 126
Conaly ⎬ David 128
Connelly ⎭ James 45
    Timothy 95
Constable, Charles 110
    John 53 161
Cook ⎫ Charles 100
Cooke ⎭ Henry 21 147

Cook ⎫ John 12 86 119 134
cont'd ⎭ Joseph 92
    Mark 26
    Thomas 24
    William 108 115 141
Cookshank, James 77
Cookson, John 117
Cooley, John 30
    Joseph 30
    Peter 30
    William 97
Coombs, Edward 111
Cooper, Basil 116
    Henry 162
    John 9 108
    Joseph 114
    Mary 32 141
    Samuel 32
    Stephen 19
    Thomas 55 115 124
    William 78 140
Copinsher, — Mrs. 57
Copland, John 69
Copley, Abraham 56
Coppel, Jane 57
Corby, Benjamin 152
Core, Ralph 167
Cormelly, Dennis 58
Cormick, Mary 96
Cornforth, Elizabeth 47
    Mary 47
    Paul 47
    Phillis 47
    William 47
Cornish, John 130
Cornwell, William 74
Cory ⎫ Robert 96
Corry ⎭ Thomas 88
Corsar, — Mrs. 16
    Frederick 16
Cotton, John 131
    Michael 167
Couch, Arthur 73
    Charles 84
Couley, Henry 162
Couling, George 167
    James 167
Coulson, John 45
    Mary 45
Coursey, Edward 10
Court, Charles 60
    William 136
Courtman, Thomas 162
Courtney, Paul 143
Cousins, Edward 59
Coventry, William 29
Coward, James 15
Cowdell, Robert 29
Cowen, Thomas 91
Cowley, Robert 85
Cox, Charles 13
Crab, John 144
Cradick, Thomas 121
Craggs, George 10

Crago, Francis 167
Craig, George 8 178
    Thomas 101
Craigen, Dennis 120
Craike, George 126
Crampton, Thomas 153
Crane, Henry 64
    Lawrance 146
    William 161
Cranston, James 146
Crawford, Andrew 43
    Gideon 175
    Robert 28 172
Creamer, William 123
Credy, Peter 100
Creighton, James 39
Crew, John 59
    Martin 97
    Mary 97
Crief, John 178
Cripps, Sarah 14
Crisp, Francis 61
Crocker, John 51
Crocket, Henry 156
Croger, — Mr. 36
Croix, James 24
Crompton, Elizabeth 128
Crooke ⎫ John 129 132
Crook ⎭ Sarah 7
Cropley, John 34
    William 34
Crosby, Timothy 85
Crosley, Sarah 32
Cross, John 54
    Richard 81
Crouch, Margaret 164
    Thomas 32
Crow, Cornelius 120
Crowden, Samuel 34
Crown, Henry 39
Croxford, Joseph 117
Crumpler, Daniel 142
Crunedge, Henry 64
Cruse, Robert 85
Crut, John 130
Cubler, Jacob 171
Cuckerson, Thomas 34
Cull, William 153
Cumming, Charles 149
Cunliffe, Esther 153
    J. W. 124
    John 57
Cunningham, Samuel 117
Cure, Mary 164
Curry, James 69
Curtis, John 112
    Thomas 26
Cutcliff, William 84
Cuthbert, David 22

Dabrall, Willson 106
Dailey ⎫ Robert 158
Daile ⎭ Thomas 104
Dale, James 141

Dalton, Edward 54 58
Damead, William 52
Dancer, Brill 157
    William 32
Dane, George 7
Daniel, Alexander 14
    Francis 74
    John 91
    Joseph 120
    Thomas 64
Dannot, William 138
Danny, Samuel 82
    Sarah 82
    Thomas 82
Danss, Tobias 25
Darby, John 75
Darling, George 113
Darry, John 119
Dash, John 53
Dashall, William 133
Davenport, William 102
David, Charles 99
Davidson, Elizabeth 140
    George 113
    John 107
    Robert 25
    Samuel 107
Daviner, William 57
Davis, Charles 73
    David 84
    Edward 63 100 167
    Elizabeth 95
    Evan 69
    James 32
    Jane 62
    John 39 74 124
    Lydia 125
    Richard 51
    Samuel 62
    Thomas 31 71 84 148
Davison, George 39
    Henry 76
    James 140
    Richard 76
    Sarah 76
    Thomas 76
    William 155
Dawes, Samuel 53
Dawkins, Edward 13
Dawson, Eliza 70
    Frederick 89 97
    James 145
    John 6
    Robert 124
    Susanna 118
    William 104
Dax, Cornelius 70
Day, Francis 137
    James 58
    Willoughby 106
Dayman, Jos. 103
Deacon, James 137
    John 32
    Peter 108
    William 23

Dealy, John 146
    Mary 146
Dean } Charles 153
Deane } John 52 171
    Robert 67
    Thomas 84
    William 133 135 148
Deborox, Joseph 61
Dee, Robert 101 170
Degarne, — Madam 122
    Jean 122
Deglapion, ———— 101
Deighton, Thomas 56
Delancy, Michael 95
Delaney, Michael 84
Delbridge, Robert 163
Dellemore, Robert 5
Demsay, James 5
Deneau, Edward 4
Denison } James 74
Dennison } Margaret 145
    Patrick 74
    Thomas 141
    William 152
Denn, Basil 74
Dennis, Edward 156
    Jos. 145
    Richard 8
    Samuel 161
Dennison, see Denison
Dent, George 73
Denton, William 132
Deponthe, — Mr. 154
Derbyshire, Elizabeth 97
Dermot, Thomas 39
Derry, George 77
    John 174
Deschamps, — Mr. 122
Desertembbo, John 152
Desterberg, Henry 97
Detlaf } John 85
Detlas } Sarah 85
Deutch, Levi 28
Dewthwaite, James 65
Dewyer, Anthony 165
Dick, Grizel 171
    Jane 171
    John 171 173
    Mary 171
Dickerson, William 143
Dickinson, Robert 79
Dillon, Edward 131
Dimond, Alice 49
Dimpsey, James 162
Disabie, Edmund 175
Disbonne, Charles 7
Dismore, Henry 129
Dixon, James 14
    Richard 22
Dobberhow, William 157
Dobbis, Edward 152
    Mary 152
Dobbs, Samuel 84
Dobson, Richard 48
    Sarah 164

Dodd, Daniel 33
    William 104
Dodson, Henry 14
Dodsworth, James 167
Dogharty, John 21
Dominica, Peter 13
Donaldson, Peter 8
Donaugho, Elizabeth 63
    John 63
Donovan, Daniel 13
    James 13
    Timothy 125
Dore, Thomas 112
Dormant, William 127
Dougharty, Edward 29
Douglas, Alexander 117
    John 171
Doulan, William 121
Dove, Andrew 156
    William 77
Doves, James 121
Dowlin, Dennis 117
Dowling, Charles 130
    James 7
Downes, James 31
    William 79
Downing, James 110
Dowsing, Jeremiah 169
Dowson, George 102
Doyle, James 120
    Jos. 103
    Martin 120
    Thomas 113
Doyley, James 128
Drabwell, Charles 148
Dradge, John 13
Draper, Elizabeth 164
    Thomas 4
Draysey, Thomas 127
Drisdale, Alexander 26
Driver, Edward 86
    Thomas 33
Dryden, Adam 93
Duff, Ann 9
Dufton, John 163
Duke, John 65
Duncan, William 119
Duncason, Hugh 26
Dunilton, John 103
Dunkarn, Thomas 28
Dunkley, William 125
Dunn, — Miss 69
    Edward 98
    Jane 173
    John 52
    Owen 74
    William 29
Dunning, John 48
    Theophilus 144
Dunster, Elizabeth 107
    William 107 162
Durant, Thomas 98
Durcan, —— 48
Durham, Mary 161

Durred, William 8
Dutch, Cornelius 130
   James 130
   John 131
   Mary 131
   Thomas 130
Dutton, John 12
   Thomas 126
Duval, ——— 101
Dyal, Mary 154
Dyer, Joseph 89 106 123
Dytche, William 117

Eales, Francis 158
Earle, John 75
Earlsman, Edward 89
Eastman, Joseph 153
Eastwood, Sarah 106
Easun, William 37
Eaton, James 125
   John 57
Edger, David 160
Edgerler, John 37
Edie, George 147
Edmonds, Evan 141
   John 88
   Thomas 168
Edwards ⎫ Ann 25
Edward ⎭ Benjamin 6
   Charles 76
   Edward 133
   Henry 95
   Jane 59
   John 20 28 59
   Richard 139
   Robert 119
   Samuel 139
   Thomas 100 162
   William 79 143
Eglin, Stephen 106
Eglinton, Peter 10
Eison, Thomas 67
Eives, Elizabeth 173
   John 173
   William 173
Elam, Joseph 87
Elcock, Robert 162
Elder, Daniel 18
   William 18
Eldridge, Thomas 165
Elgian, James 115
Eligmear, Frederick 63
Elkins, William 100
Ellenas, Robert 28
Elliott ⎫ James 93 104
Elliot ⎭ Jane 63
   William 63 77
Ellis, Edward 117
   Robert 33
   Stephen 86
   William 65
Ellison, John 22
Elliston, — Mrs. 177
Elmes, James 33
   William 163

Elsegood, Edmund 8
Elstob, Thomas 72
Elsworthy, Thomas 136
Emerton, Henry 152
   Joseph 152
   William 21
Emmett, Henry 139
Emmins, William 4
English, Alexander 9
   King 158
   Samuel 152
Equidoney, Peter 135
Eremeath, Joanna 135
Ergesaged, R. 63
Estick, — Mr. 72
Etburn, William 73
Etherington, Robert 88
Etridge, Thomas 116
Evander, Edward 169
Evans, Benjamin 38 94
   Charles 155
   Floyd 39
   John 22 165
   Margaret 158
   Richard 74
   Robert 109
   Thomas 53 59 106
   William 19 25 124
Everett, Elizabeth 115
   Robert 40
Ewang, George 8
Ewans, Benjamin [Evans, Benjamin] 38
Eycott, William 51
Eyre, John 140

Faber, Frederick 7
Fair, William 127
Fairar, John 7
Fairface, James 171
Falkner, see Faulkner
Falles, Ann 140
Falless, William 45
Fallevolte, Bennettetto 156
Fallydown, Patience 151
Fame, Edward 45
Farley, Sarah 123
Farmer, John 131
Farr, Edward 119
Farrell ⎫ James 22 36
Farrel ⎭ John 11
   Patrick 39
Farrod, Mary 158
Faulkner ⎫ Dorothy 91
Falkner ⎭ James 95
   Mary 91
   Ralph 91
   William 20
Favell, James 158
Fawceit, Jane 43
   John 43
   Mary 43
   Robert 41
Fayne, John 85

Featson, Henry 31
Featter, Ellis 80
Fell, James 52
Fellett, Thomas 51
Felley, John 109
Fellgate, James 24
Fellows, Joseph 155
Felting, John 28
Felton, Thomas 115
Fenby, Robert 43
Fenn, Stephen 33
Fenning, James 14
   John 45
Fenton, John 79
   Mary 151
   Richard 93
   Sarah 151
   Thomas 103
   William 131
Fenwick, Edward 48
   Matthew 51
Ferey, Peter 62
Ferguson, Elizabeth 34
   Euphemier 34
   H. 4
Ferndon, John 129
Ferrer, George 22
Ferrier, Charles 107
Ferry, James 94
   Joseph 94
   Robert 94
Fetter, John 79
Feull, James 103
Fevete, J. P. 130
Field, Charles 89 108
   George 22 167
   John 129
   Luke 147
   Thomas 87
Fielding, Arnistead 42
   Elizabeth 42
   Esther 42
   Hannah 42
   John 42
   Joseph 42
   Nicholas 42
   William 42
Fife, Alexander 34
Figg, William 147
Fillwood, William 136
Finana, Daniel 124
Finch, John 13
   William 101
Fincher, Charles 62
Finis, Sarah 33
Finlayson, George 107
Finley, — Mrs. 176
Finmore, Francis 170
Finney, John 14
Firmins, William 89
Firth, George 42
Fish, Joshua 8
Fisher, Benjamin 60
   Catherine 75
   Edward 160

Fisher } George 25
cont'd } Henry 94 140
    Stephen 94
    Thomas 84 94
Fitter, James 72
Fitzgerald, C. D. 146
    Elizabeth 138
Fitzpatrick, Edward 29
    John 25
Flaker, Sarah 97
Flanagan, James 102
Flatman, John 45
Flatt, James 110
Flaxman, Thomas 166
Fleet, Benjamin 54
Flemming, James 7
    John 95 147
Fletcher, John 100
    Samuel 117
    Thomas 32 96
Flice, Thomas 40
Flimaning, John 131
Flint, James 64
    William 153
Flogden, Andrew 103
Flower } — Mr. 176
Flowers } John 111
    William 54
Floyd, Joseph 157
Flynn, Charles 156
Fogarty, Cornelius 117
Fogerty, James 117
Fogg, Benjamin 38
    William 6
Foggett, Charles 102
Folkard, R. 26
    Philip 125
Follard, John 121
Forbes, John 79 101
    William 132
Forbey, William 161
Ford, Alexander 115
    John 104
    Ralph 141
    Robert 175
    Thomas 30
Foreman, Eleanor 173
Forest, see Forrest
Forestreet, Thomas 116
Forfor, Alexander 9
Forrest } Elizabeth 164
Forest } Henry 51
    Thomas 54
Forrester, James 96
Forster, see Foster
Forsyth, Berobeer 106
    Thomas 148
    William 34
Foster } George 111
Forster } Henry 111
    John 37 75 104 109 143
    Jonathan 115
    Mary 173
    Thomas 14 122
    William 13

Fothergill, Gerald 4
Fotts, Hannah 135
Foukett, — Mr. 26
Foulger, Benjamin 114
    Mary 114
    Rebecca 114
    Thomas 114
Founier, Isaac 163
Fountain, Lewis 128
Fowen, Francis 70
Fowler, — Mrs. 36
    John 135
    Mary 70 141
    Richard 36
    Thomas 124
Fox, Edward 68
    Grace 11
    John 11 13 84
    Matthew 62
    Samuel 115
    William 147
Fraiser, see Frazer
Francey, William 111
Francis, Francis 15
    Richard 103
    William 74 147
François, Jean 69
Frankland, — Mr. 145
Franklyn, Peter 139
Franler, John 74
Fraser, see Frazer
Frayer, — Mr. 12
Frazer } Francis 132
Fraiser } John 163
Fraser } Mary 93
    Simon 60
    William 93
Freeborn, Sarah 142
Freeman, James 30
    John 23 107
    Samuel 108
    William 38
Freemount, Robert 74
French, James 152
    William 14 40
Frentein, Joannes 170
Frentle, Frederick 171
    Peter 171
Frett, Ann 9
    Florence 9
Frewin, Thomas 71
Friedering, George Meinrich 171
Fright, Matthew 30
Frith, Thomas 26
Fromny, James 112
Frost, John 104
Frusilla, Philpot 8
Fry, James 170
    John 8 64
    William 52
Fryers, William 63
Fulcher, William 8
Fuller, Charles 77

Fuller } James 74
cont'd } Richard 77
Fullerm, John 27
Furger, John 108
Furlong, Daniel 70
    Lawrance 53
    Thomas 125
Furrance, John 144

Gaddis, John 39
Gades, Harman 34
Gadsby, John 37
    Ralph 131
Gaeling, John 19
Gainsford, Matthias 74
Gale, John 57
Galland, Samuel 129
Galloway, Gallia 24
    John 23
Gamble, Eliza 71
Gamsby, Ann 68
    Dorothy 68
    George 68
    John 68
    Margaret 68
    Peter 68
Garbutt, Richard 66
Gardner } Edward 64 166
Gardener } George 86
    Henry 137
    John 41
    Margaret 61
    Rebecca 61
    Ric. 90
    Simon 61
    Thomas 61
Garrett, Adam 129
    John 12
Garriott, James 74
Garsford, John 27
Garth, George 76
    John 6
Garthan, Thomas 38
Garthwait, Jane 173
Garton, James 39
Gascoyne, Thomas 61
Gash, Matthew 80
Gaskell, Lawrence 20
Gates, John 97
Gatley, Thomas 161
Gattens, William 37
Gavin, Thomas 38
Gayton, Roger 28
Gear, John 95
Gee, Richard 91
Gelling, John 103
George, James 55 83
    John 25 98
    William 98 139
German, Thomas 5
Gerrard, Ann 78
    Thomas 78
Gervan, Richard 11
Gest, Thomas 76

Gibbard, Henry 120
Gibbin ⎫ Thomas 59 67
Gibbins ⎭
Gibbs, George 112
   John 147
   Jos. 106
   Joseph 161
   Robert 10
Gibson, Elizabeth 129
   George 50
   John 128
Giddings, Charles 54
Giddons, James 111
Gilbert, George 131
   John 73 119
   Thomas 138
   William 58 135
Gilchrist, Thomas 108
Gildart, John 50
   Joshua 50
   Richard 81
Giles, John 9
Gilks, Edward 75
Gill ⎫ — Capt. 90
Gills ⎭ Ann 56
   Elizabeth 44
   Richard 56
   Sarah 56
   William 120
Gillard, Thomas 27
Gillen, Thomas 85
Gilliat, Elizabeth 66
   Mary 66
   Rebecca 66
   William 66
Gillie, James 25
Gilliford, Mary 155
Gills, *see* Gill
Gilman, Anthony 96
   Leonora 96
Gingell, James 123
Gingley, George 17
Ginnings, *see* Jennings
Girdler, Charles 158
Giss, Jane 161
Giude, Thomas 57
Glover, John 35
   Thomas 166
   William 166
Godfrey, John 119
   Jos. 90
Godona, Peter 128
Gogin, James 114
Goldie, William 119
Goldin, John 31
Goldsborough, John 58
Goldwin, Thomas 178
Goman, John 140
Gonsals, Emmanuel 62
Good, John 76
   William 102
Goodbern, Francis 153
Goodley, John 8
Goodshalk, Daniel 22

Goodson, Margaret 146 165
Goodwin, Henry 138
Gordon ⎫ Alexander 36
Gorden ⎭ Edward 36
   George 121
   Hugh 171
   John 100 135
   Mark 118
   Thomas 8 38 59
Gorman, Lawrance 25
Gorrie, Daniel 135
Gosling, James 108
Gough, John 155
   Richard 127
Goulby, John 62
Gould, Thomas 167
Gover, Aaron 127
   John 167
   William 58
Gower, Henry 139
Gowie, Alexander 63
Grace, James 109
Grafton, John 73
Graham, Daniel 95
   George 107
   Henry 173
   Mary 126
   Peter 55
   William 168
Grange, Stephen 124
Grant, — Mr. 122
   — Mrs. 122
   Edward 58
   George 93
   James 53
   John 33
   Thomas 121
   William 54 179
Graven, John 114
Graves, John 105 144
Gray, Alexander 103
   Benjamin 155
   Charles 14
   Francis 155
   John 9 119 157
   Joseph 166
   Michael 131
   Robert 130
   Samuel 164
   Sarah 9
   Thomas 24 66
   William 111 144
Graystock, Lucy 135
Greedy, William 140
Green, Edward 162
   George 135
   John 119
   Peter 162
   Richard 23 31 111
   Samuel 38
   Thomas 164
   William 15
Greenough, James 52
Greenwood, Elizabeth 71
   John 71

Gregory, Edward 89
Greme, D. 10
   J. 10
Grenville, Edward 33
Gretton, George 115
Grievely, Richard 21
Griffin, John 134
   Michael 146
   Richard 13
   William 161
Griffis, Edward 23
Griffiths, James 139
   Jane 18
   John 28 108 127 140
   Joseph 25
   Samuel 99 152
Grimes, John 8
Grindal, Elizabeth 161
Grinley, John 54
Griskin, Dederick 105
Groree, James 122
Grove, John 164
Grover, Jonathan 105
Groves, John 138
Grumble, David 140
Guesout, Peter 57
Guilsbury, John 92
Guld, Robert 114
Gunn, William 5
Gunner, James 90
Gunnick, Robert 14
Gurney, John 37
Gussick, William 99
Gutling, Benjamin 28
Guynne, Evan 11
Gwin, A. 142
Gwynn, James 59
Gyles, William 13

Habishaw, William 65
Hack, Joseph 63
Hackett, Charles 84
   John 32
   Lawrance 97
Hackly, Thomas 53
Hadley, John 115
Haffner, John Christian 100
Hagan, Darby 84
Hagarty, Cornelius 161
Hage, John 75
Hague, Ralph 107
Haile, *see* Hale
Hain, *see* Haynes
Haines, *see* Haynes
Haiste, James 117
Hale ⎫ Anthony 168
Haile ⎭ William 52
Halford, Richard 158
Hall, Charles 148
   Henry 91
   John 23 86 90 136
   Joseph 38
   Marshall 168
   Mary 133

Hall } Richard 86 117
cont'd } Thomas 137
William 27 72 105 127
Haller, J. F. 76
Hallett, Charles 103
Halliburton, Lawden 113
Halliday, John 145
Halliwell, Richard 56
Halton, James 159
Halworth, Henry 100
Halyer, Thomas 19
Ham, James 168
Richard 12
Hambury, Benjamin 121
Hamerston, Thomas 111
Hamilton, — Mr. 178
Charles 9
George 73 100
John 38 121 125
Robert 160 166
William 118
Hamlet, Christopher 79
Hammond, Henry 49
Jane 49
John 120
Joseph 70
Margaret 49
Hampton, William 87
Hancock, Richard 15
Robert 71
Stephen 168
Thomas 156
Handley, James 144
Handwick, Elizabeth 48
James 48
Haner, John 15
Hangmeyer, Deaphilas 34
Hanham, Thomas 4
Hanks, Edward 159
Isaac 169
Hanlan, James 148
Hannam, James 56
John 56
Hanson, Samuel 158
Hanstey, James 176 177
Hany, Catherine 155
Har, Daniel 125
Hardcastle, Elizabeth 166
Samuel 166
Hardgrave, William 70
Harding, Charles 146
George 157
John 19 128 133
Hardy } Thomas 25
Hardie } William 66
Hare, Charles 129
Thomas 19
Harkett, John 33
Harland, John 72
William 45
Harley, Jane 149
Harling, James 76
Harlow, John 4
Harman, James 19
William 127

Harper, Catherine 150
Charlotte 150
Christopher 43 150
Elizabeth 150
Hannah 150
James 25
John 150
Sarah 153
Thomas 150
William 150
Harpham, Robert 168
Harpman, Thomas 21
Harrin, John 132
Harris, Edward 155
Elizabeth 155
James 78 134 170
John 153
Joseph 105
Mary 91 141
Richard 6 30 166
Sarah 7
Thomas 23
Harrison, Eleanor 50
Elizabeth 82
James 85
Jane 42
John 62 67 73
Maria 138
Mary 47
Robert 93
Samuel 82
Thomas 11 43 47 140
William 18 85 140 143
Harrod, Henry 18
Harrower, John 30
Hart, Catherine 24
Isaac 84
John 175
Joseph 39
Matthew 131
William 17 62
Hartwig, John Henry 23
Harvey, Alice 147
Daniel 75
Edward 31
John 125
Joseph 13
Mary 75
Thomas 155
Willoughby 148
Harwood, John 119
Thomas 42
Haskins, James 99
Hasle, James 62
Hasler, — Mr. 178
Haslop, Isabella 32
William 26
Haste, Richard 57
Hastings, George 78
Hastwell, Arthur 80
Betty 80
Edward 81
Isabella 81
John 80

Hastwell } Joseph 80
cont'd } Margaret 81
Mary 80
Richard 81
Robert 80
Thomas 81
Hatchwell, James 52
Hatfield, Edward 18
Hattersley, Josiah 125
Hatton, William 157
Havell, Henry 95
Haw, Francis 54
Hawbridge, Jane 55
Samuel 55
Hawkins, John 168
William 169
Hawksford, William 158
Hawkworth, Adam 66
Hay, James 103
John 40
Haydon, Edward 140
Joseph 164
Hayes, Caleb 15
John 13
William 90 144
Hayfield, Mary 71
Hayler, Thomas 113
Hayman, William 102
Haynes } Andrew 114
Hain } Elizabeth 96
Haines } Job 148
John 143
Hayton, George 41
Hayward } Colquit 36
Haywood } Elizabeth 129
Francis 40
John 80
Robert 143
William 80
Hazeltine, Charles 24
Hazlewood, Robert 31
Thomas 13
Head, John 113 174
William 19
Heap, John 104
Heard, John 97
Hearnden, William 61
Hearton, George 111
Heates, Thomas 11
Heeds, Mary 134
Heindrick, John 123
Heitland, Henry 59
Helley, David 19
Hemingway, Mary 138
Hemsel, William 67
Henderson, — Mr. 89
Ann 88
David 32 88
John 34
Richard 88
Robert 88
Susanna 88
William 55
Hendry, James 160

Hening, William 166
Henry, John 101
   Robert 108
Hensley, William 110
Henson, Joseph 134
Henston, Robert 29
Herbert, Isaac 169
   Nicholas 116
Herdie, James 164
Herring, Michael 33
   William 124
Heston, Harman 31
Hetchcock, Mary 128
Hetherington, Christopher 160
Heverd, William 60
Hew, see Hughes
Hewes, see Hughes
Hewison, William 173
Hewitt, George 22
   John 75
   Martha 75
Hewkes, Edward 115
Hewlett, Elizabeth 135
   John 21
Hiams, Moses 143
Hichman, George 89
Hick, Matthew 87
Hickenbottom, John 76
Hickison, William 90
Hieatt, Joseph 25
Higgins, Maurice 19
   William 152
Higman, Edward 86
Higson, George 79
   John 79
Hilditch, Rebecca 155
Hilint, Elizabeth 108
Hill, Ann 70 175
   Anthony 41
   Charles 11
   Elizabeth 48
   Henry 38
   Jane 48
   John 4 48
   Joseph 167
   Mary 48
   Richard 59 76
   Thomas 7 48 61
Hillier ⎫ David 76
Hilliar ⎬ Frederick 17
Hillyer ⎭ James 85
   William 112
Himler, Thomas 113
Hinam, John 77
Hinch, Sarah 71
Hind ⎫ Alexander 85
Hynes ⎭ Edward 152
   Isaac 63
   John 24 85
Hinton, James 73
Hiorne, William 45
Hippesley, Jos. 64
Hisme, Andrew 88

Hitchin, John 84
Hiton, Richard 56
Hix, Samuel 23
Hoare, John 136
Hobbs, Ann 9
   Richard 9
Hobec, Thomas 159
Hobkirk, — Mr. 36
Hodges ⎫ Giles 15
Hodge ⎭ Joseph 175
   Richard 116
   Samuel 82
   Thomas 124 125
Hodgson ⎫ Catherine 82
Hodson ⎭ John 82 167
   Thomas 66 82
   William 41 104
Hogden, John 77
Hogg, Richard 169
   Robert 39
Hoggart, Robert 5
Holbrook, John 127
Holden, Abraham 136
   Ralph 89
   Thomas 138
Holding, John 27
Holdman, — Mr. 145
Holdsworth, Charles 21
Holfredshaw, Matthew 10
Holiday, see Holliday
Holkirk, William 39
Holland, Thomas 147
Holliday ⎫ John 67
Holiday ⎭ Robert 123
   Sarah 123
Hollingworth, George 144
Hollis, Daniel 139
Holloway, William 134
Holmes, James 69
   John 8
   Thomas 19 123
   William 97
Holt, John 119
Holton, George 15
Honeywood, Arthur 97
Honsdon, Henry 112
Hood, Elizabeth 153
Hook, Samuel 104
Hooker, Thomas 69
Hoons, Mary 135
Hooper, James 104
   Jeremiah 22
   Mary 111
   Robert 39
Hopkins, Ann 14 161
   Elizabeth 23
   John 152
   Patrick 98
   William 14
Hopper, Anthony 146
   John 66
   Thomas 89 97
Horne, — Mr. 12
   Henry 84

Hornsell, Richard 79
Horrabin, Edward 153
Horrell, Francis 127
Horsfield, Joseph 86
   Luke 85
Horsman, Christopher 150
Hoskins, John 92
   Thomas 19
Hosser, Rebecca 146
Hotchkiss, William 129
Hotham, Richard 53
Hotson, — Mr. 16
Houchen, Sarah 129
   Susanna 129
Hounsby, John 176
House, James 118
Houseman, Henry 101
Houstown, Alexander 179
How, — Mr. 174
   Francis 27
   Isaac 5
Howard, Elizabeth 6
   James 124
   John 4 131
   Joseph 22
   Margaret 82
   Michael 74
   Thomas 6 32 128
   William 5 153
Howell, Rebecca 141
   Sarah 141
Hoy, John 163
Hubbard, John 31
Hubbart, Joseph 17
Hudd, Thomas 25
Huddleston, Thomas 166
Hudson, James 164
   John 19
   Mary 164
   Susanna 70
   Thomas 19 53
   William 31 125 129
Huggin, William 141
Hughes ⎫ — Capt. 59
Hew ⎬ Arthur 147
Hewes ⎭ Betty 14
   Diana 64
   Henry 97
   John 27 31
   Mary 153
   Robert 11
   Samuel 93
   Stephen 18
   Thomas 33 69
   William 90
Hull, William 156
Hullatt, John 126
Humble, John 143
Hume, John 172
Humphry ⎫ Charles 111
Humphries ⎭ John 33
   Richard 18
   Thomas 137
Hunt, George 152

Hunt ⎱ John 118
cont'd ⎰ Walter 79
    William 57
Hunter, George 48
    James 94
    M. A. 94
    Matthew 56
    Samuel 7
Huntlong, Hugh 70
Hurd, John 140
Hurdy, Jane 149
Hurley, Daniel 91
    Paul 145
Hurst, Ann 70
    Robert 96
    Stephen 40
Hutchinson, Ann 55
    Daniel 92
    Francis 55
    James 160
    John 55 72
    Joseph 54
    Major 55
    Margaret 55
    Ralph 55
    Samuel 168
Hutton, Christopher 85
    James 150
Huttson, Henry 65
Hyam, — Mr. 170
    Joseph 177
Hynes, see Hind

Ilsley, Randal 123
Ingram, William 85
Innis, Robert 30
    Simon 84
Ireland, Thomas 90
Irvine, Adam 145
    Elizabeth 145
Irwin, James 9
Isaac ⎱ Jos. 7
Isaacs ⎰ Samuel 163
    William 179
Israel, Joseph 12 16
    Peter 12 16
    William 12 16

Jacks, James 58
Jackson, Benjamin 67
    Edward 165 171
    Isabella 52
    James 152
    John 77 141
    Michael 135
    Robert 65
    Sarah 141
    Stephen 153
    Susanna 143
    Thomas 77 83 98 132
    William 116 157 173
Jacobs ⎱ Moses 143
Jacob ⎰ Samuel 38
    Thomas 90

Jacque, see Jaques
Jacques, see Jaques
James, Ann 64
    Charles 29
    Daniel 126
    Evan 130
    George 29 95
    Henrietta 157
    John 55
Jameson, James 6
    John 124
Jaques ⎱ Elinor 50
Jacque ⎬ John 66
Jacques ⎰ Joseph 50
    William 38
Jarratt, William 66
Jarrott, Elizabeth 128
Jarvis, George 147
Javes, William 163
Jefferson, Robert 16 67 71
Jeffery ⎱ James 77
Jefferys ⎰ William 24
Jenison, John 178
Jenkins, Austin 35
    Elizabeth 158
    John 13
    Richard 139
    William 10 125
Jenner, William 99
Jennings ⎱ — Mr. 76
Ginnings ⎰ George 20 133
    Joseph 11
    Theodore 148
Jerard, John 72
Johns, James 91
    John 96
Johnson, — Mr. 101 145
    Charles 74
    David 158
    Edward 62 85
    Emmanuel 150
    George 7 129 150 163
    Hersford 98
    Hezekiah 101
    Jacob 83
    James 114
    John 49 65 69 125 141 145
    Joseph 89 150
    Margaret 150
    Martha 49
    Mary 81
    Robert 39
    Samuel 14
    Thomas 57 121
    William 14 49 65 69 150 151 163
Johnston, William 104
Jolly, James 133
    Martin 132
Jones, — Mrs. 53
    Charles 73 159
    David 53
    Edward 100

Jones ⎱ Elizabeth 24
cont'd ⎰ Ellis 77
    George 102
    Henry 26 165
    Hugh 15
    James 96 139
    John 32 40 99 120 123 136 167
    Joseph 14
    Lawrance 88
    Mary 113 157
    Moses 21
    Philip 138
    Richard 14 91 102
    Robert 19 104
    Rowe 178
    Samuel 127
    Scriven 129
    Thomas 21 44 51 52 90 129 141 146 159
    William 7 53 60 66 84 102 119 137 152 155 157
Jopp, Hugh 59
Jordan, Samuel 127
    Susanna 169
    Thomas 156
    William 127
Journ, John 121
Joy, James 70
Judson, Thomas 86
Jukes, David 65

Kair, Thomas 63
Kalin, Thomas 161
Kamey, Lawrence 105
Kaugho, Morris 62
Kay ⎱ Ann 46
Kaye ⎰ Brian 46 48
    Charles 89
    Dorothy 46
    Elizabeth 46
    Hannah 46
    Jane 46
    Robert 46
    Sarah 46
    William 46
Keater, William 93
Keaton, William 139
Kedman, Thomas 134
Kedton, William 86
Keeble, Henry 136
Keefe, Owen 112
Keeling, Matthew 140
Keen ⎱ Edward 162
Keene ⎰ James 96
    William 121
Keep, James 121
Keith, Duncan 163
    James 97
Kelly, B. 95
    Edward 14 84
    James 119
    Lakey 103
    Lawrance 163

Kelsey, Benjamin 152
Kemgs, Samuel 127
Kendal, Ann 141
Kennedy ⎱ Alexander 30
Kenneday ⎰ John 95
　　Mary 75
　　Michael 27
　　Thomas 11
　　Timothy 119
　　William 106
Kennelly, John 29
Kenny, Richard 12
Kensley, — Mr. 16
Kent, Edward 162
　　Henry 31
Kentish, Ann 169
Kermet, Barbara 135
Kerr, David 176
Kersey, Thomas 153
Kerton, William 32
Ketler, John Carl 6
Kettle, William 111
Keymer, William 64
Keymester, John 86
Keys, Jemima 15
　　Matthias 15
Kidder, Benjamin 164
　　William 98
Kidman, Thomas 128
Kilburn, Isaac 97
Kilman, William 6
Kindon, John Augusts 53
King, Abraham 77
　　Charles 112
　　Christopher 163
　　Edward 71
　　George 115 126
　　James 13 156
　　John 13 64 155
　　Robert 138
　　Samuel 135
　　Thomas 14 150
Kingsford, Philip 153
Kinslow, Thomas 134
Kirby, Christopher 85
　　Valentine 144
Kirkby, Ann 56
　　John 56
Kirkham, Edward 11
Kitcher, Richard 131
Kite, Thomas 28
Knet, Francis 134
Knight, Grifin 91
　　Jacob 58
　　John 17 54 109 122
　　Robert 18 139
Knowsley, — Mr. 48
Knox, William 158
Kukan, Alexander 60
Kumber, William [Kunber, William] 22
Kumlert, Martin 170
Kunber, William 22
Kyll, Forbes 73

Lack, John 164
Lackman, Mark 91
Lafar, Joseph 83
Laikie, Archibald 97
Laird, William 31
Lake, Charles 62
Lakeman, Daniel 30
Laking, Ann 72
　　Joshua 72
Lamb, Brian 163
　　John 65 77
　　Joseph 136
　　William 102
Lambden, Nathaniel 17
Lambert, ——— 26
　　Anthony 128 135
　　George 5
　　James 5
　　William 77
Lampen, Matthew 138
Lancaster, John 74
　　Thomas 72
Lander ⎱ Joanna 157
Landers ⎰ John 39 105
　　Samuel 97
Landon, Thomas 144
Lane, John 10 109 122
　　William 109
Langdon, John 136
Langester, John 78
Langford, William 84
Langley, John 77
　　Josiah 77
　　Timothy 77
Lasey, John 32
Latewood, William 167
Latham, John 72 118
　　Mary 16
　　Thomas 64
Laurent, Francis Sir 26
Lavell, John 15
Lavender, John 18
Law ⎱ Andrew 59
Laws ⎰ Joseph 100
　　Thomas 140
　　William 37
Lawler, Mary 62
Lawrence ⎱ Anthony 7
Lawrance ⎰ Edward 30
　　James 17
　　Sarah Ann 62
　　Thomas 38 55 74 123
Lawrie, James 58
Laws, see Law
Lawson, Henry 142
Lawton, Joseph 107
Layton, Elizabeth 41
　　Francis 41
　　John 41
　　Thomas 100
Lazinby, William 98
Leach, James 41
　　John 113
　　Mary 70

Leathergough, John 123
Lecount, Samuel 144
Lee, Alexander 119
　　James 103
　　John 21 104
　　Robert 119
　　Samuel 63
　　William 87 112 141
Leek, John 6
Le Fount, Mary 106
Legard, Joseph 90
Leming, Robert 50
　　Thomas 8
Le Moine, ——— 57
Leneveu, John 73
Leonard, William 103
Lepo, John 129
Leslie ⎱ Charles 30
Lessley ⎰ David 88
　　Robert 33
Lester, Charles 31
　　Francis 99
　　William 178
Lever, Ashton 153
Leverston, Ann 113
Levi, Hester 81
　　Moses 81
Levingstone, Chloe 25
Lewce, John 164
Lewis, Catherine 158 177
　　Charles 83
　　John 53 83 133
　　Joseph 38
　　Joshua 83
　　Maria 177
　　Mary 177
　　Richard 24 83
　　Samuel 54 165
　　Susanna 61
　　William 9 58 92 97
Lewisger, John 163
Lewthwaite, John 132
L'Fabeure, Rachel 101
Liddle, George 172
Liggins, Thomas 63
Lightfoot, Samuel 17
　　Sarah 88
Lilly ⎱ James 120
Lilley ⎰ Joseph 137
　　William 90
Limford, Elizabeth 141
Linch, see Lynch
Lind, George 61
Lindsey, John 101
Ling, Matthew 32
Linley, Luke 155
Linnon, William 171
Linton, George 146
　　John 43
　　William 97
Lipcombe, James 146
Lipdry, Jacob 37
Lish, John 73
Lishman, John 145

Lisper, Henry 133
Lister, Farrol 131
Litchfield, John 133
Lithcow, Andrew 172
   Elizabeth 172
   Jane 172
   Robert 172
Lithgow, — Mr. 122
Lithman, Catherine 123
Little, Ann 50
   James 147
   John 119
   Richard 59
   Thomas 50 79
   William 26
Littlewood, Benjamin 90
Lloyd ⎫ Lucy 11
Loyd ⎭ Thomas 99 140
Lockweer, Samuel 123
Lodge, Matthew 149
Loftman, Benjamin 98
Logan, James 69
   John 144
Lomas, William 89
Lomes, Richard 71
Lone, Elizabeth 117
Long, Elizabeth 141
   George 32
   Henry 54
   John 99
   Robert 38
   Samuel 86
Longest, Daniel 136
Longust, Reuben 115
Longwood, William 143
Looker, Benjamin 64
Lops, Ambrose 133
Lord, John 170
   Richard 152
Lorrimore, George 10
Love, Margaret 159
   William 133
Lovell, William 15
Lover, James 144
Lowe ⎫ John 5 35 37
Low ⎭ Joseph 40
   Sarah 115
   Thomas 30
Lowell, John [Lavell, John] 15
Lowerson, Mary 150
   Richard 49
Lowry, Mary 150
Lowthier, Mary 51
Loyd, *see* Lloyd
Lozum, Charles 25
Lucas, Hewill 27
   John 100
Luck, Edward 125
Luckman, James 141
Ludley, Eleanor 156
Lumley, Diana 48
   John 42 48
   Ruth 48
   Thomas 48

Lumpey, Ambrose 129
Lumsden, James 54
Lunningham, Alexander 16
Lusby, Henry 38
   Robert 38
   Thomas 13
Luscombe, William 11
Lusher, John 155
Lutton, John 52
Lye, William 104
Lynch ⎫ Daniel 135
Linch ⎭ James 31
   John 89 97
   Nicholas 138
Lynn, James 95
   Thomas 55
Lyon ⎫ James 118
Lyons ⎭ John 123
   Joseph 164
   Mary 24
   William 13 100
Lytham, James 15

Mabletuft, Samuel 21
McAndrew, Alexander 173
Macartney, — Lady 179
   George Sir 179
McBone, Thomas 152
McBride, Martha 164
McCarthy, Thomas 17
McCeun, — Capt. 35
McClean, Duncan 140
McCloud, Charles 35
   John 6
   Roderick 125
McColl, William 106
McColley, Benjamin 58
McCulloch, Barbara 172
   Hugh 62
   Mary 15
   William 172
McCunn, John 144
   Matthew 51
McDaniel, Alexander 112
McDonald, Duncan 38
   F. B. 145
   John 91
   Michael 105
   Philip 14
   Terence 5
McEnnis, Edward 137
McFading, Edward 134
McFasson, Daniel 118
McGhie, Daniel 78
McGilchrist, Daniel 127
McGill, Andrew 92
   John 28
McGuire, Daniel 76
McHean, Maria 79
   Stewart 79
Machlin, John [Macklin, John] 35
   Mary [Macklin, Mary] 35

McIntosh, John 172
   Nicholas 160
Mack, Thomas 78
Mackay, John 12 78
   John Alexander 45
McKenzie ⎫ George 26 118
Mackenzie ⎬ John 117
Mackenzy ⎭ Peter 21
   Thomas 14 64
McKernelly, Patrick 162
Macklin, John 35
   Mary 35
McKnally, Michael 25
McKoin, Thomas 5
Mackrell, Edward 124
   James 124
McLinzey, Murray 94
McNeader, William 29
McPhee, Daniel 153
McPherson, William 53
Macquet, Peter 7
Macquire, Peter 166
McVael, Thomas 145
McVicar, Barnabas 147
Macwell, William 173
Madden, John 147
Magguire, Elizabeth 106
Mahany, Dennis 161
Mahon, Edward 120
Mahony, Jasper 128
   Jos. 120
Mair, Peter 14
Major, James 5
Makar, James 134
Making, Elias 99
Malm, Andrew 10
Malone, John 142
   Mark 45
Man, *see* Mann
Managan, Jane 134
Manders, Thomas 144
Mandeville, — Miss 36
Maney, Morris 120
Manley, William 139
Manlufmore, Mary 70
Mann ⎫ — Lieut. 176
Man ⎭ George 85
   James 128
   John 77
Manning, Robert 155
   Thomas 176
   William 103
Mansfield, Elizabeth 62
   John 131
Manson, Barbara 173
   Elizabeth 174
   Margaret 174
   Thomas 173
Manyor, Patrick 14
Mara, Francis 41
March, Benjamin 112
   Jos. 112
Marilley, Richard 69
Mark, Deborah 80

Mark ⎫ Elizabeth 80
cont'd ⎭ Isaac 80
    John 28
    Mary 80
    Philip 51
    Sarah 80
    Thomas 80
Markham, George 155
    William 60
Marr, James 119
Marry, Barnat 148
Marsh, Page 9
Marshall ⎫ — Mrs. 69
Marshal ⎭ David 34
    Israel 49
    James 69
    Leonora 73
    Thomas 51
    William 17
Martin, Francis 36
    Isaac 134
    Jane 175
    Jos. 90
    Joseph 74 140
    Lewis 25
    Peter 116
    Robert 83 111 172
    Thomas 143
    William 58 90
Mashman, Samuel 108
Maskal, Henry 18
Mason, Abraham 42
    Francis 67
    Jane 136
    John 102
    Marmaduke 117
    Richard 135
    Robert 124
    Rose 141
Masserback, Felix 170
Masslin, Robert 70
Masterton, James 107
Matee, Charles 53
Mathason, Alexander 77
Mather, Eliza 70
Mathershaw, Joseph 115
Mathews ⎫ John 20 41 139
Mathew ⎭ Mary 70
    Peter 83
    Richard 38
    Thomas 71
    William 141
Mathey, Frederick 98
Maxwell, David 172
    John 157
    Peter 89
    Robert 106
May ⎫ Charles 111
Mays ⎭ Edward 79
    Francis 104
    John 120
    William 139
Mayer, Richard 140
Maynard, William 149

Mayo, George 17
    Robert 9
Mayor, John 53
Mayot, John 53
Mays, see May
Mead ⎫ James 131
Meads ⎭ John 77 119
    Joseph 98
    Stephen 175
    William 161
Meakins, Samuel 22
Mealey, Martin 120
Medget, Jos. 104
Medway, Elizabeth 87
    Lydia 87
    Robert 87
    Susanna 87
Mee, William 163
Meech, John 102
Meekham, Samuel 103
Meldram, James 110
Mellegan, — Mr. 88
Mellers, George 40
    James 45
Melling, John 79
Melson, William 115
Melville ⎫ — Mr. 68
Melvil ⎭ James 52
Mennard, George 67
    Robert 67
Mercer, George 135
Mercey, George 74
Merrick, Thomas 137 164
Merrill, John 166
Merriott, Middleton 128
Merritt, Ann 124
Merryfield, John 54
    Robert 103
Merssey, William 5
Messenberg, George 96
Metcalf, William 57 133
Mibross, Jane 173
Mickell, Ephraim Christian 100
Middleton, William 101 167
Milborn ⎫ Andrew 117
Milburn ⎭ Christopher 117
    Elizabeth 173
Miles, Benjamin 131
    Francis 129
    Thomas 71
    William 70
Mill, see Mills
Miller, Alexander 18
    Archibald 114
    James 164
    Jane 72
    John 61 74
    Joseph 156
    Leonard 131
    Nicholas 146
    Richard 5 26 77
    Thomas 72
    William 68 99

Milliner, Francis 37
Millington, Nathaniel 61
Millon, John 65
Mills ⎫ — Mr. 68
Mill ⎭ Esther 61
    Martin 111
    Richard 79
    Robert 86
    Thomas 21 72 141
Milne, Peter 18
Milner, Elizabeth 67 68
    Jonathan 67
Milsteed, John 54
Milton, George 162
    John 65
    Thomas 162
Mingay, John 104
Minns, James 61
Minphey, Samuel 137
Mitcham, Christopher 168
Mitchell ⎫ David 178
Mitchel ⎭ John 31 141
    Mark 29
    Richard 102
    Samuel 31
    Thomas 8
    William 10 143
Mitchinson, William 87
Mitner, Robert 89
Mitson, John 120
Mohr, John George 170
Moir, Andrew 40
    James 40
    Jane 9
Molan, James 64
Moland, William 90
Mollet, Elizabeth 71
Molley, — Mrs. 76
Molling, William 113
Mondindale, William 38
Mondy, Richard 152
Money, Ann 161
Monk, William 87
Monkhouse, Jane 153
Monroe ⎫ Charles 26
Monro ⎭ Duncan 174
Moobat, Joseph 161
Moody, John 23 81
Moon, James 57
    John 57
    William 67
Moore ⎫ George 40
Moor ⎭ James 39
    John 25 37 53 125 137 160 161 162
    Joseph 120
    Margaret 14 160
    Matthew 86
    Robert 89 96
    Samuel 99
Moorhouse, Stephen 79
Mooring, Andrew 165
    James 103
    Thomas 65

Morfett, Hannah 87
   Mary 87
   William 87
Morgan, Charles 139
   Elizabeth 165
   Lewis 130
   Mary Ann 34
   Thomas 106 152 163
   William 4 39
Moreran, William 162
Morien, John 10
Morpeth, Thomas 25
Morris ⎫ Arthur 136
Morres ⎭ Christopher 161
   Elizabeth 53 62
   George 114
   Henry 40
   James 136
   John 112
   Martin 52
   Stephen 131
   William 134
   Wollaston 70
Morrison, John 153
   Morris 163
   Thomas 76
   William 86
Morrough, Nicholas 167
Morton, Mark 169
Moses, Lyon 71
   Mark 146
Mosley, Elizabeth 11
Moss, Joseph 124
   Robert 134
Motral, Thomas 154
Mountair, Dorothy 81
   Francis 81
Muir, Alexander 6
Mullender, Thomas 164
Mullunly, Margdin 98
Munn, John 91
Munton, William 158
Murdock, John 81
   Samuel 81
   Thomas 81
Murphy, B. 109
   Charles 125
   James 44
   Jeremiah 115
   Michael 167
   Thomas 39
Murray ⎫ David 172
Murry ⎭ Mary 63
   N. 109
   Walter 176
Murtis, John 55
Musgrave, Francis 20
Muttery, James 32
Myries, — Miss 174

Nage, John 153
Naile, John 24
Nainby, William 96
Nangle, William 121

Nappier, Jos. 110
Nash, Bridget 32
   Henry 69
   James 109 121
   Samuel 152
   Thomas 84
   William 129 135
Naterlow, Jos. 143
Naylor, Ann 142
   Elizabeth 142
Neale ⎫ — Mr. 101
Neill ⎬ Sarah 147
Niel   ⎭ Thomas 24 27
Neave, John 100
Needs, James 31
Negus, Thomas 76
Neill, see Neale
Nelson, James 124
   William 87
Nesbitt, John 64
   John Sir 170
Netherwood, Joseph 81
Nevil, Philip 19
New, Martin 53
Newberry, John 123
Newcome, William 58
Newland, Henry 30
   John 64
   Thomas 131
Newman, C. F. 130
   Edward 33
   Martha 164
   Samuel 28
   Thomas 115
   William 169
Newport, James 165
Newson, Mark 73
   Robert 54
Newstead, Robert 135
Newth, Samuel 134
Newton, Fergus 15
   John 112
   Mary 149
   Matthew 154
Nicholas, Richard 98
Nichols, — Mr. 35
   James 94
   John 19 58
   Roger 29
   Thomas 32
Nicholson, George 111
   Simon 17
Niel, see Neale
Nixon, Richard 160
Noddin, Michael 67
Nolbrow, William 86
Noll, William 103
Nolonier, — Mr. 122
Nonis, George 169
Norman, John 77 83
Norris, Ann 161
   Hugh 166
North, Sarah 148
Northey, William 168

Norton, James 13
   John 19 33
   Nathaniel 108
   Robert 17
   Thomas Fred 13
Notley, Peter 19
Noxon, Richard 143
Nowland, James 30
Nugent, Michael 115
   Richard 34
Nuir, Alexander [Muir,
   Alexander] 6
Nuttall, Joseph 18
Nutting, Joseph 90

Oakeley, John 6
Oakes, William 39
Obeley, John Peter 70
O'Brian ⎫ Adam 21
Obrian ⎬ Archibald 6
Obryne ⎭ Patrick 13
   Thomas 13
Ockershanson, John 6
O'Connor, Charles 16
Ogelvie, Robert 6
Ogier, Catherine 35
   Charlotte 35
   George 18
   John 35
   Lewis 35
   Lucy 35
   Mary 35
   Peter 35
   Thomas 35
Ogle, Benjamin 30
Ohlen, Henry George 123
Ohlson, William 98
Okell, George 141
Old ⎫ James 123
Ould ⎭ John 58 72
Oldaker, William 104
Oliphant, James 171
Oliver, James 158
   John 107 167
   Matthew 120
   Richard 68
   Thomas 93
Onchard, John 162
O'Neil, Duncan 28
Onsman, Thomas 19
Onwin, John 6
Orkird, John 67
Ormond, Joseph 29
   Thomas 117
Orpwood, John 5
Orrage, George 117
Osborn ⎫ Abraham 124
Osborne ⎭ Thomas Watts 40
Osgood, Abraham 175
Ould, see Old
Owen, James 21 29
   Richard 33
Oyle, Frederick 37

Pack, Beate Lewis 7
Packer, James 29
    John 88
Padmore, J. 26
    Jos. 127
Page, John 127 165
    William 13
Pagram, William 142
Paine ⎫ Anthony 107
Payne ⎭ David 113
    Elizabeth 146
    Francis 76
    George 70
    Low 146
    Richard 22
    Thomas 21 105
    William 29 40 142
Paintin, William 28
Pake, Ann 34
Palister, Joseph 46
Pallett, James 83
Palmer, Benjamin 104
    Charlotte 128
    Edward 163
    James 92
    John 133 174
    Joseph 102
    Nathaniel 125
    Stephen 119
    Thomas 162 167 175
Palpernan, Aaron 4
Palrim, John 9
Pampe, Frederick 29
Pandel, Martin 99
Pankhurst, Francis 120
Parent, Esther 119
    T. P. 119
Paris, Benjamin 22
    David 55 175
Parke, Roger 166
Parker, Archilas 24
    Elizabeth 43 151
    James 151
    John 42 84
    Joseph 43
    Mary 42 151
    Paul 178
    Robert 69
    Sarah 117
    William 6 8 22 42 43 160
Parkhurst, John 20
Parkinson, John 107
Parlow, John 113
Parr, Nathaniel 164
Parrott, Benjamin 6
    Thomas 163
Parset, John 165
Parsley, John 70
Parsons, Mary 26
    Thomas 112
Partridge, Christopher 53
Pase, William 120
Pashley, William 72

Paterlange, John 100
Paterson, *see* Patterson
Patison, *see* Patterson
Patmore, Richard 64
Patrick, Eleanor 61
    William 165
Patterson ⎫ Bridget 160
Paterson ⎪ Jane 113
Patison   ⎬ John 5 160
Pattison ⎭ Jonathan 45
    Thomas 99 160
    William 32 72 129
Paulson, James 147
Payne, *see* Paine
Peacock, Elizabeth 107
    John 107
    Robert 99
Peakstone, Eleanor 173
Pearce ⎫ George 69
Pearse ⎭ Robert 111
    Samuel 28
    William 51 99
Pearson ⎫ — Mr. 154
Pierson ⎭ Ann 173
    Christopher 67
    Esther 71
    George 44
    John 163
    Joseph 72
    Nicholas 71
    Thomas 97 159
    William 67
Peate, William 83
Peck, Helen 151
    Isaac 151
    Jane 151
    Joseph 151
    Joshua 86
    Mary 151
    Richard 41 151
    Robert 151
    Rose 151
Peckett, *see* Pickett
Pedder, William 53
Peebles, Hugh 68
Peel, John 160
Pele, John 112
Pelham, Mary 116
    William 116
Pellett, Rosetta 71
Pemberton, Charles 102
    Edward 5
    Thomas 6
Pembroke, John 139
Pendleton, Samuel 76
Penfield, Thomas 167
Penn, Samuel 113
Pennington, John 161
    Sarah 44
Penny, Charles 130
    John 26
    Samuel 153
Peper, Joseph 132
Peplow, Richard 144

Perches, William 131
Percival, John 156
Perkle, James 98
Perriman, Henry 108
    Richard 86
Perring, John 51
Perris, Thomas 78
Perry, Alexander 18
    Ann 9
    George 17
    Isaac 70
    John 93
    Robert 114
Peschier, — Madam 122
    John 122
Pescod, Joseph 160
Peterkin, Alexander 174
Peters, William 115
Pether, Mary 15
Petrie, John 132
Petty, John 61
Pettyt, J. P. 156
Peyerden, John 113
Phain, Francis 144
Phalon, Timothy 61
Phaup, Benjamin 78
Pheasant, Samuel 32
Phelps, John 91
Phepol, Mary 137
Phillips ⎫ Ann 113
Philips ⎬ George 36
Philps   ⎭ James 113
    John 109 159
    Mary 69
    Samuel 161
    Sarah 159
    Stephen 84
    Thomas 121
    William 30 121
Phipps, Thomas 113
Pickard, Francis J. 20
Pickering, Samuel 41
Pickett ⎫ Edward 47
Peckett ⎭ Giles 47
    James 47 176 177
    John 47
    Margaret 47
    Mary 47
    William 47
Pickler, Fanny 56
    Grace 56
    Mary 56
    Nancy 56
    Sarah 56
Pickny, Michael 66
Pierson, *see* Pearson
Pillar, Charles 163
Pincock, John 38
Pinder, George 136
    Thomas 167
Pink, Edward 121
Pinney, Richard 122
Pinsent, John 23
Pinté, Joseph 39

Pipes, Jonathan 48
    William 48
Pitkin, Thomas 123
Pitman, William 97
Pitts } James 139
Pitt } Stephen 137
    William 129
Piveyer, Samuel 163
Place, James 21
Platt, John 79
    Thomas 73
Pleden, John 58
Pledge, Mary 156
Ploughton, Alexander 94
Plumber, John 168
Plunkett, ——— 9
Pocock, William 166
Podvin, John 62
Polembo, Moses 69
Pollard, William 25
Pomfrey, William 145
Ponay, George 62
Pool } Hannah 148
Poole } Hy. 141
Pope, John 27 121
    William 109
Poplett, Elizabeth 115
Porteus, Simon 171
Potter, Thomas 54
Pottinger, James 105
Poulter, Samuel 112
Pound, Edward 31 58
Povey, James 113
Powell, Ann 164
    James 85 91
    John 31 175
    Joseph 11
    Lydia 24
    Mary 110
    Penelope 128
    Richard 17
    Sarah 148
    Thomas 111
    William 24
Power, Andrew 167
    William 95 144
Poyntell, William 136
Poynton, William 162
Poyton, James 102
Pratt, George 95
Prescott, Henry 136
Pressett, John 28
Preston, Edward 86
    George 11
Price, Edward 8
    Hugh 102
    John 12 153
    Nathaniel 18
    Rice 146
    Samuel 144
    Thomas 65 91
    William 19
Pricker, John 125
Priest, Joseph 166

Primrose, William 128 134
Pringle, George 24
    James 110
    John 83 157
Pringley, William 74
Prinoch, Jonathan 58
Print, John 85
Prior, Benjamin 86
    Walter 108
Progers, Thomas 31
Proom, William 27
Proud, William 84
Proudfoot, John 112
Puckridge, Moses 120
Pudeford, Jane 33
Pullen, Thomas 70
Pulley, Edward 161
Purcel, Nicholas 110
Purdy, Thomas 171
Purellio, Camlin 129
Purser, James 54
Purvis, Peter 53
Pye, John 113

Rackstrow, Thomas 30
Radcliffe, John 139
Raguet, John 25
Raid, David 11
Rainford, — Capt. 59
Ralph, Joseph 69
Ramsey, Thomas 4
    William 112
Rand } Thomas 30
Rands } William 135
Randall } Ann 57
Randal } John 57 77 78
    Robert 87
Rands, *see* Rand
Raney, Abraham 81
Ranson, William 159
Rant, John 114
Rassey, James 18
Rawlins } — Miss 156
Rawlings } Ama 156
    Elizabeth 23
    Robert 149
Ray, Henry 23
Raynells, *see* Reynolds
Read } Ann 47
Reade } Elizabeth 67
Reed } George 47 63
    Hannah 47
    Hugh 112
    Isaac 17
    Isabella 47
    James 105 106
    John 17 46 47 89
    Joseph 78 120
    Margaret 81
    Mary 113
    Thomas 169
    William 67 81 109 166
Redding } John 60 121
Reading } William 155

Redfield, Elizabeth 149
Redmond, Patrick 10
Redpeth } John 132 159
Ridpeth } Mary 159
Reeby, John 162
Reece, Thomas 109
Reed, *see* Read
Rees, David 95
    Henry 69
Reeves, Joseph 15 141
    Richard 85
Refane, Ann 113
Regan, Jeremiah 152
    Roger 167
Reiley, *see* Riley
Reilly, *see* Riley
Remnant, John 91
Remonda, John 107
Rennie, John 10
Restley, John 162
Retallack, Simon 90
Revely, Edward 60
Reybolt, Jacob 37
Reych, William 169
Reynolds } Arthur 8
Raynells } Catherine 23
    Francis 131
    John 108
    Richard 139
Reynsbottom, Isaac 159
Rhodes } James 153
Roads } John 64 69
Ricard, Polin 69
Rice, Thomas 155
    William 5
Rich, Joseph 78
Richards } ——— 101
Richard } Benjamin 5
    Edward 138
    Jane 138
    John 136
    Samuel 133
    Thomas 30
Richardson, — Mr. 60
    Adam 15
    Charles 36
    John 67 147
    Ralph 106
    Richard 38
    Samuel 89
    Thomas 36 175
    William 69 85
Richer, John 72
Riches, George 176
    John 176
Ricker, Elizabeth 179
    John Peter 179
Ricketts, W. H. 4
Riddie, Richard 122
Ridge, Jonathan 108
Ridgway, Mary 155
Ridley, Drew 39
Ridpeth, *see* Redpeth
Rigdel, Catherine 141

Right, William 89
Riley ⎫ John 63 98 123
Reiley ⎬ Patrick 5 24
Reilly ⎪ Richard 103
Ryley ⎭ Thomas 137
    William 25
Rime, John 60
Rimer, Edward 83
Ringer, Robert 64
Rinney, Patrick 114
Ripley, William 110
Rish, John 77
Ritchie, Alexander 31
    Benjamin 64
Rixon, John 94
Roach, Charles 90
    Redn^d 130
Roads, *see* Rhodes
Roan, Christopher 108
Roberts, — Mr. 88
    James 133
    John 27 141 145 158
    Margaret 145
    Mary 153
    Owen 31
    Samuel 33
    Thomas 75
Robertson, James 22
    John 26 148
    Robert 72 158
    William 49
Robins, Owen 28
Robinson ⎫ Alexander 33
Robson ⎭ Ann 151
    Charles 154
    Eleanor 171
    Elizabeth 151
    Francis 151
    James 130 143 171
    Jane 171
    Jenny 151
    John 15 64 65 66 85
    109 114 151 155
    Jonathan 151
    Joshua 57
    Martha 71
    Martin 138
    Mary 44 71 153 171
    Robert 171
    Samuel 13
    Thomas 84
    Walter 59
    William 71 121 151
Robley, Joseph 37
Robson, *see* Robinson
Rock, William 31
Rodd, William 25
Roddick, James 10
Roe, Ann 134
    Joseph 13
    Roger 127
Rogers, Joshua 62
    Moses 16
    William 155

Rogerson, — Mr. 60
Rolfe ⎫ John 103 104
Rolph ⎭ Mary 154
    William 22
Roll, John 74
Rolph, *see* Rolfe
Roney, William 74
Roper, Catherine 92
Rose, David 129
    John 98
    Robert 18
    Stephen 147
Ross ⎫ Jane 110
Rosse ⎭ Robert 91
    Thomas 159
    William 77 97
Routh, John 42
Routlidge, Diana 43
    Joseph 43
    Sarah 43
    William 43
Row, John 143
Rowden, Thomas 51
Rowland ⎫ Charles 89 121
Rowlands ⎭ James 58 132
    Thomas 137
Rowlandson, Richard 55
Rowlatt, James 40
Rowley, John 117
Roworth, John 163
Roy, William 10
Rubidge, Thomas 100
Rudd, Amos 138
Rudkin, Thomas 92
Rudsdell, Joseph 103
Rule, Thomas 10
Rumford, William 145
Russell ⎫ — Maj. 16
Russel ⎭ Andrew 108
    David 37
    James 144
    John 158
    Thomas 60 93
Rust, Stephen 115
Rutherford, Charles 68
    John 99
Rutland, — Duke 47
Ryan, Edward 95
    George 146
Ryde, Elizabeth 89
Ryder, William 131
Ryland, John 26
Ryley, *see* Riley

Sabin, Thomas 116
Sabouren, Daniel 111
Sacker, John 139
Sacquetin, Francia 69
Sadler, George 105
    Ralph 118
    William 148
Sale, Joseph 135
Salisbury, Charles 173
    Edward 63

Salisbury ⎫ Robert 173
cont'd ⎭ Thomas 62 173
Salmon, Elizabeth 52
    John 77 106 153
Salter, Robert 111
Salton, William 31
Salver, Thomas 104
Sammonds, Thomas 131
Sammony, George 24
Samms, Richard 55
Sampell, James 147
Sampson, Rachel 146
Samuel, Gilbert 131
    Robert 113
    Samuel 37
Sanbatch, John 110
Sanders, *see* Saunders
Sanderson, John 110
Sandlant, William 65
Sanger, Stephen 24
Sangster, John 5
    William 117
Sanson, Luke 39
Santerin, Jacobina 171
Sargood, John 91
Sarratt, George 121
Satchwell, Thomas 167
Saul, John 119
    Mary 119
    S. L. 119
Saunders ⎫ Daniel 135
Sanders ⎭ John 5 27 30 110
    Roxana 71
    Thomas 54
    William 52 148
Sausseleer, David 171
Sautteer, Johan Michale 171
Savage, Anthony 48
    Elizabeth 48
    John 40 48
    Joseph 102
    Thomas 146
    William 21
Savatier, John 32
Savigny, Elizabeth 105
Savin, Charles 107
Sawyer, William 134
Sayer, John 33
    William 158
Scandred, Edward 59
Scarborough, James 106
Scarf, John 137
Scarr, George 148
Schaw, Charles 118
Scholar, Hannah 162
Schomberg, Roman 34
Schott, John P. 26
Scotland, James 93
    Robert 134
Scotney, Susanna 129
Scott, — Mrs. 16 176
    Agnes 172
    Catherine 49
    Henry 49

Scott ⎫ James 160 172
cont'd ⎰ John 40 45 172
    Joseph 20
    Margaret 34 172
    Mary 49 172
    Robert 58
    Samuel 177
    Thomas 75
    William 34 160 172
Scouler, Jasper 106
Screech, Joseph 24
Scrymgerim, H. Y. 17
Scudder, Jesse 106
Scully, Barnaby 18
Scurr, Alice 46
    Charles 46
    Elizabeth 46
    Thomas 46
    William 46
Seabright, Joseph 89
Sealy, Charles 137
    James 55
Seaton, Andrew 61
    R. 95
    Thomas 51
Secker, Thomas 116
Seddon, George 44
Sedel, Bridget 149
    Francis 149
    Mary 149
    Sarah 149
Sedgewick, John 42
Sedly, Francis 106
Seedon, Jacob 92
Seegar, Joseph 170
Selby, C. I. 146
Selden, Richard 169
Selley, John 169
Serogie, John 36
Severn, Samuel 84
Sewell, — Mrs. 177
    Charles 35
    John 39
    Robert 177
    Thomas 4
Sewthwait, Richard 53
Seymour, Christopher 167
    William 95
Shackford, Josiah 175
Shadforth, Whitaker 173
Shakespear, William 52
Shannon, Robert 81
Shark, Thomas 79
Sharman, Robert 155
Sharpe ⎫ Charles 12
Sharp ⎰ Thomas 132
Sharrow, George 66
Shaw, James 79
    John 164
    Owen 83
    Robert 63
    William 158
Shean, Timothy 37
Sheeham, Dennis 75

Sheen, Patrick 144
Shenirn, Elizabeth 17
Shepherd ⎫ Elizabeth 56
Shephard ⎰ John 24 56 147
    Molly 56
    Roger 148
    Samuel 52
    William 10
Shermer, William 61
Sherry, Samuel 147
Sherwood, William 66
Sheston, John 126
Shield, Martin 86
Shiels, Daniel 96
Shillingford, William 4
Shine, John 112
Shipley, Elizabeth 48
    Sarah 48
    Thomas 48
Shipton, Thomas 31
Shires, William 67
Shirey, Beavis 163
Shobrooke, Philip 90
Shopshire, Robert 37
Short, John 24 83
    Samuel 140
Shove, John 153
Shuring, William 127
Shute, Joseph 124
Sibery, William 30
Sidell, Ralph 50
Sievens, Mary 128
Silk, James 161
Silver, James 19
Sim, see Symes
Simmel, Joel 104
Simmer, Sarah 56
Simmons ⎫ Henry 22
Simmonds ⎱ John 96 163
Simons ⎰ Joseph 38
Symonds ⎭ Mary 149
    Paul 123
    Thomas 55 58
Simpson, Ann 44
    Catherine 114
    Charles 46
    Francis 29
    James 130
    John 96 164
    Joseph 124
    Mary 47
    Matthew 108 149
    Peter 76
    Robert 111
    Thomas 167
    Walter 10
    William 59
Sims, see Symes
Sinclair, Diana 9
Single, William 51
Singleton, Charles 136
    William 69
Sinsgreen, John 23
Sinton, William 50

Sirright, David 17
Sisson, William 108
Skelly, William 148
Skelton, Ann 46
    Jane 150
    John 68 150
    Ralph 174
    Thomas 65
Skinner, Charles 80
    Elizabeth 62
    James 27
    Matthew 125
Skirrey, William 13
Skroger, James 15
Slack, Ann 164
Slade, Daniel 80
    John 90
    Thomas 131
Slater, John 134
Slee, John 47
Slowcuna, John 128
Sly, John 55
Smart, Jane 107
Smee, Thomas 73
Smith, Andrew 23
    Ann 156
    Benjamin 6
    Charles 18 23 136
    Charleton 162
    Christopher 117
    Daniel 19 108
    David 54 59 110
    Edward 19
    Elizabeth 20 45 75
    Esther 63 117
    Francis 46 118
    George 41 104 120 136
    Grace 79 164
    Henry 39 54
    Hugh 78
    James 8 95 117
    James Edward 157
    John 7 17 20 22 27 37
        41 45 48 61 82 83
        92 117 119 126 144
        158 166
    Joseph 73 78 92 112
    Margaret 23
    Martha 129
    Mary 41 48 117 138
    Nathaniel 45
    Rachel 46
    Robert 45 60 79 161
    Samuel 54 83 90 135
    Sarah 164
    Thomas 10 22 53 63
        85 124 136 137 140
        152 158 177
    William 4 21 40 41 64
        74 78 79 83 85 88
        112 127 128 131 148
        162 175
    Willoughby 8
Smithson, John 92

Snape, Robert 119
Snead, Henry 86
   William 127
Snell, Elizabeth 56
   Major 56
   Richard 52
Snook, Joseph 58
Snow, John 38
Snowden, Pickering 43
   Ralph 56
Snuvre, William 130
Soley, Elizabeth 9
   Henry 13
Sollicoffre, John 102
Solomon, Joseph 37
Somersal, John 107
Somerskill, John 61
Somerville, Elizabeth 134
Soul, Samuel 75
South, Alexander 91
Southam, Robert 169
Southward, James 17
Southwell, Susanna 149
Sowden, John 61
Sowerbutts, Marsh 38
Sowersby, William 88
Sparrow, William 102
Spate, Richard 174
Spath, Peter 8
Speakman, John 167
Speirs, Elizabeth 120
Spence, Elizabeth 94
   Henry 8
   James 147
   Philip 116
   Robert 81
   William 61
Spencer, Benjamin 20
   James 140
   Jos. 51
   Mary 44
   Thomas 163
   William 13 149
Spingen, C. 107
Sprague, John 142
Spray, John 166
Spree, James 116
Spriggs, Thomas 69
Spring, William 139
Sproule, Adam 45
Squiar, Samuel 126
Squires, George 133
Stacey, Jeremiah 30
   Nathaniel 121
   Sarah 70
Stacks, George 51
Stafford, John 121
Stainer, Mary 148
Staines, Mary 134
Stallard, John 102 109
Standen, John Hipsley 107
Stanfold, — Rev. Mr. 178
Stanley, John 57 149
   Mary 166

Stanton, John 92
   Samuel 19
Stape, Thomas 5
Staples, Susanna 115 156
   William 135
Stapleton, ―― 67
   Susanna 137
Stavely, Richard 43
   Robert 43 72
Stead ⎱ Edward 108
Steed ⎰ Elizabeth 90
   Thomas 105
Stear, Nicholas 140
Stedell, Henry 28
Steed, *see* Stead
Steel, Alexander 45
   John 66
Stephens, *see* Stevens
Stephenson, *see* Stevenson
Stepney, John 164
Sterling, Robert 33
Sterriker, Hannah 43
Stevens ⎱ Charles 113
Stephens ⎰ Dorothy 113
   George 126
   Hugh 130
   John 18 27 125
   Oliver 120
   Patrick 158
   Robert 23 78
   Thomas 27
   William 94 113
   William George 10
Stevenson ⎱ Alexander 10
Stephenson ⎰ John 136
   Joshua 6
   Thomas 15 21
Stewart ⎱ Alexander 30
Steward ⎬ Charles 127 151
Stuard ⎰ David 120
   Donald 33
   Eliza 128
   George 77
   James 10 84 105
   Jane 128
   Richard 73
   Thomas 25
   William 20 171 174
Stibbins, Ralph 67
Stickland, Benjamin 147
Stile ⎱ James 161
Styles ⎰ Reuben 64
Still, James 126
Stoakes, *see* Stokes
Stobbs, Charles 57
Stockdale, Joseph 48
Stockier, James 40
Stockley, William 119
Stockwell, William 73 96
Stoddart, William 81
Stokell, John 37
Stokes ⎱ James 10
Stoakes ⎰ William 97
Stone, Charles 108

Stone ⎱ Edward 14
cont'd ⎰ Henry 112
   Richard 28
   William 105
Straham, James 109
Strange ⎱ Caleb 82
Strang ⎰ Elizabeth 129
   Maria 82
Strattard, John 148
Straw, James 79
Streat, John 19
Strickland, Edward 126
   John 132
Strong, John 98
   Valentine 121
Stroud, William 21
Strudwick, Henry 163
Stuard, *see* Stewart
Stuteville, Charles 96
Styles, *see* Stile
Suffrin, George 123
Sugars, William 126
Suggett, Ann 43
   Christopher 43
   John 43
   Mary 43
   William 43
Sullivan ⎱ Dennis 144
Sullevan ⎰ Philip 28
   Thomas 121
Sully, William 27
Summerfield, Ann 82
Summers, John 20 78
Sunmary, John 167
Surr, George 170
Suter, Francis 62
Sutherland, James 29
   John 126
Sutton, Andrew 35
   Edward 130
   John 75 138 160
Swallow, James 90
Swan, Clifford 66
   Peter 142
Swanick, Thomas 137
Swanston, Sherland 122
Swanton, Henry 80
Sweatman, Susanna 157
Sweenan, Richard 38
Sweeny, Morgan 21
Sworder, William 13
Syle, Hugh 55
Symes ⎱ Francis 15
Sim ⎬ James 10
Sims ⎰ Jane 34
   Thomas 169
   William 34 41
Symonds, *see* Simmons

Taft, Joseph 83
Tait, *see* Tate
Tamer, Thomas 99
Tames, Evans 130
Tanch, John 129

Tankard, William 70
Taplan, Isaac 153
Tapley, John 145
Tapp, Ann 106
    Anthony 22
Tappey, William 32
Tarmdy, James 157
Tate ⎱ Elizabeth 133
Tait ⎰ John 93 167
    Oliver 123
Tatham, John 95
Taton, Samuel 28
Tatum, Diana 50
Tavans, D. 116
Taven, Andrew 52
Taverner, George 75
Tavlin, Patrick 86
Tawney, James 33
Taylor, — Mr. 145
    Ann 47 115 142
    Benjamin 18 127
    Charles 5
    Dean 104
    Edward 59
    George 47 135
    Henry 44 134
    James 15 167
    Jane 36 173
    John 51 98 119 148 159
    Launcelot 20
    Michael 47
    Richard 44
    Robert 25 67
    Samuel 118
    Simon 125
    Solomon 115
    Thomas 103 173
    William 19
Tayton, Mary 122
Tear, William 123
Teasdale, John 64
Teckle, Elizabeth 72
    John 72
Teffoe, Daniel 143
Telford, John 60
Templar, John 165
Temple, Robert 31
Templeman, William 92
Tennant, Betty 76
Terry, William 116
Tester, Jane 130
    Stephen 130
Testill, Joshua 68
Thairjames, Thomas 5
Thale, Carl 97
Thomas, Charles 37
    Elizabeth 71
    George 82 113 138
    James 82 91
    John 22 86 138 140 141 143 174
    Mary 82
    Patrick 112
    Richard 6

Thomas ⎱ Thomas 52
cont'd ⎰ William 4 88 164
Thompson ⎱ Andrew 66
Thomson ⎰ Anthony 46
    Beilly 43
    Benjamin 30
    Cornelius 98
    Edward 64
    Hannah 146
    James 35 51 83 158
    John 50 59 69 73 111
    Joseph 50 120
    Lawrence 18
    Mary 66 107 128
    Richard 19 42 50 78 169
    Thomas 57 111 144 149 173
    William 67 92 116 117
Thoresby, John 25
Thornber, John 5
Thorndale, Anthony 84
Thornley, Thomas 75
Thornton, John 113
Threadgold, Sarah 87
Thursby, William 43
Tiberson, Jane 105
Tice, John 74
Ticker, Philip 79
Tickner, Isaac 54
Tidd, William 134
Tiebant, Ann 23
    Peter 23
Tilley, William 114
Timmins, Sarah 99
Tingle, William 165
Titcomb, Thomas 107
Tite, James 176 177
Tobin, Michael 123
Todd, George 15
    Rachel 88
    Richard 156
Tolme, Alexander 51
Tolson, John 112
Tomkins, John 78
Tomling, James 119
Tomlinson, John 9
    Richard 145
Tong, — Miss 76
Took, Ann 11
Tool, John 126
Toomy, John 162
Toothacre, Edward 155
Topham, Richard 67
Topping, John 103
Tow, John 78
Town, Christiana 149
Townley, Henry 137
Townsend, Elizabeth 168
    Lucy 168
    James 15 168
    John 168
    Joseph 39
    Mary 168
    Richard 168
    William 152

Tran, John 29
Tranner, Joseph 67
Trenham, James 110
Triggs, Joseph 168
Trimley, Thomas 77
Trotman, Samuel 109
Trotter, Henry 79
Truman, Ann 48
    William 48
Trupe, George 34
Tucker, Abraham 98
    Ann 96
    Jane 133
    John 111
    Thomas 14
    William 125
Tucket, William 122
Tuder, Robert 6
Tulip, Jane 173
    Thomas 173
Tune, William 152
Tunniby, George 142
    John 142
Turbelt, Thomas 163
Turdy, George 158
Turner, Ann 26
    Charles 44
    Daniel 31
    Edward 62
    Francis 112
    Henry 159
    John 4 29 44 86 108 163
    Jonas 103
    Richard 86
    Stephen 167
    Thomas 90
    William 71 86 137 152
Turnley, John 44
Turtle, John 118
    Thomas 6
Tute, James 41
Twedy, John 162
Tyler, Samuel 129
    William 39
Tyre, John 104

Ummell, Elizabeth 157
    George 157
Underwood, David 76
    James 99
Upjohn, Edward 78
    James 76
Uppord, John 98
Urquhart, Thomas 179
Usherwood, Jos. 53
Uzzell, Thomas 11
    William 80

Vaines, M. A. 121
Valantine, John 17
Valnant, Susannah 158
Vanderdy, — 26
Vandosme, Abraham 32
Varley, Margaretta 160

Vaughan, Hugh 121
    Jane 24
    John 45 89
    William 17 127
Vaulotte, James 144
Vautier, Daniel 24
Veckel, Hannah 46
    Mary 46
Vernan, Thomas 18
Vesal, Catherine 25
Vesar, Lewis 15
Viall, Charles 61
Vidler, Mary 14
Vieland, Martin 170
Vincent, Samuel 108
    William 144
Violets, —— 88
Virgin, John 74
Voaux, Campbell 63
Vowells, John 21

Wade, James 130
    Thomas 25
    William 23
Wager, Thomas 137
Wainwright, John 169
Waite, John 160
Wale, Joseph 128
Walker, —— Mrs. 113
    Ann 53
    Bartholomew 5
    Edward 115 124
    James 53 88 134
    Joseph 53
    Justice 113
    Mary 53
    Matthew 66
    Richard 67
    Stephen 137
    Thomas 47
    Timothy 174
    Tristram 49
    William 59 132 133
Wall, Elizabeth 174
    John 19
    Michael 77
    William 92
Wallace ⎫ Charles 102
Wallis ⎭ Francis 171
    James 58
    John 83 126 143
    William 58 126
Waller, Thomas 62 178
Wallern, James 132
Wallington, Richard 69
Wallis, *see* Wallace
Walter ⎫ Edward 158
Walters ⎭ John 82
    Joseph 33
    Maria 82
    Thomas 82 104
    William 127
Walton, Edward 139
    Richard 23

Walton ⎫ Thomas 151
cont'd ⎭ William 157
Walworth, Hugh 31
Waples, Samuel 147
Ward, Elizabeth 41 168
    George 100
    Henry 32
    James 72 146
    John 79 122
    Moses 41
    Robert 109
    Thomas 84 169
    William 41 83 84 90
Warden, John 52
    William 92
Ware, *see* Wier
Warge, Thomas 118
Wark, John 171
Warner, Charles 130
    James 152
    Robert 124
    Thomas 141
Warren, George 143
    Thomas 99
Warwall, M. A. 4
Warwick, John 60
Wassel, George 147
Wastenays, John 9
Waters, Letitia 24
    Thomas 87 158
Watersworth, John 42
Waterworth, George 94
Watfield, James 57
Watkinson, John 57
Watkins, Thomas 143
Watley, Joseph 104
Watson, Alexander 111
    Andrew 173
    Ann 162
    Charles 5
    Douglas 172
    Francis 150
    George 159 172
    Isabella 172
    John 49
    Mary 172
    Nicholas 143
    Peter 142
    Robert 100
    Thomas 172
    William 177
Watton, Thomas 163
Watts, John 103
    William 84
Weatherfield, John 6
Weatherley, Thomas 4
Weatherspoon, David 173
Weatherton, William 73
Webb, — Mrs. 12
    George 12
    J. 27
    John 8
    Peter 45
Webber, George 59

Webber ⎫ Henry 13
cont'd ⎭ John 76
Webster, Charles 93
    James 87
    Jenna 93
    John 42
    Joseph 13
    Mary 61
    Matthew 67
    Nathaniel 17
    Thomas 89
    William 10 65 66
Weckman, James 62
Weddell, William 43
Weeden, Joseph 45
Weedham, John 117
Weeks ⎫ Alexander 60
Week   ⎭ John 95
Welch ⎫ John 6
Welsh ⎭ Nathaniel 17
    William 133 153
Weldon, Andrew 50
    Ann 50
    Elizabeth 50
    Thomas 50
Weller, Francis 77
Wellery, John 116
Wellett, Daniel 8
Welling, John 125
Wells, Daniel 72
Welmore, Catherine 154
Welsh. *see* Welch
Wentherhead, Robert 112
Weshelt, Margaret 93
Wesley, Ann 114
    Charles 114
    Elizabeth 114
    Joseph 114
    Mary 114
West, George 78
    John 74 101
    Jos. 98
    Joseph 39
    William 165
Westlake, William 126
Westley, William 17
Weston, Ann 101
    William 21
Westphal, Peter 5
Wetherell ⎫ Henry 124
Wetheral ⎬ John 102
Wetherel ⎭ S. 4
    Thomas 87
Whaley, William 71
Whaling, Richard 24
Wharton, John 77
Wheatley ⎫ Thomas 150
Wheatly ⎭ William 156
Wheeland, Daniel 71
Wheeler, James 70
    William 86
Wheelhouse, David 87
    Diana 87
    Hannah 87
    Margaret 87

Wherrett, Samuel 100
Whetham, John 174
Whielock, Robert 77
Whilton, Daniel 146
Whitaker, — Mr. 178
   Rebecca 83
Whitby, Jonathan 86
White, — Mr. 36
   Charles 19
   Elizabeth 7
   Henry 144
   John 15 103
   Lionel 23
   Martha 19
   Mary 65
   Peter 37 130
   Sarah 85
   Thomas 124
   Turns 161
   William 45 69
Whitehead, James 5
   Job 122
   William 109
Whiteside, William 99
Whitewith, William 152
Whiting, William 120
Whitlock, William 178
Whitmore, And^u 26
Whitsen, Elizabeth 62
Whittington, Thomas 28
Whittle, Richard 58
   Robert 19
Wickers, Michael 147
Widdows, John 116
Wiederkum, John 25
Wieland, Zeonhard 170
Wier ⎱ James 40
Ware ⎬ John 10 22
Wyer ⎰ Robert 26
   William 123
Wiggin, James 58
Wigham, John 9
Wightman, Charles 97
Wigley, William 116
Wilcox, — Mrs. 90
   Thomas 106
Wild, George 21 29
   William 76
Wilden, John 61
Wildie, Rebecca 106
Wildman, Richard 168
Wilherson, John [Witherson, John] 21
Wilinore, Letitia 131
   Thomas 131
Wilkins, Ann 35
   Edward 10
   Frances 35
   John 35 93
   Jos. 127
   Mary 35
   Temperance 35
   Thomas 35 134
   William 35

Wilkinson, Elizabeth 40
   George 152
   John 49
   Mary 11
   Thomas 65 136
Williams ⎱ Ann 155
William ⎰ Charles 98
   Daniel 51
   Edward 89 153
   George 34 138
   James 129 165
   Jane 32
   John 18 20 27 28 30 53 85 98 102 109 127 146 163 165
   Martin 177
   Mary 32 53
   Owen 104
   Robert 31 59
   S. 139
   Sarah 20
   Thomas 5 11 44
   William 59 106 139 165
Williamson, John 19 38 111
   Mary 138
   Matthew 34
   Stephen 116
   Thomas 102 166
   William 111
Willis, Elizabeth 165
   George 39
   William 34
Willison, John 41 115
Willman, John 94
Willoughby, Richard 24
   William 108
Wills, John 28 73 77
Willson, see Wilson
Wilmott ⎱ Ann 14
Wilmot ⎰ Luke 103
   Robert 130
Wilshire, William 33
Wilson ⎱ — Mr. 16
Willson ⎰ Catherine 21
   David 35
   Francis 27
   Hugh 40
   James 49 59 163
   Jane 93
   Jasper 63
   John 39 41 107 135 177
   Joseph 79
   Lewis 27
   Mary 63 164
   Richard 57
   Robert 57 65 90
   Samuel 71 92
   Sarah 157
   Thomas 19 49 65
   William 18 40 66 117 131
Wilstack, Charles 82
Wiltshire, John 155
Winderbank, Thomas 132

Winfield, — Mr. 176
Wing, Susannah 146
Wingfield, William 5
Winn, David 51
   William 50
Winship, Thomas 75
Wintent, William 107
Winter, Elizabeth 71
   James 71
   John 63
   Stephen 39
   Thomas 94
Wise, Benjamin 147
   Charles 92
   Lydia 33
   Thomas 118
Wiseman, Richard 140
Witherington, John 55
Witherley, William 28
Withers, James 91
   Jane 40
Witherson, John 21
Witts, Sarah 70
Witty, John 66
Woard, William 157
Woillidge, Peter 30
Wolfe, James 83
Wood, Abraham 133
   David 61
   George 98 133
   James 74
   Jane 146
   John 45 74 112
   Margaret 89
   Mary 146
   Richard 136
   Thomas 6 75 106 114 169
   William 30 34 152
Woodcock, John 78
Woodfood, Thomas 153
Woodford, Elizabeth 153
   George 143
Woodhouse, George 147
   John 117
Woods, John 157
Woodstock, John 159
Woodward, Thomas 124
Woolett, Robert 78
Woosencroft, James 120
Word, John 138
Worker, James 98
   Nathaniel 73
Wortheon, Judith 94
Wren, Roger 31
Wriey, Thomas 61
Wright, Alexander 140
   Andrew 106
   Ann 111
   Edward 86 129 134
   Elizabeth 111
   Francis 168
   George 168
   Henry 157

Wright } James 54 113 119
cont'd } 133
    John 8 14 57 108
    Joseph 37 103
    Mary 106
    Thomas 119 153
    William 86 96 158
Wrightson, Elizabeth 42
Wry, John 43
Wullins, Mary 173
Wyatt, Jos. 102
Wyborne, Catherine 162
Wybot, William 164
Wyer, *see* Wier

Xelander, Ann Maria 23
    Christopher 23

Yates }
Yate } John 6 86 165
Yeates } Thomas 42 68
Yeats }
Yatman, Thomas 117
Yearsley, Thomas 51
Yeates, *see* Yates
Yeats, *see* Yates
Yeo, James 106
Yeoman, Richard 40
Yerrow, William 162
Yiffard, Joseph 163
York, Patience 24
Young, Ann 24
    David 154
    Elizabeth 133
    George 11

Young } John 7 37 114 140
cont'd } Mary 82
    Robert 8 79
    Samuel 5
    Thomas 70 115
    William 157 176
Younger, Richard 165
Yoxall, Sarah 23

Zoci, Justina 170

SURNAMES UNKNOWN

Antoine 101 | François 101 | Monbrun 101 | Rosette 101